地球共生社会の神学

「シャローム・モデル」の実現をめざして

東方敬信

教文館

はじめに——地球の庭師

私たちの時代は緊急の課題に直面しています。それは和解と平和の実現です。しかし、現実には、いわゆるテロと言われるような暴力事件が頻発しています。このような状況にどう対処したらよいのでしょうか。私たちは「インカルチュレーション（文化内開花）」の種蒔きをしようと思います。聖書に記された価値観が文化の各領域に蒔かれると、文化の各領域にシャローム・モデルという先駆的な平和の化学変化を引き起こすことを確認したいと思います。本書は各文化領域に福音の種を蒔くことを考えていきます。そこでこの地球に住んでいる人類共通の課題を示して、「シャローム・モデル」の大切さを考えていきたいと思います。

一九七〇年四月一三日、昼食をとったばかりのアポロ一三号の宇宙飛行士三人は、地球から二〇万マイル、約三〇〇キロ離れた宇宙で、酸素タンクが破裂するという突発事故に見まわれました。彼らは、深刻な事態の中で冷静に判断し、軌道を月の裏側を回るように変更し、着陸せず帰還することにしました。そこで思いがけず彼らは、月の地平線から地球が昇ってくるのを見たのです。白い雲に包まれた明るい青い色をした球体でした。真っ暗な宇宙を背景に太陽の光を浴びた美しい宇宙船地球号でした。彼らが撮った写真は、後世に引き継ぐべき財産となりました。それ以来、人々は地球をかけがえのない脆い存在であることを敏感に感じるようになりました。これを「エコロジカル・センシティヴィティ（生態学的感性）」と呼ぶようになっています。

いまの時代は、このエコロジカル・センシティヴィティが求められる時代です。私たちは、かけがえのない地球つまり宇宙船地球号に乗って、限られた環境の中で、限られた水の循環と、地球の表面を覆っている限られた空気の中で生きています。私たちは、以前の世代が気づかなかった地球の資源に限界があることを知っています。もし、私たちが二酸化炭素やフロンガスをコントロールし、エネルギー、水、オゾン層、緑地などを保護しなければ、もはや生命は維持できなくなります。

分子生物学者であり、英国の牧師でもあるピーコック博士は、宇宙で起こってきたことが明らかになってきたのはわずか三〇〇年の科学革命のさらに最近の三〇年だと言いました。銀河系宇宙の地球という惑星でタンパク質の合成が起こり、生命が誕生し、二〇億年かけて知的生命体になった。その知性が宇宙エネルギーの「核」を握り、その破壊力によって自滅をもたらすかもしれない。地球をかけがえのないものとして知ったとき、人間という知的生命体は地球を全滅させる程の力をもったのです。このことは逆説です。いっとき科学万能の時代に、宗教はいらないと言われました。しかし、いまは科学が万能のように発達してきたからこそ、命の質を考える宗教の責任あるいは価値観が必要なのです。落ち着いて命の恵みを味わい感謝する生活が大切でしょう。攻撃的に自然を征服するより、命の恵みにともに与かっていることを感謝することが大切でしょう。

私は聖書の価値観から人類を地上あるいは地球の世話人という言葉を使いたいと思います。創世記二章一五節で「主なる神は人を連れてきてエデンの園に住まわせ、人がそこを耕し、守るようにされた」とあります。詩編八編六―七節では「神に僅かに劣るものとして人を造り／なお、栄光と威光を冠としていただかせ／御手によって造られたものをすべて治めるように／その足もとに置かれました」とあります。英語では、託されて管理することを「スチュワードシップ」と言います。それは、「受託精神」です。命を始め、すべての存在を預かっているという感覚です。英語のスチュワードは、庭や広間を見張る番人あるいは庭師や執事のことです。飛行機の機内を管理し、サーヴィスする人のことをかつては男性であればスチュワード、女性であればスチュワーデスと呼びました。スチュワードは、ある程度任された人物です。任されるというのは、そこに主体性も予想されます。創意工夫が求められます。イエス・キリストはたとえで「忠実な思慮深い家令は、いったいだれか」と言っています。思慮深いというのは、主体的に責任的な行動ができることです。スチュワード、スチュワーデスというのは、聖書の人間観です。古代ギリシアの哲学者の多くは、地上の事柄、物質生活を軽蔑しましたが、聖書は、この地上を託された大切な「預かりもの」また「賜物」と見ます。詩編八編の詩人は、驚きから歌い始めています。「主よ、わたしたちの主よ、あなたの御名は、いかに力強く、全地に満ちていることでしょう」とおそらくテントから外に出て夜空の満天の星を見上げて驚きの中にも感謝を歌ったのではないでしょうか。ギリシア哲学も驚きから始まったと言われますが、聖書の詩人も驚きから感謝の信仰を歌い上げて責任に触れています。私たちはまず生かされていることを謙虚に考えなければなりません。そして命を素晴らしい賜物として感謝し、同時に責任をもつのです。

「すべての人間は、生れながらにして自由であり、かつ、尊厳と権利とについて平等である」という第一条をもつ世界人権宣言が二つの世界大戦を経験し、アウシュビッツのホロコーストの痛みを覚えている人類によって一九四八年一二月一〇日に国連総会で採択されました。その五〇年後、一九九八年に五〇周年を記念して、世界の政治家のOBサミットが「人間の責任についての世界宣言」を発表したことはあまり知られていません。アメリカのカーター元大統領、ドイツのシュミット元首相など世界の元政治家の集まりは、一九八三年に日本の福田赳夫元首相が提案して始まりました。会議を重ね、この宣言にはシンガポール元首相のリー・クワン・ユーのほか、宮澤喜一、土井たか子など日本の政治家や、経済学者の加藤寛といった人たちの名前も記されています。ドイツの神学者ハンス・キュンクがまとめ役として参加しました。この宣言は次のように責任を記しています。

「第二条、何人も、いかなる形にせよ非人間的な行為に支持を与えてはならず、すべての人は他のすべての人々の尊厳と自尊のために努力する責任を負っている」。この環境問題の自覚と宗教間対話をふまえた「人間の責任についての世界宣言」には繰り返し「責任」という言葉が出てきます。第七条には、「すべての人々は限りなく尊く、無条件に保護されなければならない。動物および自然環境も保護を求めている。すべての人々は、現在生きている人々および将来世代のために、空気、水および土壌を保護する責任を負っている」とあります。これがいま人類の前に置かれた課題です。

私たちは、多くの知識を蓄える必要があるでしょう。知識は単なる好奇心のためではありません。聖書の人間観で言えば、それは、このかけがえのない命の惑星を正しく慈しむために管理するためです。私たちは恵みの賜物によって自分を育てられ、支えられ、生かされていると理解できます。さらに大切なのは、私たちは生命の頂点に立たせられただけでなく、知性を与えられ、精神を与えられ、責任的に生きる存在となったことです。イエス・キリストは本気で責任的に人々と生命に仕える生活を示すために命を捧げられました。それに答えて私たちはイエス・キリストの友として、また造り主のパートナーとして責任的に「スチュワードシップ」に生きる意欲を与えられます。

神は、パートナーとして人間という新しい存在を生み出し、生命の頂点に立たせ、生かされている意味を感謝し、どのような社会を作ったら良いかを考える自由を与えました。私たち人類は、この新しい存在であり、命を感謝できる唯一の被造物です。この意味で、私たちは、進化と歴史の「最先端」に生きて責任を負っているのです。私たちは、過去から考えるのでなく、ヴィジョンをもつことを許されています。目の前に、希望を持つ存在です。それは、マーティン・ルーサー・キングが皮膚の色を越えた共同体を希望したようなヴィジョンです。預言者イザヤの「狼が小羊とともにいる」という弱い者も強い者も和解して生きる弱肉強食を超えた平和のヴィジョン「シャローム・モデル」は、イエス・キリストを証しし、また聖書が期待した神の国のヴィジョンです。

ところが、私たち人類は、最近になって、生命のカーペットをよごし、引き裂き、それを支えている自然環境を汚染してきました。敢えて言えば、私たちは、スチュワードシップから「ディクテイタシップ（独裁主義）」

になって生命の尊厳にさからって生活し行動してきました。そして、人類のもたらす生態系のダメージはひろがり、ついに人間とその他の生物を消滅させるかもしれないのです。たとえば、私たちが地球上にもたらすかもしれない核戦争は、一人ひとりを破壊すると同時に全人類に破滅をもたらし、地球を月のような命のない砂漠ばかりの星にしてしまう危険があります。その上、ついには人間がやっと明らかにしはじめた愛とか真理とか自由といった価値の次元をも破壊してしまうのです。これは、私たちの世代において責任をとらなければならない巨大な逆説であります。私たちはこれをしっかりと目を見開いて知らなければならないのです。

各福音書の受難物語の直前には主イエスと弟子たちの対話が記されています。ルカ福音書二二章は、弟子たちが望んでいたディクテイタシップが出ています。「私たちを右左に座らせて下さい」というのは、イエス・キリストを誤解してのことですが、独裁者の地位につきたいという願望です。私たちは、明らかに、生きていく発想を変えなければなりません。悔い改めと方向転換が求められます。弟子たちの願望に対して、イエス・キリストは、仕える生き方を示されました。「リーダーシップをとっても、仕える生き方をしなさい」と言われました。今日、このような聖なるものとの新しい出会いが必要です。そして今日、すべての生命が互いに支え合っているという自覚に結びついた神への感謝とこの地球への責任が必要です。自己愛より、むしろ生命全体に対する愛が必要なのです。私たちは本当に、愛を教えられる必要があるのです。究極において、イエス・キリストを信じて愛を知ることとは、宇宙的次元をもっていると思うのです。セルフ・インタレストよりアース・インタレストが大切です。競争社会を機能させることより、共存社会を目指して平和に生きることを求めましょう。

最後に、このイエス・キリストの愛を考えてみましょう。日本人としてイエス・キリストについて真剣に考えた作家の一人、遠藤周作は代表作『沈黙』でイエス・キリストを描きました。この小説の主人公は、実在の人物セバスチャン・ロドリゴというポルトガルの宣教師をモデルにしていますが、彼は神がどうして迫害や拷問に対して応えないのか理解できません。セバスチャンには、ついに恐るべき拷問にかけられるときが来ます。しかし、まだ神は沈黙しており、彼の叫びや祈りに応答しないのです。そして、彼は棄教を迫られます。踏み絵を目の前に置かれ、信じていたキリストを踏むように命じられます。そのとき神の声を聞くのです。それを遠藤は次のように描いています。

……司祭は両手で踏み絵をもちあげ、顔に近づけた。人々の多くの足に踏まれたその顔に自分の顔を押しあてたかった。踏み絵の中のあの人は多くの人間にふまれたために摩滅し、凹んだまま司祭を悲しげな眼差しで見つめている。その目からはまさにひとしずく涙がこぼれそうだった。……

「ほんの形だけのことだ。形などどうでもいいことではないか」……「形だけ踏めばよいことだ」

司祭は足をあげた。足に鈍い重い痛みを感じた。それは形だけのことではなかった。自分は今、自分の生涯の中で最も美しいと思ってきたもの、最も聖らかと信じてきたもの、最も人間の理想と夢にみたされたものを踏む。この足の痛み。そのとき、「踏むがいいと」銅版のあの人は司祭にむかって言った。踏むがいい。お前の足の痛さをこの私が一番よく知っている。踏むがいい。私はお前たちに踏まれるため、この世に生れ、おまえたちの痛さを分かつために十字架を背負ったのだ。

（遠藤周作『沈黙』新潮文庫、二六七－二六八頁）

キリスト教信仰は、最も高貴なもの、最も美しいものが踏みつけられる出来事から始まったのです。敢えて言えば、神は、上ではなく、下に、私たちの足の下にいるのです。まさに、キリスト教の救い主は、上ではなくて下にいるのです。それが主イエス・キリストの示した愛です。これが私たちの足下にいる救い主であるなら、私たちは電車の中で他人の足を踏んでしまったときのように、その足を急いでどけなければなりません。そして互いに仕え合う生き方に変えられていくのです。パウロはローマの信徒への手紙一六章二〇節で「平和のみなもとである神」と言っています。キリストにおいて神ご自身が罪人である私たちと和解してくださったからです。この和解の出来事が「平和の源」、すなわち「シャローム」を提供するのです。

キリスト教は科学が万能のように発達したからこそ、この時代に必要なのです。これはある種の逆説ですが真理です。最もふさわしい解決を与えます。なぜなら、生命のカーペットをあらしめた造り主の父なる神の秘密を明らかにしたあのイエス・キリストが、私たちの足元にうずくまり、十字架上の死を経験されたとキリスト教は考えるからです。本気で、自分のためではなく、愛に生きる生活が喜びであることを知らせてくれたからです。これが本当の生、いや神の和解をイエス・キリストの十字架に見る「シャローム・モデル」だからです。スチュワードシップは、生命と環境の責任を意味しますが、さらに私たちが「シャローム・モデル」として仕え合って生きることを促しています。本書がこの促しを少しでも表現できれば幸いです。

目　次——地球共生社会の神学

III　卓越社会に向かう証し　189

挿画　柴崎みなみ
装丁　熊谷　博人

I　インカルチュレーション（文化内開花）の実践

序　先駆的共同体として――聖書的正義は平和を論じる

私は、米国ノースカロライナ州ダラム市にあるデューク大学で在外研究の期間を過ごしたことがあります。そのキャンパスには、ヨーロッパの大聖堂に似たデューク・チャペルがあり、日曜日には大勢の学生、教職員が集まる礼拝が行われるだけでなく、ウィークデイには市を訪問した客人を市民が観光に連れてくる有名な場所でした。さらにそのキャンパスには、市民たちが家族連れで自由に散歩できるデュークガーデンと呼ばれる大庭園がありました。その広い庭園の隅には、太鼓橋がかかった池があり、日本庭園の雰囲気が取り入れられていました。薔薇の花やチューリップの花の植えられた西洋文化の大庭園の中に、いきなり懐かしい和風の景色を展開した小さな苑があったのです。まさに米国の有名大学の大庭園に瀟洒な日本庭園が「インカルチュレーション（文化内開花）」をしていたのです。インカルチュレーションとは、キリスト教神学（宣教学）では、聖書の言葉（メッセージ）がそれぞれの特色ある諸文化の中で種のように蒔かれて、福音の花が開くことです[1]。

ここではインカルチュレーションとして政治的領域における正義の問題を考えたいと思います。現代アメリカの神学者スタンリー・ハワーワスは、一九九一年に『キリスト教世界以後[2]』を著し、その第二章「正義の政治学」の副題に「なぜキリスト者にとって正義はまちがった理念か」という疑問を提起しました。そのために「正義はまちがった理念」だという印象を与えることになりました。しかし、それは世俗的正義論を展開したロールズ理論に対する反論を意味していましたが、以来ハワーワスは正義を嫌っていると受け取られてきました。議論はさらに展開して、二〇〇四年にはなんと神学者ジェフ・スタウトが『民主主義と伝統』[3]という書物において、ハワーワスの「正義はまちがった理念」という主張は、アメリカ社会に悪影響を与えているとまで批判しました。それに対してハワーワスも反論しますが、端的に言うと、キリスト教信仰を私的主観性に閉じ込める「世俗的政治学」に対して、彼が敏感に批判していたことになります。

しかし、二〇一一年に至って、ハワーワスがこれまでの沈黙を破って「正義」について積極的に語りだしたことに注目したいのです。彼は、それまで正義を論じなかったことを二つの理由で説明しています。第一にリベラルな政治学が正義を「抽象的に」しか語っていないからと言います。それは、政治哲学者ロールズの立場を指している批判です。つまり彼の美徳の倫理学の立場から、正しく生きようと決意した人々の「人格の共同体」が抜け落ちていると指摘しています。さらに彼が重要視しているのは、神学者ラインホールド・ニーバーがキリスト教倫理において「愛と正義の二元論」を展開したことに対する批判です。つまり、ニーバーが一九世紀と二〇世紀初頭の「社会的福音運動」を批判したところの道徳的個人には愛は通じるが、集団と集団の関係については愛が通じないので社会においてはもっぱら正義をもって対処するというニーバーのキリスト教現実主義に対する批判です。ニーバーは「クリスチャン・リアリズム」によって社会的福音という立場のキリスト教倫理を批判したのです。しかし、それはリアリズムにおける愛ではなく、社会における正義を重要視したからです。けれども、ハワーワスが指摘しているのは、社会において正義を主張するだけでは背後に安易に強制力や権力や暴力を是認する姿勢が見え隠れするということです。いやそれより、ニーバーの正義観は、「世俗的政治学」と同じ仕方で社会をイメージし、聖書に記された十字架と復活というイエス・キリストの出来事によって再生された民による「神の正義」を論じていないと言っています。[4]

ところが、二〇一一年の書物で彼が正義を論じた文章のタイトルは、「イエス・神の正義（Jesus, the Justice

of God)」でした。まさに聖書に記されたイエス・キリストの言葉と生涯によって「新たな価値観と新たな力」が現れると主張しています。そこでは、キリスト者が礼拝において神の救いに感動して、社会に出ていってその行動で実践的に証ししようとします。しかし、動機づけにはキリスト教信仰が関わっても、行動原理には世俗的正義論を用いることになる危険があります。そうであるなら、それは真性の「聖書的正義」を学んだものにとって、つまり「イエス・神の正義」の立場からすると、逸脱行為と言わざるを得ません。ハワーワスに学んだ神学者ダニエル・ベルの象徴的な言葉によると、「礼拝の席から立ち上がり、もうステンド・グラスの光を映した会衆の姿ではなく、一転して礼拝堂にいた自分から離れて、社会に出て別の正義を実行しようとする」[5]からです。それではせっかく聖書に記された救いによって新しくされたにもかかわらず、その行為そのものが世俗的正義論を用いることになるのです。

では、「イエス・神の正義」という立場は何を意味するのでしょうか。正義を論じるにあたって、イエス・キリストの言葉と生涯に現れた新しい神の正義を排除して、あるいはそれらを私的領域の主観性に閉じ込めて、公共的領域には世俗的正義論を適用するリベラリズムではなく、聖書物語を生かした新しい正義論を表現すべきとする立場です。それでは、聖書物語を生かした新しい正義論とはどのようなものでしょうか。それは、出エジプトの解放の出来事を新しい共同体の形成として主張する旧約聖書の「預言者の正義論」を生かし、さらにイエス・キリストの救いの出来事を「正義の回復」として解釈する正義論です。これは、まさに古代イスラエルとイエス・キリストの生涯という歴史的記憶を土台とする「真性の正義論の開花」となります。

しかし、世俗的正義の普遍的前提では、新しい民に共通の「和解と平和の開花」にはならず、各人の主観的な欲望や利害を追求することに伴う必然的な葛藤を管理する「世俗的ヴィジョン」になるのです。このような正義論は、功利主義的であれ契約主義的であれ、リバタリアンであれ権利の平等主義的ヴィジョンであれ、資本主義的であれ社会主義的であれ、私的関心の過剰や個々人の不協和音をコントロールする配分的正義の強要になります。それに対して、ハワーワスが神学的正義論として主張するのは、喜んで生きる新しい「キリスト論的、教会論的正義」です。

つまり、預言者イザヤは、民族を超えた「和解の共同体」を終末論的希望として「狼は小羊と共に宿り／豹は子山羊と共に伏す」（イザヤ一一・六）という「シャローム」のイメージの中で正義を語ります。またイエス・キリストは、「主がわたしを遣わされたのは、捕らわれている人に解放を、目の見えない人に視力の回復を告げ、圧迫されている人を自由にし、主の恵みの年を告げるためである」（ルカ四・一八）と語った「ヨベルの年」のイメージを実現した「シャローム」の中での正義を語ります。ヨベルの年とは、出エジプトを記念した解放の年であり、人々を負債や奴隷制度から解放する「贖罪年」のことです（レビ二五章）。つまり、人々に自由な存在として新しい交流を与えることです。

ウィリアム・スポーンの『聖書とキリスト教倫理』には、「アテネの哲学者とイスラエルの預言者とが異なるのは、知性の高低ではなく、想像力やヴィジョンの違いに基づいている」[6]とあります。内容は、孤児、寡婦、外国人労働者への配慮という愛を含んだヴィジョンです。これは、ギリシア哲学者キケロの「各人に各人のものを（suum cuique）」という個人主義的配分を正義とする世俗的正義論とは基本的に異なります。この「各人に各人のものを」という正義論は、個人主義的定義と同時に、個々人のいわば「不協和音をコントロール」する世俗国家統制政策に用いられます。しかし、ダニエル・ベルによるなら、聖書の出来事に見られる「キリスト論的正義」は、「神におけるすべての人の交わりが回復され革新される」新しい「神の贖罪的連帯」[7]を意味します。しかも、これこそ新約聖書のパウロの正義論であるとも言えましょう。それは、ローマの信徒への手紙において、新しい共同体への参加あるいは神と人々との交わりの回復が救いの出来事とされ、それが神の義の回復となるからです。「ところが今や、律法とは関係なく、しかも律法と預言者によって立証されて、神の義が示されました。すなわち、イエス・キリストを信じることにより、信じる者すべてに与えられる神の義です。そこには何の差別もありません」(ローマ三・二一―二二)という「和解の共同体」による平和の証しです。それはまた、アウグスティヌスがローマ帝国に比べて『神の国』において主張した「真の神を礼拝する」実践から生まれる「新しい正義」です。これは、「各人に各人のものを」という個人主義的正義の概念ではなく、シャローム、つまり「平和の喜ばしい秩序」に参加する正義、あるいはその完成を目標にする正義です。神学者スタンリー・ハワーワスによるなら、これは、トマス・アクィナスの「神との友情、人々との友情」を目的とした贖罪の聖書的プロットです。あるいは贖罪の聖書的ドラマへの参加です。したがって、この正義の成就は、孤児、寡婦、外国人労働者への愛というヴィジョンを含んだ「和解の共同体の回復」となります。今日の社会的課題で言えば、身体等その他のハンディキャップを負った障がい者と介護者を含む多様な成員の交流する共同体を目指すことになります。それが具体的に言えば、ジャン・バニエが提案し具体化した「ラルシュ共同体」の証しを含むことになります。それが「シャローム・モデル」の提案となるのです。パラリンピックもその例に入ります。

神の国のリアリティー――平和のための教会的空間

ハワーワスによるとドイツの神学者パネンベルクは、「神学は、すでに、神の国の倫理的理解から終末論的理解に徹底的に変化したと要約できる」としました。一九世紀に神の国のメッセージを発見したことは、プロテスタント神学にとって重要でした。なぜなら、それまでキリスト教倫理では、律法と福音の緊張関係またはアガペーの愛だけがテーマになっていました。しかし、それがキリスト教倫理の一種の袋小路になっていました。聖書に神の国の使信を発見したことは、その袋小路からキリスト教倫理を新しい生き方と秩序という目的に開放したのです。また社会倫理と個人倫理の総合も可能になりました。この分離の代表的な例がラウシェンブッシュでした。[8] 彼にとって、神の国とは漠然とした未来ではなく、歴史的現実における具体的計画でした。彼は、「キリスト教的革命の計画――地上における神の国[9]」と言います。しかし、そこで教会論の問題が厳密に考えられなければなりませんでした。つまり、教会と世界の関係です。信仰共同体は新しい人々の開花する先駆的共同体です。新しい神の民としての生き方になるのです。

ラウシェンブッシュの神の国についての概念は、リアリストの立場から、その自由主義的、楽観主義的信仰を批判されました。さらに重要なことは、神の国の終末論的性格についての理解にあります。その終末論から考えると、神の国は人間のもたらすものでなく、徹頭徹尾「神によって」新しくされるものです。パネンベルクは、「この未来は、驚くべき仕方で神御自身によって到来すると期待される」と言います。しかも、神の国の言語は、自由主義的民主主義の概念ではなく、聖書の宗教的神政制の概念です。しかし、ラウシェンブッシュは、この神政制の概念をただの兄弟愛の民主的理想に変更してしまったのです。この点から考えると、ラウシェンブッシュは、聖書以外の資料から倫理的内容を得ていると批判できます。パネンベルクは、神の国の終末論的理解においては正しいが、しかしその倫理的意味は驚くほどラウシェンッブシュのリベラリズムに近い。なぜなら彼によると、神の国は、形式的理想ではなく、ラウシェンブッシュのように、正義と愛の世俗的秩序だからです。しかし、聖書における新しいシャローム・モデルを開花させていないのです。

パネンベルクは「愛は、正義の究極的規範である[10]」と言います。しかし、彼の愛と正義についての洞察を民主主義の道徳的意味に結びつけたとしても、なぜ神の国の言語としてそのような言語を使うのかを問わなければならないでしょう。ハワーワスはこの問題について、神の国の理念を具体的共同体から抽象しているからだと言います[11]。焦点は、約束の神の国が終末論的に実現するというところにあるのではなく、その本質を先取りしている具体的空間があるかどうかなのです、即ち美徳の共同体というシャローム・モデルの開花にあるのです。ハワーワスによれば「神の国の理想なしに、教会はその自己同一性を形成する希望を失い、教会なしに、神の国の理想は具体的性格を失う[12]」のです。

イエスと神の国

神の国の内容について、私たちは、その宣教者イエスの中心性を見逃すわけにはいきません。「イエスは、到来する神の国の現在における現れを徹底的に主張する」のです。ラウシェンブッシュもイエスの人格性から神の国が始まると言います[13]。

この引用から、私たちは、自由主義的キリスト論を見付けられます。しかし、形式において、パネンベルクは同じです。つまり、神の国は、倫理的理想に解消してはならないし、またイエスの生と死とを切り離した道徳的規範にしてもならないのです。新約聖書学者ペリンの言うように、基本的に神の国を神がその民のために歴史において行為することだと主張するなら、キリスト者は神の行為を知るのにイエス・キリストの生と死を見つめることになります。さらに、神の国の意味と内容を決定するイエスの神学的倫理的意味は、イスラエルの歴史を土台にします。またイエスの活動においてもヤハウェが王であることは、福音書の示す生き方です。それはイエス・キリストの病者や貧者を受容する癒しの出来事に現われている新しさです[14]。つまり「多様な成員」を慈しむ共同体の到来でしょう。

神の国がイエス・キリストの生涯において実現したという場合、個人の人間的革新というより、「その民の回復」によって認識されます。神の国は、「平和の民を創造する概念」で、神の民は、神の国の種であり、抑圧された者や貧しい者や無力な者の回復と再生によって演じられ、彼らの現実にだけに意味があるのではなく、むしろシャローム・モデルになり、「ラルシェ共同体」のように「神の赦しや和解や恵み」に根拠をもった「平和の共同体」の開花になるのです。神の国の秩序に私たちが見るのは祝福であり、またそれによって形成された平和の民です。彼らは神に赦されているゆえに「多様な生の形を受容する存在」となるのです。「このように相互に受容する共同体が可能であることは、神の支配がユートピア的理想というより、私たちに生きるように求める平和の先取りの現在」となります。問題は、私たちが神の国を建てることではなく、イエス・キリストと聖霊の力によって教会に現われ、またイエス・キリストの再臨によって完成する神の国を信じる私たちの意欲なのです」[15]。このようにして教会には「平和という空間の証し」が可能になるのです。

平和な空間――神の国の倫理

聖書における神の国は、ある理想の組み合わせと考えることはできません。それは、むしろイエス・キリストの生と死によって可能になった「平和の民」となることです。「世界を神の国とするのは、私たちの課題ではない。世界に証しできる民であることが、私たちの課題である」[16]のです。しかも神の国はいま途上にあります。ガラテヤの信徒への手紙五章一九―二三節の「肉の業は明らかです。それは、姦淫、わいせつ、好色、偶像礼拝、魔術、敵意、争い、そねみ、怒り、利己心、不和、仲間争い、ねたみ、泥酔、酒宴、その他このたぐいのもの」は、他者を恐れる不信の行動のしるしです。それに対して聖霊の実りは、競争社会の中でさえ開花する新しい現実に生きることです。それが「霊の結ぶ実は愛であり、喜び、平和、寛容、親切、善意、誠実、柔和、節制です」となるのです。

つまり教会において形成され養われる徳目は、「神の国の前味」です。シャロームへの旅路を支えるのに必要な希望は、神の国を先取りする「聖霊の実り」の開花です。ハワーワスは、このような立場から、革命運動のような解放の神学が教会を位置付けないのに不満を表わし、また神の国を教会が独占してしまう立場にも不満を持ちます。イエス・キリストの物語によって形成された「美徳の共同体」としての教会は、神の国の理解に本質的な関係を保ちます。彼らの信じる神は平和の源です。それは、社会において神の民に証しを促し、多様な成員を支える「非暴力的愛」の実践を開花させ、社会を支え方向づける源泉になるのです。それが信仰共同体における「性格形成」の訓練でしょう。次に文化において「再生と非暴力的愛」を表現した証しに進んでいきましょう。

（1）東方敬信『文明の衝突とキリスト教』教文館、二〇〇一年、一九四―九八頁。

（2）S. Hauerwas, *After Christendom*, Nashville: Abingdon Press, 1991, 45ff.

（3）J. Stout, *Democracy and Tradition*, Princeton, N.J.: Princeton University Press, 2004.

（4）S. Hauerwas, *War and the American Difference*, Grand Rapids: Baker Press, 2011, 100.

（5）D. Bell, "Jesus, the Jews and the Politics of God, Justice," *Ex Auditu* 22, 2006, 89.

（6）ウィリアム・スポーン『聖書とキリスト教倫理』徳田信訳、日本キリスト教団出版局、二〇一〇年、一六五頁。

（7）Bell, op. cit., 94.

（8）W. Rauschenbush, *A Theology for the Social Gospel*, New York: The Macmillan company, 142-3.

（9）W. Rauschenbush, *The Righteousness of Kingdom*, Abingdon Press, 1969, 110.

（10）W. Pannenberg, *Theology and the Kingdom of God*, Westminster John Knox Press: 1969, 81.

（11）S. Hauerwas, *Against The Nations*, Notre Dame: London Univertsity of Notre Dame Press, 112.

（12）Ibid.

（13）Rauschenbush, op.cit., 151-155.

（14）J. Gray, *The Biblical Doctrine of the Reign of God*, Edinburgh: T&T Clark, 1979, 319.

（15）Hauerwas, op. cit., 116.

（16）ibid, 117.

第1章　「いじめ」から「祈り」へ――ミュージカル「キャッツ」とキリスト教

日本で三〇年間もロングランを続けたミュージカル「キャッツ」を各都市で観にいった人は七〇〇万人ほどだと言われています。この圧倒的な人数にも驚かされますが、個々の人々にあたえた影響力も素晴らしいものです。T・S・エリオット（一八八八―一九六五）の詩に音楽が付けられた素晴らしいミュージカル作品にも敬意を表さざるを得ません。そのあらすじをガイドブック『劇団四季ミュージカル「キャッツ」のすべて』（光文社、二〇一四年）を参考に紹介しましょう。

ミュージカル「キャッツ」に描かれる世界

満月が青白く輝く夜、街の片隅のゴミ捨て場にたくさんの「ジェリクルキャッツ」たちが年に一度開かれる〝ジェリクル舞踏会〟に参加するため集まってきます。ジェリクルとはジュエリー（宝石）とミラクル（奇跡）を合成した英語です。私たちが身近な人を宝石や奇跡だと考えてみたらどうでしょうか。おそらく人生や出会いについて感動するでしょう。つまり奇跡的な珠玉のような人生（猫生？）になるでしょう。キリスト教思想家エリオットの詩人としての実力が遺憾なく発揮されている命名の仕方です。ある人によると、「人間に飼い馴らされることを拒否して、逆境に負けずしたたかに生き抜き、自らの生を謳歌する強靭な思想と無限の個性、行動力を持つ猫」[1]だそうです。それが「ジェリクルキャッツ」。そして猫たちの集まる夜は、デュートロノミーという長老猫が最も純粋な「ジェリクルキャッツ」を選ぶ特別な舞踏会です。新しい人生への「再生を許され」、新しいジェリクルの命を得るのは誰か。夜を徹して歌い踊る猫たち、というあらすじです。やがて夜明けが近づき、固唾を飲んで期待している静寂に向かって、天上に上り、新しい人生を生きることを許されるただ一匹の猫の名前が宣言されます。

作詩者T・S・エリオットと作曲者アンドリュー・ロイド・ウェーバーについて

ミュージカル「キャッツ」は、イギリスのノーベル賞文学者エリオットが彼の働いてきた出版社の子供たちのために作った詩集『キャッツ――ポッサムおじさんの猫とつき合う法』（*Old Possum's Book of Practical Cats.* 邦訳『キャッツ』池田雅之訳、ちくま文庫、一九九五年）です。それに、音楽家アンドリュー・ロイド＝ウェバーが曲をつけました。一部の曲は演出家トレヴァー・ナンらによって作詞されました。一九四八年にミュージカル『キャッツ』を作曲した天才作曲家アンドリュー・ロイド＝ウェバーはロンドンで生まれました。しかも彼の父親は、同じ音楽家で、ロンドン・ウエストミンスターの「メソジスト・セントラルホール」で音楽主任を務めた人です。メソジストとは英国教会から生まれたプロテスタント教会です。

代表曲「メモリー」はエリオットの未完の草稿を基に、ナンが新しく書き下ろした歌詞です。ミュージカル「キャッツ」はナンによる演出で、一九八一年五月一一日にロンドンのウエスト・エンドのニューロンドン劇場で初演されました。ロンドンでの公演や日本の仮設劇場公演では、舞台全体が回転する回り舞台を使用し、オープニングでは裏返しになっている舞台を一八〇度回転して始まります。観客もその世界を作るかのように舞台を囲むようになります。初演時には娼婦猫のグリザベラをジュディ・デンチが演じる予定でしたが、事故で出演できなくなったため代役として「エビータ」の主役を務めたエレイン・ペイジが抜擢され、彼女の歌う「メモリー」が世界的なヒットソングとなりました。

長年にわたりエリオットを研究し、『キャッツ——ポッサムおじさんの猫とつき合う法』の翻訳を手がけた早稲田大学教授・池田雅之が劇団四季のホームページに寄せた文章「ミュージカル『キャッツ』の原点に帰る——猫になりたかった詩人エリオット」を参考に見ていきましょう。

二人の天才の出会いから生まれた「キャッツ」

アンドリュー・ロイド=ウェバーは、良い詩を読むとすぐに音楽に言葉を乗せ、曲を作ってしまう人だと言われています。詩を口ずさむと、インスピレーションが湧き、曲が次々に浮かんできます。ですから、ミュージカル「キャッツ」もエリオットの猫詩集に感銘を受けて、次々と作曲されていったのだと言われています。この猫詩集『キャッツ』は一五編の詩から成っていますが、ロイド=ウェバーは最後の「門番猫モーガン氏の自己紹介」を除いて、一四編の詩のすべてをミュージカルの中で忠実に再現しました。そのため、このミュージカルは、まず詩に曲がつき、最後にストーリーとテーマがつけられるという変則的な手順で作られることになりました。

キャッツ誕生のきっかけ

一九七二年にロイド=ウェバーは、作詞家ティム・ライスとコンビを組んだ舞台「ジーザス・クライスト・スーパースター」のブロードウェイ開幕のためイギリスからアメリカへと向かいます。なんとその旅の途中、空港の売店で何気なく手に取ったのがエリオットの詩集 *Old Possum's Book of Practical Cats* 通称『キャッツ』だったのです。この猫詩集は、エリオットが自分の勤める出版社の社員の子供たちのために書いたもので、一九三九年に出版されましたが文学的にはほとんど注目されませんでした。しかし、ロンドン生まれのロイド＝ウェバーにとっては、母親から読み聞かせられていた子供の頃から親しんでいた懐かしい詩集で、改めて読み返すと、猫たちが飛び跳ねて踊るような躍動感溢れる詩作にたちまち魅了されてしまいました。

しかし、ミュージカル化するにあたって、ひとつ大きな問題がありました。それは、最後に付け加えるべきテーマの部分です。

この詩集は、猫好きだったエリオットのいわば「猫観察記」のようなものです。その一四編の詩の一編一編にはきわめて個性豊かな猫たちが登場し、それぞれのドラマを展開していきます。猫の仕草や性格（内面性・神秘性・野獣性）が、とても生き生きと的確にとらえられ、読んでいると猫好きでなくともウキウキしてくるようなカーニバル的な要素に満ちています。

ですが、それだけでは何か決定的なものが足りません。そのままでは、スパイスが足りなくて大人も満足できるミュージカルとして成立しないとロイド＝ウェバー自身も演出家たちも感じていました。そのような時、エリオットが「聖書的メッセージ」を原作の根底に置いたことが再発見されるのです。

未完の詩「娼婦猫グリザベラ」の発見

原作の猫たちを一匹一匹見ていくと、ミュージカル「キャッツ」の代名詞ともいえるナンバー「メモリー」を歌う「娼婦猫グリザベラ」は、原作の詩には存在していませんでした。ちなみに「メモリー」という歌も、原作にはありません。といっても、娼婦猫グリザベラは、ロイド＝ウェバーの創作でもありません。では、グリザベラは一体どこから来たのでしょうか？ その出処は、エリオット夫人のヴァレリーが、悩んでいる作曲家ロイド＝ウェバーに「この詩はどうですか？」と持ってきた未発表の詩にありました。それは、「娼婦猫グリザベラ」というタイトルの付いた、七、八行ほどの未完の詩でした。暗い過去を背負い、救いを願うこの娼婦猫には、聖書に記された〝罪深い女〟マグダラのマリアと、精神を蝕まれてしまったエリオットの最初の妻ヴィヴィアンの面影が背後にあります。ちなみに、グリザベラの grizzle は「灰色の」であり、bella は「美しい」で「美しい灰色」という意味になります。再生を待つ象徴でしょう。

エリオットはこの詩の最初の部分を書いてはみたものの、もともと子供向けの詩集ということもあり、詩集には収録しませんでした。しかし、このグリザベラのもつ暗く悲劇的な過去こそ、原作にドラマ性を与えるものでした。これを加えることによって、ロイド＝ウェバーが求めていたミュージカル「キャッツ」が、はじめて完成したのです。ここに私たちは現代社会おけるシャローム・モデルの「新しい開花」あるいは「再生」のテーマが感じられてきます。背景のマグダラのマリアは、主イエスに「七つの悪霊を追い出していただいた」（ルカ八・二）女性ですが、しかもイエスの復活の証人（ルカ二四・一〇）となる機会も与えられ、まさにグリザベラは「再生」の喜びに入れられた女性の代表となります。つまり、イエス・キリストの新しい命（復活）に出会い、復活の証人になったマグダラのマリアがグリザベラです。ヨハネによる福音書ではマグダラのマリアが園丁だと思った主イエスに「マリア」と呼びかけられると「ラボニ（私の先生）」と答え、すがりつこうとしました。すると「わたしにすがりつくのはよしなさい。まだ父のもとへ上っていないのだから」（ヨハネ二〇・一七）と言われました。これはまさに復活の体を意味します。この新しい命に出会う場面が救いの秘義「再生」なのです。初代教会の使徒パウロも「キリストと結ばれる人はだれでも、新しく創造された者なのです」（二コリント五・一七）と言います。近代社会のスタートである産業革命期のキリスト教指導者ジョン・ウェスレーも「義認、新生、聖化、完全」と再生のプロセスを語っています。キリスト教文化史において再び開花した運動です。その信仰の完全は愛の完全ですが、ウェスレーのオックスフォードの学生時代からの愛の業は、病人を訪問したり、学校に行けない子供たちの勉強を教えたりする「具体的チャリティー」でした。それはキリストの愛を表現する学生たちの「ホーリー・クラブ」以来の再生の証しでした。

ネーミングへのこだわり――猫には三つの名前が必要

こうして完成したミュージカル「キャッツ」は、世界的な成功を収めました。この成功の裏には、音楽や振り付け、舞台装置、キャストだけでなく、原作の奥深いメッセージ性が、一役も二役も買っていることは否定できません。特に目をひくのが、登場する猫たちの一風変わった名前です。たとえば、「あまのじゃく猫ラム・タム・タガー」とか「猫の魔術師ミストフェリーズ」「鉄道猫スキンブルシャンクス」など、登場するすべての猫につけられたこの奇妙奇天烈な名前には、すべて謎めいたセンス（意味）とノンセンス（意味からの逸脱）が込められています。偉大な詩人エリオットでなければ、考えもつかない変な名前ばかりです。詩集の冒頭で、エリオットは「猫に名前をつけるのは全くもって難しい。休日の片手間仕事じゃ、手に負えない」と書いています。なぜなら、猫には三つの名前が必要だからです。ひとつは、家族が毎日使う名前、ピーターやジェームズなどのいわゆる普通の名前です。もうひとつは、もっと格別の威厳のある名前。マンカストラップ、ボンバルリーナ、ジェリローラム……。猫が誇りを保つために必要な、特別な呼び名です。そして最後の名前は、「人間様には思いもつかない名前」であり、猫自身が人間に「絶対に打ち明けたりしないもの」。「深遠で謎めいた、たったひとつの名前」を思案しているとエリオットは語っています。一例として「審査猫デュートロノミー」とは、聖書の申命記から取られており、出エジプトの主人公モーセを連想させます。そして、エリオットは、歌の祭典の審査役にその名前を付けました。神からの使命に生きる新しい人生を感じさせます。こうした名前へのこだわりひとつとってみても、エリオットがキリスト教信仰の立場からいかに現代社会の「人生とその癒し」を真剣に考えていたかが伝わってきます。詳しくは、「キャッツ」のプログラムや池田雅之『猫たちの舞踏会――エリオットとミュージカル「キャッツ」』に猫の名前の謎解きがあります。

特に目をひくのが、登場する猫たちの一風変わった名前だということは先に触れました。登場するすべての猫につけられたこの奇妙奇天烈な名前は、ほとんど原作者のエリオットが、一つひとつ苦心して作り上げたものです。グリザベラは「灰色の美しさ」です。そして、エリオット自身のあだ名は「ポッサムおじさん」です。訳者池田雅之は訳詩集の副題に「ポッサムおじさんの猫とつき合う法」とつけましたが、実は詩の中にエリオット自身は登場しません。その代わりに「ポッサムおじさん」という自分の分身を登場させます。「ポッサム」とは、オーストラリアに生息する一見ネズミに似た動物「オポッサム」に由来します。エリオットの代表作『荒地』を添削したと言われるアメリカの詩人エズラ・パウンドが、エリオットにつけたあだ名で、彼はとても気に入っていたようです。「ポッサム」には「とぼけた」とか、「逃げ隠れする」という意味も含まれます。ハーバード大学で教え、英国に移住したエリートのエリオットですが、一部では「葬儀屋」などと言われるほど気難しいイメージがつきまといます。後の「キャッツ」のようなウィットに富んだ一面をみると、「ポッサムおじさん」とはいかにもおとぼけ詩人にふさわしいユーモア溢れるあだ名といえるでしょう。「ポッサムおじさん」というあだ名は、詩人エリオットにとって、猫と同様に「自己を保つために必要な名前」だったかもしれません。というのも、この詩集に溢れるばかりの猫への愛に満ちた眼差しに触れると、エリオットが自身を隠したかったのではないかと思ってしまうほどユーモアが感じられるからです。池田雅之がこの詩集を訳すにあたって「ポッサムおじさんの猫と付き合う法」と副題をつけたのは、そんなエリオットのユーモアに満ちた新生の深い愛を表現したからでしょう。

デュートロノミーとグリザベラに託された「再生のメッセージ」

ミュージカル「キャッツ」が感動的で涙を誘うのは、猫たちの様々な生きざまと運命を通じて、私たち人間の「救済と再生のドラマ」が開花するからです。個性的な猫たちのパフォーマンス一つひとつには、私たち人間の「輝いている瞬間」が切り取られているかのようです。つまり、ミュージカル「キャッツ」とは、私たち人間の平凡な日常生活の「祈り」であると同時に、マグダラのマリアに象徴される自分たちの「再生のドラマ」でもあるからです。またこのミュージカルは、自分探しの旅にもなるでしょう。自由に〝生〟を謳歌する猫たちを見ているうちに、エリオットと同じく観客も自分の中の一匹の猫に目覚めて人生を自分らしく生きる「個性の輝き」を表現したいと思うようになります。

過去の後悔と未来への希望を示されたグリザベラが天上界に上るということはどのようなことでしょうか。「メモリー」という言葉は、過去の思い出と未来の希望と両方にかかっています。なぜなら、それは「ケンブリッジ・プラトニズム」という思想運動が背後にあると考えればわかってきます。それはケンブリッジ大学を中心にしたプラトン哲学の再興があったからで、「イデアの世界に対するメモリー」によって、人間の精神が地上に囚われるより、その理性も感情も意志もイデアの世界に憧れるという理解です。従って、メモリーが私たち人間の「救済と再生のドラマ」になるのです。ですから、「キャッツ」は、「二一世紀の人間社会のありうべき姿を描いた未来神話」と池田雅之も言います。それは審査猫デュートロノミーと娼婦猫グリザベラによって「いじめを克服した共同体」となることが描かれるからです。それゆえ、「キャッツ」は、これからも「奇跡のミュージカル」と言われ続けることでしょう。再生を許され、新しいジェリクルの命を得るのは誰か。夜を徹して歌い踊る共同体。それは「祈りの共同体」となるのです。やがて夜明けに、新しい人生を生きることを許されるただ一匹の猫の名前が宣言されます。それはグリザベラ？　それともあなた？

近代文化の神学的文脈

アメリカの現代神学者ジェイムズ・マックレンドンは二〇〇〇年に『証し（Witness）』（『組織神学』第三巻）を記して、現代社会の文化的状況とキリスト教の証しを論じますが、エリオットも含めて近代文化の担い手のキリスト教的文脈を叙述します。つまり、今日の意味での「文化」という言葉は、近代的な発明品です。その背景にはキリスト教文化史があります。まず聖書記者は、「すべての国民」（マタイ二八・一九以下）への神の愛を語り、「神は……この世を愛された」（ヨハネ一三章）と語ります。そして彼らは、世界を「種を蒔き刈り取りをする畑」と考えました。そして、このような文化（culture）を「耕す（ラテン語でcultur）」という理解の仕方で、「クルトラ・アニミ（cultra animi＝魂を耕す）」として一九世紀初期に文化を再生します。それを社会史家たちは英国における一八世紀の二つの歴史的事件に基づいていると想定します。第一は、蒸気機関という機械化がもたらした「産業革命」で、第二は、ジョン・ウェスレー（一七〇三―九一）の名前で覚えられるキリスト教信仰の「信仰復興運動（evangelical revival）」です。産業革命は（アダム・スミスによると）分業化で経済的効率化を可能にし、蒸気機関の発達も加わって人口増加を生む豊かさを展開し、都市化をもたらし、家族関係も変化させ、労働者階級を生み出し、村を上げての都市への移住も発生させ、教育の必要性をももたらしました。神学者マックレンドンによると、これらすべてがウェスレーの福音宣教の扉を開いたのです。[3] ウェスレーは、すべての人を罪から解放するイエス・キリストの十字架と復活の恵みをのべ伝え、すべての人に新しい命に生きる「再生」を提供しました。ウェスレーは明快に救いの段階を明らかにし、まさに「再生のドラマ」をすべての人に提供しました。それが「義認・新生・聖化・完全」の救いの段階説でした。つまり、キリスト教の救済の秩序は、先行する恵みに導かれ、キリスト者の完全へ向かうプロセスで開花したのです。この中のキリスト者の完成は、愛の完全ですが、「罪からの解放」から出発して新しい愛という「聖性の贈与」ともなるのです。この意味で、キリスト教信仰は、愛の完全と聖性の獲得を目指すものとなったと言ってよいでしょう。そして、この目標を目指して支え合う「クラス・ミーティング（組会）」という新しい共同体の訓練にメソジズムは特徴を持つことになります。共同体運動としてそれは、初代教会から修道院運動、宗教改革運動に続くものでした。南米の解放の神学による「草の根の共同体」にもつながることになります。いわゆるグラス・ルーツ・ムーブメントです。

マックレンドンによると、この「完全また完成へのプロセス」は、「社会の完成としての文化」を生み出すことになりました。彼の判断によると、ウェスレーのキリスト者の完全に刺激を受けて、ジョン・ヘンリー・ニューマン（一八〇一―一九〇）は、大学教育における学問の完成・あるいは教育における心身全体の新生を意識するようになりました。マックレンドンによると「トータルな人間の福祉（幸福）」の追求です。ニューマンは、一八五二年の大学教育の本質と範囲についての講義『大学の理念』と説教で「教育の完成」を語るようになり、学者であり司祭であることの重要性を指摘します。これと重なり、思想家サミュエル・テイラー・コールリッジ（一七七二―一八三四）は、すでに教育に基づいた文明開花を語り、教授であり聖職者である集団「クレリシー（clerisy）」の伝統を重視しました。彼は、神学と他の学問の両者を修めた教養ある聖職者「クレリシー」がリーダーシップを発揮すべきだと考えました。彼らがオックスフォードやケンブリッジの指導をすべきだと考えました。このことは、ただ知的能力で高等教育にあたるだけでなく、人格的影響力が必要なことを自覚させました。知的能力と人間性の絶妙なバランスが市民教育には決定的になってきます。温かい心を持って合理的に生きる人ということになるでしょう。これが視学官マシュー・アーノルド（一八二二―一八八）の「スイート・リーゾナブルネス」という理想でした。さらに全国民に等しく情報を提供するBBC放送の使命ともなったのです。特に選挙権を得た労働者階級への配慮としての放送の使命でした。働く人も「美しく生きる」のです。グリザベラのイメージはここにも出てきます。

二〇世紀前半のエリオットは、神学者に教えられる教養神学より、「キリスト教的な生の哲学」を大切にしました。彼は、教育を管理する意味ではなく、人間性の完成をめざすものと考え、「キリスト教社会において教育は宗教的でなければならないのでありますが、それは教育が聖職者によって管理されるという意味ではありません。まして圧力を加えたり、各人すべてに神学を教えこんだりするわけでもなく、その教育の目的がキリスト教的な生の哲学による方向付けがなされるという意味[4]」だと言います。ここに教職者と信徒との生き方による愛の証しの課題が生まれてきます。

このように考察してきて、キリスト教的な「再生」の哲学が「キャッツ」にも表現されていることがわかります。そのミュージカルは、文化的な仕方で表現された宗教的次元を核にした「教育」だということも分かってきます。まさに「インカルチュレーション（文化内開花）」です。エリオットは、教育の担い手は幅広い教育者たちで、「すぐれた知的才能もしくは精神的才能のいずれかまたは両方をもった聖職者と平信徒をともにふくむ」ことになるとし、そこで大切なのは「宗教的生活、祈りと瞑想の生活、そしてその生活を実践しようとしている人びとなどに対する尊敬の念を得ること[5]」と言っています。

さらに、エリオットにとって、キリスト教社会とは「終末論的希望」であって、現在は実現しつつある事柄として受けとります。「一般の人びとの社会」において大切な判断は、「地上におけるキリストの王国はけっして実現されないであろうということ、と同時にそれはつねに実現されつつある」ということです。彼には、資本主義社会と都市化現象に対する批判があります。「われわれはもうずいぶん長いこと、ただ機械化され、商業化され、都市化された生活様式に由来する価値だけしか信じてこなかったが、神はわれわれがこの地上で生きるのを許してくださる『永遠の条件』をそろそろまともに考えていいのではないかと思われます[6]」と。キリスト教的価値観が世俗化してアメリカ文化となったとして、ミズーリ州セントルイス生まれで英国に移住したエリオットは、この世俗化の歴史を遡って世俗化を克服して聖なるものを回復したいのです。一九三七年のラジオ放送「教会、共同体および国家」という番組で、彼は、「永遠の条件」について、「教会は神の栄光と魂の聖化のために存在しているのであり、キリスト教的生の哲学はこれらの目的を達成するための手段の一部なのであります」と語っています。そこには、神の恵みをうけとる謙虚な姿勢を必要とします。「人間社会の教育は、神の恵みによるものが主であり、恵みを受けとる心構えをもつことができるのは、ただ謙虚、慈悲、廉潔——おそらくとりわけ謙虚——においてのみだからであります。そしてその神の恩寵なくしては、人間の営為はむなしいのであります[7]」と告白し、新しい人間性には「謙虚、慈悲、廉潔」が大切だと強調しました。そして、このような率直な姿勢で人間性を、自分の栄光ではなく神の栄光を現わす仕方で「魂の聖化」も実現し、再生を生き方で証しすることになります。さらに「教会の観点からみれば、現代の支配的な悪徳は、おそらく貪欲だということが証しされるでありましょう」とその時代を批判します。このようなエリオットの社会的態度から「キャッツ」の詩も生まれてきたのでしょう。英国に始まった産業社会、市場社会の限界を予感したユニテリアンであったエリオットは、まさにカウンター・カルチャーを主張するかのように、英国に移住して、伝統的な三位一体の神を信じる英国教会に帰属することになったのです。世俗化した社会に「聖性を取り戻す」のがエリオットの願いだったのではないでしょうか。

キリスト教と文化の関わり

ところで、現代消費文化の蔓延を警戒してドイツの神学者が「いい年をした若者が、長いこと失業しています。人はそれになれてしまいます。彼らは希望を失って常軌を逸し、麻薬にたよるようになります。人はそれになれてしまいます。悪しき夢をこしらえる材料を買うために、彼らは日々お金を必要とし、路上の追いはぎとなるのです。人はそれになれてしまいます。人々は白昼大通りで襲われ、打倒され、何もかも奪われます。人はそれにもなれてしまいます。誰もそれに腹を立てる人はいません。そして病気のからだのガンのように、わざわいが広がっていきます。貧困、失業、犯罪、刑務所というように、悪循環がいよいよ広がっていきます。なぜでしょうか。それは、ほかの人がどうでも良くなっているからです。人々は無感覚になり、このようなことを肩をすくめて受けているからです[8]」と言いました。この記述はドイツの神学者ユルゲン・モルトマンが現代人の「無感動」という病的兆候を記したものです。つまり現代社会は無感動が日常的になっているというのです。エリオットとロイド＝ウェーバーは、機械化された便利な社会の日常の無感動を突破するために「ミュージカル」という日常性を越える経験を大切にしたいと主張します。さらに、アメリカのイェール大学神学部のジュリアン・ハートは、その神学主張の中で「説教可能性（preachability）」という要素を考えます。これも日常性の突破を意味します。それは新しく教会を形成し神の国のための刺激を世界に与えるインパクトです。次のこともこのインパクトです。

一九二四年、パリのオリンピック陸上四〇〇メートル走で金メダルを獲得した英国のエリック・リデル選手は、日曜日に開かれた一〇〇メートル走が安息日であるので礼拝のために棄権し、七月一一日水曜に開催された四〇〇メートル走に出て優勝しました。自分の信仰を守ってなおかつ優勝したのです。これは信仰者の麗しい生き方で、「炎のランナー」という映画にまでなっています。そのリデル選手が愛唱していたイザヤ書四〇章三一節「主に望みをおく人は新たな力を得、鷲のように翼を張って上る。走っても弱ることなく、歩いても疲れない」でした。さて、日本で新制大学制度ができて五〇周年の年に私の奉職していた大学も五〇周年記念行事を行いました。その時に聖書の中にある動物で大学のマスコットのデザインを募集しようという話が持ち上がりました。そこで私は準備委員として上記の聖句から「鷲（イーグル）」のデザインを募集することを提案し、現在の「イーゴくん」が選ばれました。大学礼拝において学生たちがインパクトを与えられ、「新たな力と価値観」を得て、表現できるようになれば幸いです。日本の世俗社会に「新たな価値観」「新たな力」を開花させられたらと思います。

念のため、グリザベラが歌う「メモリー」は次のような歌詞です。

メモリー　あおぎ見て月を／思い出をたどり　歩いてゆけば／出逢えるわ　幸せの姿に／新しい命に
メモリー　月明かりの中／美しく去った　過ぎし日を思う／忘れない　その幸せの日々／思い出よ　還《かえ》れ
街の灯は　消え去り／夜の終わりが／古き日は去り行きつつ／夜明けが近づく
デイ・ライト　夜明けとともに／新たな命を　日はもう昇る／この夜を思い出に渡して／明日に向かうの

木洩れ陽は輝き／光があふれ／花のように朝が開く。(9)

産業革命直後に始まった、ケンブリッジ・プラトニズムという思想運動は、理性も感情も含んだすべての精神性が「メモリー」によって「天（イデア）」を目指すと考えます。使徒パウロは「わたしたちの本国は天にあります」（二コリント五・一一）と宣言して、教会に神の民の自覚を促しました。それと重なり合う発想がグリザベラの歌う「メモリー」の根底にあると考えると、素敵な歌になるでしょう。

根源的エネルギーの暴走を防ぐ

エリオットによるまとまったキリスト教の視点からの文化論は、それぞれ第二次世界大戦前夜の暗い展望の時期の『キリスト教社会の理念』と戦後の、ほとんどすべての西欧知識人がキリスト教伝統に基づく西欧社会の「文化の再生」を考えた時期にその可能性についての明るい展望によってなされた『文化の定義に関する覚書』の二点です。それぞれ状況と雰囲気が違いますが、現代社会における世俗化の現実を認めながら、しかしもしこの世界の将来があるとするなら、それは正統的キリスト教信仰に依らなければ「聖性の回復」にはならないと考えます。

エリオットにとって文化とはまさに「生き方全般」であり、もしそれを、キリスト教的生にするなら、「キリスト教的共同体」での自然な生き方となります。現代の宗教生活はおおよそ神と人との和解の問題でしょう。第二の自然としての社会的習慣がおのずと常識的規制の役割を果たします。確かに、本質的でないような付加物とか地域的強調点や慣習も多く含まれるかもしれません。もしそれらがあまりにも極端な偏向とか迷信になれば、正すのが教会の使命になります。しかもそれらは社会に強靭性とまとまりをもたらすことに役立つことができます。「共同体の伝統的生活は法律によって押し付けたりせず、外的強制の意味をもたず、しかも単に個人の信仰や理解の集合の結果ではないであろう」ということになります（『キリスト教社会の理念』）。また『文化の定義に関する覚書』の中で彼がくりかえしているように、宗教と文化との関係は完全に一体化されることなく、他方、完全に分離されることもないのです。こうしてエリオットは『理念』の中で現代において社会とキリスト教的共同体が別々のものに事実上なったことを踏まえても、キリスト教共同体と社会との関わりを論じます。彼は「共通善」を語った神学者ジャック・マリタンに従って多元的社会の中でキリスト教共同体がどのような役割を果たすべきかを論じます。キリスト教共同体が影響力をもち、信仰生活と文化の伝統を共有する新しい和解によって成り立ち、近代的多元性の原理によって成り立つ社会と信仰生活の関係を追求します。もちろん、これは『キリスト教社会の理念』と銘打った書物の場合も、戦後の『文化の定義に関する覚書』の場合も同じです。エリオットは社会とか文化のテーマを取り上げる時、キリスト教的和解・平和を想定し、また英国のキリスト教伝統の文化と歴史との関連を出発点とし、それらを西欧全体の文化的伝統に結びつけます。今日の視点から言えば、彼が近代英国社会の世俗化の現実を認めつつ、インカルチュレーションという聖なる文化の「再生」という観点でキリスト教と文化を論じたと理解できます。

エリオットの信仰観は、教会制度も信仰の表現とみなすものです。ところで、アングリカニズムは国民教会です。それは英国の伝統と歴史の中で普遍的キリスト教的価値観を具体化した教会です。彼のキリスト教的共同体論は、文化的には世俗化した社会とはいえ、まだある程度まで国教会制度によってキリスト教的伝統・習慣を留めた英国社会をキリスト教的共同体として再生するための足掛りを模索するものでした。いわゆる「ナショナル・チャーチ（国教会）」が西欧の普遍的伝統から弧立する危険と国内で特定の階級の教会になってしまう危険を十分認めた上で、エリオットは英国における宗教・文化の関係性を保証するものとしてその国教会制度を是認したのです。彼の立場はすでに改宗後発表された「ランベス教会会議後の感想」の中で表明されていますが、現代の多元的状況で、キリスト教が社会の一要素になったことを認め、しかもその社会の中に生きる「キリスト教共同体の役割」を考えました。この信仰的共同体が、社会全体に精神・文化に関わる証しをする「先駆的特殊性」を保ち続けていなければならないのです。エリオットの図式は社会秩序を代表する国家に対して「共同体」を代表するキリスト教会、両者の関係を、社会と共同体が緊張状態にありつつも結びつき、どちらも一方の極に融合されるものでもなく、またそれぞれが無関係に分離したものとして存在するようなことのない状態を理想と考えていたようです。国家の視野は多元的状況の中でいつも「便宜主義的」になり、「再生と正しさ」を追求し得ません。教会は制度として国家と直接的、公的連携をもっていなければなりませんが、国家の一部局となってしまう危険も避けねばなりません。そのためには地域に根ざした小教区の積み上げの制度をもち、それらを通して個々の信者とのコンタクトを保ち、高い知的水準と幅広い学問教養を身に着け、深い霊性をもつ聖職者階級と神学者がその価値観を支えなければならないと、エリオットは考えました。

このように現実にはむずかしい理念をかかげながら、エリオットは形式的にもナショナル・チャーチの制度をもつ国家に対して、教会は教えと道徳に関して「最終的権威」として発言しなければならないと主張します。「教義の問題、信仰と道徳の問題において、教会は国家内で最終的権威として発言するでしょう。種々の問題に関連する事柄では、教会は個々の信者を通して発言するでしょう。時おり、教会は国家と衝突することもあり得るし、そうしなければならない。このような時、教会は国家の政策上の無責任を叱責したり、世俗権力の介入に対して身を守り、専制政治から共同体を保護したり、権利が無視されれば抗議し、異端的見解、不道徳な法律と行政に対しては異議を唱える」とします。このような発言から、私たちはエリオットの劇作「寺院の殺人」の主人公トーマス・ア・ベケットの殉教を思い出さざるを得ないのですが、独裁と武力闘争の悲劇的結果に対する「平和への希求」が見られます。高柳俊一によると、一九三七年二月一七日の「リスナー」誌に掲載された「世界に対する教会のメッセージ」でエリオットは、教会が世界に対して「正しい神学を確認し、教え、適用する」権利をもっていると主張しました。

『文化の定義に関する覚書』を読めば、エリオットが文化というものは究極的に宗教なしには健全な形で存在できず、宗教が文化の発達に貢献できるとか、逆に文化が宗教の水準を高めるとかはそう簡単に言えないにしても、両者とも一つの事柄の両面であり、どちらかと言えば宗教がより本質的であると考えていたことは明らかでしょう。エリオットは、二つの間の「関係」の定義が課題だと言っています。この場合、価値観を伝達する文化とは自然に近いものでなければならないというのがエリオットの理解で、人間は自然に近い健全な文化をもつ時、宗教的になります。つまり文化とは第二の自然であり、人為的な意志に依らずに共同体で生きている時、宗教的になると考えました。それは、文化は生き方であり理屈でないと彼が述べる時はっきりします。『文化の定義に関する覚書』の背景には青年時代に研究した原始人の宗教意識に対する関心をはじめ、他の宗教問題に対する関心が根底にあり、その上に成立した彼のキリスト教文化論があります。それが政治学者ハロルド・ラスキ、評論家ジョン・ミドルトン・マリーらの穏健社会主義的文明論に対してアングリカン的正統主義の立場からのアンチテーゼであることを趣旨として考えておかなければならないでしょう。さらにキリスト教社会の理念においてジャック・マリタンの社会哲学の影響が顕著であるのに対して、『文化の定義に関する覚書』では加えてローマ・カトリックの歴史家クリストファー・ドーソンの影響が認められます。「文化は本質的にある国民の宗教のいわば受肉である[10]」と述べるエリオットの言葉は、彼が一九三八―四五年の「文化と社会の問題」のアングリカン識者の勉強会「ムート」に加わって、カール・マンハイムの考え方を聞いたことなどの影響をみることができます[11]。

『文化の定義に関する覚書』第四章でエリオットは原始宗教とは異なって高度の文化に達した宗教であるキリスト教の場合は個人の内面ばかりでなく、個人と社会、信仰者と聖職者、文化と宗教、教会と国家との間にある分裂を癒すものと主張します。ここで彼は「無意識」と「意識」との間を癒し、人間は歴史の中で無意識に近い原始段階から、内省が行われる意識段階へと入って、高度の段階の宗教は懐疑を受容し、無意識と意識の間の緊張を癒し、人間の無意識へ戻りたいという願望に方向を与えるべきだと述べます。同じようにジョン・ウェスレーもキリスト者の完全は、意図的な罪だけでなく、無意図の罪からも自由になると「無意識の世界における完全」も指摘しています。

エリオットは、信仰というものが内省を経て意識化された告白であり、それは意識的であり、たえず懐疑ばかりでなく原初へもどろうとする傾向をもっていると考えていたようです。原始的宗教意識（ないし無意識）が人間の中で根源的にうごめいているので、それが信仰と宗教的文化の営みによって正しく、適切に方向づけられ、統御されない時、無意識の世界は全体主義的イデオロギーという代償的疑似宗教によって人々をまどわす（ナチズムや民族主義）と考えました。エリオットは現代文化の世俗的様相の中にこのような兆候を見て取っていました。こうして「文学者がヨーロッパの文化再生に対して果たすべき責任」として、人間にとってますます状況が悪化していく現代文化の中でエリオットは、共同体的宗教意識と西欧的文化伝統の意識の再生に対する文学者の責任を考えました。さらに、私たちはその再生の実行として彼が詩劇の復活に情熱をかたむけ、共同体的感覚と無意識を方向づける詩劇を通してもう一度、英国社会にキリスト教的価値観を取り戻そうとしたのです。『カクテルパーティ』に始まる詩劇によって、いわば現代人の心理の奥底にある罪意識と宗教的願望を取り出し、それを詩によって方向付け、「根源的エネルギーの暴走」を防ごうとしたのでしょう。改めて現代社会を照射する「キャッツ」のメッセージに耳を傾けたいと思います。

国教会から美徳の共同体へ

最後に、近年の倫理的状況は、緊急な問題に満ちており、さらに多様な価値観によって混乱が生じています。緊急の問題とは、脳死の定義によって生じる臓器移植の問題、性にまつわる中絶や暴力の問題、また自殺と死ぬ権利の問題、さらに人権と公共性の問題、環境と豊かな生活の問題、資源の限界と第三世界の開発の問題、産業社会と自然破壊の問題、さらに核の抑止力による平和から相互交流の平和への構造転換の問題等々、数え上げればきりがないほどあります。このような倫理的状況で、合理的に諸問題を解決する理性的判断が大切なことはもちろんですが、さらに、こういった問題群の中にある矛盾に耐えながら忍耐強く、解決にむかって一歩一歩努力する責任感や歴史に対する希望が重要です。この意味で、忍耐や責任感また希望をもって困難な状況に耐え抜いて努力する「性格形成」が重要視されなければならないでしょう。

二〇一一年夏、ニューヨークの証券取引所のあるウォール街を占拠せよという呼びかけに大きく反応した社会意識は、アメリカ全土にさらにヨーロッパ各国に広がっていきました。ロンドンでは、セント・ポール寺院の前庭に多くのテントが張られて、多数の人々が集まりました。なぜなら、その近くに証券取引所があるからです。そのデモンストレーション中で見られた「九九％対一％」のプラカードは、その問題意識を強く印象づけていました。少数の高額所得者に対して、圧倒的多数が貧困の中にいるという「格差の現状」に対しての不満を表現していました。しかし、私が注目したいのは、二〇一二年一月になっても続いていたセント・ポール寺院前のテント村をめぐる英国教会の判断です。ウォール街の運動は、ある公園から排除されましたが、セント・ポール寺院側は、前庭を「市民の意見交換の場」として堂々と提供しました。二〇一一年一〇月には市民の自由な意見交換の場として提供する方針を貫くために、セント・ポール寺院の若い二人の司祭が辞任し、そのショック療法に呼応して、英国教会の第一人者、当時のカンタベリー大主教ローワン・ウィリアムズ師が一一月一日に「フィナンシャル・タイムズ」紙に英国教会は市民の意見交換を尊重するという論文を発表しました。同時に英国教会は一一月七日付で「教会と資本主義」という論文をインターネットに公開し、そこにキリスト教の立場から考察した資本主義論についての書物を参考書として数冊挙げています。「ミッションと公共的課題（Mission and Public Affairs）」という委員会の名前で国教会が出したものです。最後にセント・ポール寺院の主任司祭も辞任したこの英国教会の判断は、その社会的責任を負うという歴史的伝統から来ています。つまり、キリスト教の社会主義化と社会主義のキリスト教化を目指したF・D・モーリスを出発点にした一九世紀の「キリスト教社会主義（Christian Socialism）運動」を受け入れた懐の深さから来ていると、私は判断します。あの「クレリシー」（本書三四頁）の伝統でしょう。

はじめの「キャッツとキリスト教」の意義に戻りますが、そこには人間社会の目指すべき未来の姿が描かれています。それはグリザベラに対する「いじめ」がジェリクルたちの共同体から消えていくからです。それどころか、娼婦猫グリザベラに対する「無視や仲間外しや噂や陰険な目つきで見ること」などが変えられ、審査猫デュートロノミーの「慈しみや尊敬や愛のまなざし」の影響によって「猫たちのコミュニティ」が「受容と共感の共同体」に形成され直すことが起こります。そして、「メモリー」の歌を再度唄う場面や審査猫デュートロノミーの指導もあってジェリクルキャッツたちが「気づきと癒しによるコミュニティの幸せの探求」をすることになると、訳者である池田雅之も語ります。[12] しかも、ジェリクルキャッツたちがグリザベラのために「祈りの歌」を捧げて彼女が天に昇るように支援するのです。そこに「祈りの共同体」まで誕生しています。その意味では本書で論じるフェアトレード運動によっても、二一世紀における「グローバルコミュニティ」が「受容と共感の共同体」になれることを証しすることになるでしょう。ここに『神の民』である教会の先駆的役割が見えてきます。「いじめ」から「愛の祈り」への意識の変化です。

言葉を換えれば、「人間の生活の質」と「地球社会の運命」を、現在の人間形成の緊急の課題として取り上げる「地球共生社会」になることでしょう。キリスト教倫理学者スタンリー・ハワーワスによれば「われわれが今どのような人間であるかは、これから直面しようとする未来の姿をかなりの程度決定する」[13] のです。したがって、ウェスレーの神学的伝統である救済の秩序とキリスト者の完成の教えは、無意識の層にまで深められ、さらに生かされなければならないでしょう。その無意識の層にまで人間の行動原理が定着した諸習慣（ハビッツ）が「第二の自然」となり、つまり多様な存在を受容する「美徳の形成」になるのです。繰り返し聖書の言葉に生きる習慣、祈りに参加するクラス・ミーティングの習慣や訓練から生まれる「キャラクターの形成」を考えたいと思います。野獣性を超えて讃美歌などの美しい音楽を口ずさむ習慣から愛の祈りや行動原理が生まれるでしょう。日本の政教分離の社会においても性格形成をする共同体として家庭だけでなく、教会や学校や病院、キリスト教社会福祉施設、NPOなど性格形成に関わる各団体の責任もあるでしょう。主体性や個性をもつ勇気、未来志向で忍耐する希望、隣人を配慮する愛、これらが「シャローム・モデル」として生かされるべきでしょう。生きた教会は「シャローム・モデル」です。次にC・S・ルイスの文学の世界における開花を見てみましょう。

（1）『劇団四季ミュージカル『キャッツのすべて――奇跡のロングランの歴史から舞台裏まで見られる完全ガイドブック』光文社、二〇一四年、四頁。
（2）池田雅之『猫たちの舞踏会――エリオットとミュージカル「キャッツ」』角川ソフィア文庫、二〇〇九年、四二頁。
（3）James McClendon, Jr., *Witness*, Nashville: Abingdon Press, 2000, 23.
（4）T・S・エリオット「キリスト教社会の理念」（『現代キリスト教思想叢書』第三巻）安田章一郎訳、白水社、一九七三年、三九二頁。
（5）同書、四二〇頁。
（6）同書、四二二頁。
（7）同書、四三〇頁。
（8）J・モルトマン『新しいライフスタイル――開かれた教会を求めて』蓮見幸恵訳、新教出版社、一九九六年、六頁。
（9）劇団四季、前掲書参照。

(10) T・S・エリオット『文化の定義のための覚書』照屋佳男・池田雅之監訳、中央公論社、二〇一三年、五九頁。

(11) 高柳俊一「T・S・エリオットによる信仰と文化」『キリスト教と欧米文化』ヨルダン社、一九九七年参照。高柳氏には上記の著書において国家と国教会の関わりについて教えられた。

(12) 池田雅之、前掲書、四一頁。

(13) S. Hauerwas, *Vision and Virtue*, University of Norte Dame Press, 1974, 64.

第2章　C・S・ルイスの騎士道と非暴力的愛の世界

ルイスの生涯

C・S・ルイス（一八九八―一九六三）は、多くの人がキリスト教文学者として身近に感じている存在ではないでしょうか。本章では、彼の戦争経験と平和を希求した文学活動に触れます。彼は、北アイルランド・ベルファストの事務弁護士の家に生まれました。ルイス家は一九世紀半ばの祖父の時代にウェールズから渡ってきた移民であり、母はアイルランド国教会の司祭の娘でした。ルイスは、イギリスの小説家で『ナルニア国物語』の作者として知られています。ルイスは三歳の時に飼っていた愛犬が交通事故で突然死ぬという悲しい経験をします。それ以来彼は自分を、愛犬の名前ジャクシーと名乗り、身近な人達からは「ジャック」と呼ばれることになりました。

子供時代の特技は三歳上の兄ウォレン・ハミルトン（愛称ウォーニー）と一緒にナルニア国と同じように「ボクセン」という想像の国を作り、その物語を書いて遊ぶことでした。ここに翻訳家中村妙子の言葉によると「別世界への憧れ」が見られます。ところが彼は、パブリック・スクールに馴染めず、ラーガン大学の元校長で父の個人講師を勤めていたカークパトリックに個人教育を受けました。それでもなんとかオックスフォード大学ユニヴァーシティ学寮に進学し、古典語、英文学の領域で最優等まで取りました。第一次世界大戦に従軍した後に、大学に戻り、モードリン学寮で英文学特別研究員を勤め、さらにそこで後に世界的に有名になる『指輪物語』の作者J・R・R・トールキンと知り合いになりました。その後一九五四年にケンブリッジ大学に移り、中世・ルネッサンス英文学の主任教授を務めることになりました。

第二次世界大戦後、ルイスの愛読者であり離婚歴のある一七歳年下のアメリカ出身の詩人ジョイ・デイヴィッドマンと知り合い、一九五六年に結婚しました。しかし、この結婚は当初、骨髄癌に侵されたジョイが治療のために英国籍を取得する形式的なもので、結婚式もジョイが入院している病室で質素に行なわれました。しかし互いの愛情はそれから徐々に深まり、ルイスはジョイを「唯一の女性」と呼んでいつくしみました。この結婚はジョイに離婚歴もあり非キリスト教徒（後にキリスト教に改宗）でもあったので、周囲から多くの非難を浴びました。創作をめぐって関係が悪化していたトールキンともこれを契機に断交しています。ジョイとの関係は、戯曲『シャドウランズ』とその映画化作品『永遠の愛に生きて』で描かれ、広く知られるようになりました。しかし、ジョイは、結婚からわずか四年後の一九六〇年に四五歳の若さで世を去りました。ルイスはN・W・クラーク名義で『悲しみを見つめて』を著し、彼女の死を深く悼んでいます。しかし彼自身も、世間の評価という痛みを経験し再生したのです。

ジョイの死から三年後の一九六三年の半ば、彼は心筋梗塞で倒れて昏睡状態になり、翌日には意識を回復して退院しましたが、いっこうに復調の兆しが見えずやむを得ず辞職を決意します。診断によると、三年前に患った腎炎の後遺症で慢性腎不全に陥ったために、その後はだんだん体力を失って、ちょうど六五歳の誕生日を一週間後に控えた日、世界中がケネディ大統領暗殺事件のビッグ・ニュースに揺れる中で、ひっそりと息を引き取り、オックスフォード郊外へディントンにあるセント・トリニティ・チャーチに埋葬されました。

ルイスの宗教学的貢献

ルイスによると人類に普遍的な宗教経験は「満たされない心の自覚」であり、何かはっきりしないものへの不可思議な「憧れ」です。ここでは私たち人類共通の宗教的心情とアイデンティティ探求に触れます。神学と心の経験の関係について、キリスト教の人間観を示している創造の教理において意味するものをアウグスティヌスの分析と共に取り上げることになります。

アウグスティヌスによれば、人々の不満つまり心満たされない感覚は、キリスト教の創造の教理から説明できます。つまり、私たち人間が神の似像に造られていることから、人間本性の内部には神と関わる力が組み込まれていて神と関わる力をもつのですが、人間本性が罪に堕ちたために、この潜在的可能性がかえって葛藤をおこし重荷になるのです。そこで他のものでこのニーズを満たそうとしても満たされないということが人間の自然な傾向になります。被造物が神に代わっても満足は得られません。こうして人間は「憧れの感情」、何か定かではないものへの「憧れの感情」を抱いたままの状態にとどまります。つまり、聖なるものの回復が課題になるのです。

現代英国の神学者マクグラスによると、この現象は人類の文明の曙から認識されてきました。プラトンは対話篇『ゴルギアス』において、人間を水漏れのする器と類比しています。人間は、いつもどこか満たされない渇いたもので、この感情の最大の表現、かつ最も有名な神学的解釈は、アウグスティヌスの有名な『告白』における、「神よ、あなたは、私をあなたに向けて作られました故、わたしはあなたの元にやすらうまでやすきを得ません」という言葉になります。

アウグスティヌスの自己理解の思索は、至るところで特に彼の自伝的な『告白』において繰り返されます。人類は現状の実存においては不完全であるように定められています。人間の希望と深い憧れとは、どこまでも希望と最も深い憧れにとどまるのです。ここで創造と贖いという主題がアウグスティヌスによって結び合わされ、人間の「憧れ」の経験を解釈するのに用いられます。ここに既存の文化を変革する新しい文化である「オルタナティブ・カルチャー」への憧れが生じます。人間は「神の似像」に造られているゆえ、神と関わりを持つようになりたいのです。たとえ、人間はその欲求を理解できなくてもそうです。しかし、人間は罪のために、その欲求を自分では満たすことが出来ません。そこから真の意味での葛藤や不満の感覚が生じます。そして、その満たされない思いは、人類共通の普遍的経験となります。しかし不満が経験されても、その神学的解釈が理解されなければ解決しないのです。アウグスティヌスは、この感情を説明して「言い表わせない呻きを呻きながら、私はさまよっていた。私は心をエルサレムに向け、エルサレムを思い出した。私の故郷エルサレム、私の母なるエルサレムを」と言いました。

アウグスティヌスの最近の最も優れた弁証学的解釈者こそ、二〇世紀の文芸評論家、神学者C・S・ルイスなのです。ルイスの著作の最も独創的な面の一つは、彼が常に、かつ力強く宗教的想像力に訴えたところでしょう。そのようにして、彼はアウグスティヌスの格言「憧れが心を深くする」を展開したことになるのです。アウグスティヌスのようにルイスも、私たち人間の実存の時空を超えた次元を指し示し、ある深い人間の感情、喜びへの枯渇に気づいていました。ルイスによれば、人間の内部には深くて強い憧れの感情があり、この感情は地上のどのような経験も満たすことが出来ません。ルイスはこの感情を「喜び」と名付けています。彼によれば、その喜びは、起源と目的である神を指し示しています。彼の有名な自伝の題『喜びのおとずれ』はそこに由来します。ルイスによれば、喜びとは「それ自体が他のいかなる満足よりも望ましい、満たされることのない欲求です。……それを一度経験した者は、必ずまたそれを欲しがる」となります。ルイスはこの問題をさらに「栄光の重み」と題した説教においても論じます。これはオックスフォード大学で一九四一年六月八日になされた説教で、ルイスはどのような自然の幸福も満足させることの出来ない欲求があり、「でもやっぱり心は疼くのです。この宇宙の中で、行きずりの者としてあしらわれた感じ、認知されたいと願う気持ち、なにがしか応答を得たいと願う気持ち、自分と現実との間にあんぐりと口を開けるひび割れに橋を架けたいと願う気持ちが、私たちの慰めを得ることのない秘密にあるのです」[1]と語っています。人間の喜びの欲求には何か渇きのようなものがあります。なぜなら、欲求の対象が適えられると、それでも満たされない欲求がさらに残されるように思われるからです。人為的な「お笑い」はただの「お笑い」に過ぎません。渇きが残るのです。ルイスは明らかにアウグスティヌスを思い出させる表現を用いて、古くからの美の探求を例に取り上げています。イギリスの神学者マクグラスによると「……強調されている基本的な点は徹底的にアウグスティヌス的である。つまり、被造世界は創造主に対する憧れの感情を作り出すのだが、それは自分では満たすことのできないものなのである。このようにして、本質的にアウグスティヌス的な枠組みが人間の一般的経験に適用されて、巧みな神学的解釈を与えている」[2]と。ルイスによると「なぜなら、栄光は神のもとでの好評、神による了承、応答、認知、そして事物の中心に迎えられることを意味するものだからです」[3]ということになります。これがオルタナティブ・カルチャーへの求めになるのです。

ルイスの戦争体験

自伝『喜びのおとずれ』によると、彼がオックスフォード大学に奨学生資格試験を受けに行ったのは、一九一六年の冬も晩《おそ》くなってからでした。「平和時にこの審判に直面した少年たちには、わたしがこの試験にさほど関心をもたなかったことをよく理解できないだろう。だからといって試験に合格するのを軽視していたわけではない」。この時彼は、「自分の性分に合った職業は研究職しかなく、そのため合格者が少なく、大半の人間が落第する試験にすべてを賭けるような気持になっていた」といいます。家庭教師のノックが彼のことを手紙で父に言ってよこしたのは「御子息を作家や学者に仕立てることはできるでしょうが他の職業に就かせるのは無理でしょう。

そう心にお決めください」でした（もちろん彼がそれを目にしたのは、何年も後のこと）。彼は自分でもこのことがわかっていて、「それを考えるたびに怖い気がした」と表現しています。

しかし奨学生になれてもなれなくても、彼は翌年には軍隊に入らなければならないことが、「かえって気持の救いになった」と告白します。ということは、彼が人生の事実として重かろうが軽かろうが、軍隊生活を受け入れていたことになります。一九一六年という時期には、「わたしよりずっと楽天的な気質の歩兵将校でも狂気じみてきて、戦後の生活のことをあれこれ想像することができなくなっていた。以前父にそうした事情を説明しようとしたことがある。もっと頻繁に機会を見つければよかったが、とにかく話題を探しては父と話をし、そのことによってよそよそしい二人の関係を改め、わたしの現実の生活を父に理解してもらおうと思ったがそうはうまくゆかなかった。父はすかさず学業に一意専心たるべきこと、わたしの教育のためにすでにかなりの額を出費したことを話した」[4]といいます。私はまさに戦争を知らない世代であるゆえ、ルイスの内面を想像するしかありませんが、彼の『喜びのおとずれ』の中に命がけの経験と「平和への希求」を探ってみます。

まもなく軍隊生活が始まりますが、幸運にも大学生の資格のまま入隊できました。そして、彼はキーブル学寮に宿舎のある士官候補生大隊に召集されました。

「最近の訓練に比べれば至って楽な普通課程を経て、旧第十三少兵隊、即ちサマーセット軽少兵隊の少尉に任ぜられた。一九歳の誕生日（一九一七年一一月）に前線の塹壕に到着し、アラスに到るファンプー、モンシーとの村々で軍務に服し、一九一八年二月、リラース近くのベルヌンシン山で負傷した」[5]のです。

そこでの感想は「驚いたことに、わたしは軍隊をさほど嫌いにはならなかった。軍隊はだれもが嫌悪して然るべきところだった。しかしだれもが嫌悪しているために、かえって苦痛が和いだのである」[6]とあります。しかも、「軍隊が好きになると思っている人間が一人もいない。好きにならなければいけないという関心がない。好きな振りをする人もいなかった。例外なくだれもが、軍隊という組織が憎むべき必要悪であり、道理にかなった生活を阻害すると考えていた。ここのところが他の事柄とちがっている。あからさまな艱難は、気楽なものだとされながら事実はそうと言えない艱難より耐えやすいのである。ここでは友情が育ち、ここで極端に苦しい時は、おなじ境遇にいる受難者のあいだに一種の愛情さえ芽生え、他方は相互不信、冷笑、内向した苛酷な怨念が生ずる。第二に、わたしは軍隊の上役や先輩のほうが、ワイヴァーン（パブリック・スクールか）のお偉方より、較べものにならないほど魅力的だと思った。十九歳の人間が十三歳の少年に対して示す気持よりも、三十歳の人間が十九歳の青年に示す気持のほうが優しいはずだから当然のことである(7)」と告白しています。次に、彼の軍隊での心情の表現を味わいましょう。

騎士的精神への憧れ

ルイスは大隊でジョンソンという年長者と出会い、彼を「父のように」信頼します。彼らは神の存在について議論しますが、「それでいてジョンソンはわたしの誠実さをいささかも疑わなかったと思う。わたしは何の苦もなく誠実な態度をとることができた。もしこれを偽善と言うならば、偽善も有益であると言わなければならない。自分が話そうと思っていることを恥ずかしいと思ったり、真面目に考えたりすることをただの冗談にすぎないような振りをするのは、下司なことである(8)」と記します。この率直な人間関係を語ったあと、「騎士的精神」について も記し始めます。

彼が所属していた大隊を指導していた人々については「イングランド南西部の農夫だった兵隊あがりの将校、上級弁護士、大学出身者たちが愉快にまざりあった集団を、少数のすぐれた職業軍人が指揮していた」と報告します。ルイスたちの話題は、その中の一人ウォーリーでした。「ウォーリーは、ローマ・カトリック教を奉ずる農民出身の血の気の多い軍人で（わたしが知っている軍人の中で戦闘に慣れたただ一人の人間だ）、新米の士官にすぐに騙されてしまうような男」でした。ウォーリーは一昔前の騎馬義勇兵を英雄視していました。それを「怖いもの知らずで清廉、かつての騎馬兵のうちで最も勇敢にして、大きな戦功をたてた軍隊」と信じていたのです。それはウォーリーが子供の頃、自分の叔父から騎馬義勇兵のことを聞いていたので、憧れていたからです。けれども、ウォーリーはその英雄たちのことをうまく言えなかったので、最後には決まり文句を吐くのでした。「ベン叔父がここにいて、みんなに話してくれたらなあ、ベン叔父なら話せるさ。そうとも、叔父なら大丈夫だ。神だけが御存知のことなのだが」と。こういう記憶を述べたあと、ルイスは、「戦死してそのまま天国に行けそうな人間がウォーリーの他にフランス戦線にいたとは思えない。わたしはこの男のことを嘲笑うよりも、この男の長靴の手入れをさせられたほうがましだった[9]」と告白しています。ここには少しくウォーリーの英雄譚をおぼえているルイス自身の「騎士的精神への憧れ」がうかがえます。「そのまま天国にいけそうな人間」とはまさに彼の憧れを満たす存在だったのでしょう。

戦争の観察記

さらにルイスによれば「ウォーリーは、ドイツ人を殺すことに対して真の情熱をもち、そのためには自分のことをふくめて味方の安全を一切無視した。そのためにわたしたち将校の身の毛もよだつようなことを思いついたりした。……ウォーリーは、わたしたちの考えに少しでも軍事的な動機以外のことがあるなどと思ってみたことがないほど、無鉄砲で無邪気だった。ウォーリーは、長年軍隊にいれば塹壕戦に際していつか心得るようになるはずの、戦友に対する配慮を全然無視した。わたしはそれを部下の軍曹に早くから教えられたものである[10]」。

ここに軍人を観察しているルイスがいるのです。しかし、ルイスの戦争の現場からの告白も知っておくべきでしょう。「死んだ人間、死んだばかりの人間を間近に見て、母が亡くなった時に感じた屍体についての印象を一層強めた。わたしは平凡な人たちとつきあい、彼らに同情したり、彼らを尊敬したりするようになった」のです。

しかし、特に親しくなった将校との経験を、「わたしが負傷した時の砲弾で戦死したと思われるエアーズ軍曹と深く親しんだ。わたしは役立たずの将校だったから（当時は安易に将校の地位があたえられた）、エアーズ軍曹の操り人形みたいなものだった。彼はこの骨が折れるばかげた関係を美しいものにかえてくれ、わたしにとっては父親のような存在になった[11]」と親愛の情をこめて報告します。しかしこの父親に対するような信頼関係と同時に、続けて客観的に戦争の現実も記しています。「しかしそれ以外は、まさしく戦争だった。恐怖、寒さ、火薬の臭、押し潰された甲虫のようにわずかに体を動かすだけの無残な重傷者たち、坐っていたり、立ったままの恰好をした屍体、草一本生えていない赤土の風景、夜昼はきつづけて足の一部分になってしまったようなゴムの長靴、これらすべてのことが、記憶の中に時たま確かによみがえる。だが事実の戦争がその後の経験から切り離されてしまい、他の人の身に起こったことのように思われる時があるものだ。考えようによっては、もう重い意味を失ってしまっています。今では、前に戦争のことを予想していた時のほうが実際の経験よりも恐ろしかったような気がする。それは遠くで聞こえる初めての銃弾のようなものであり、遠いだけに、新聞記者や平和時の詩人が描くように、銃弾は、しゅるしゅる音を立ててせまってきた。その瞬間に恐怖ともちがう、まして無関心ともちがう不思議な感情に襲われた。『これが戦争だ。これがホメロスの書いたとおりのことなのだ』という、震え声の合図のようなものだった[12]」と記しています。このような渇いた感情が戦場での心情なのでしょうか。ここにはなにか実在感が欠けているように思えます。

暴力的現実としての戦争――『ナルニア国物語』において

このような戦争体験をもったルイスは、『ライオンと魔女』でナルニア国に出かけたペベンシー家の四人の子供、ピーター、スーザン、エドマンド、ルーシィが戻ってきた一年後のこととして『カスピアン王子の角笛』を書き始めました。四人は学校の寄宿舎に行く途中、乗り換え駅のプラットホームで汽車を待っていました。しかし、突然引っ張られるような強い力を感じて、四人とも気がつくと、木の茂みの中に立っていました。茂みから苦労して出るとすぐに、砂浜に出ます。水を探すため、一同はその辺りの探検を始めました。またもや苦労をしつつ、やっと川を見つけ、ピーターとエドマンドが身に着けていたサンドイッチを食べ、森の中を探検しました。そのうちに、元はお城の中庭だったらしい、リンゴの木がたくさんある場所に出たのです。そこは楽園だったのでしょうか。

彼らは、自分たち四人の治世の時代に思いを馳せますが、ルイスは現在のナルニアの冒険を描いていきます。この巻では、いきなりの呼び出しで、四人の子供たちは訳がわからぬまま、冒頭からサバイバル生活をすることになりました。あたかも兵役にとられたかのようです。この辺りは、自分がその場所にいるような細かい記述で、読者はすんなり物語に入り込めるでしょう。そして、四人の治世だった頃のナルニアを振り返る会話から、読者は興味をかき立てられます。その歴史を踏まえて、現在のナルニアの冒険物語に四人は飛び込んで行くのです。その後の展開の中で語られるナルニアの歴史は、まるで神話と中世の歴史が融合したような壮大さを感じます。

四人が飛びこんでいったテルマール王国では摂政ミラースによるカスピアン王子の暗殺未遂事件が発生していました。勇敢なコウネリウス博士の手引きであやうく暗殺を逃れたカスピアン王子は、博士から角笛を渡されて城から脱出しましたが、ミラースの部下の追っ手が迫り、とっさに角笛を吹きます。そこで角笛の音に呼ばれてペベンシー四兄妹が戻ってきますが、そこはかつての平和で美しいナルニア国はありませんでした。ペベンシー四兄妹が王と王女になった黄金時代からもうすでに約一三〇〇年の時が経過し、テルマール人（人間）たちによってナルニアの民は迫害されていました。この危機的な状況で、ペベンシー四兄妹はやがてカスピアン王子と合流し、共にミラースの軍と戦うことになります。『ナルニア国物語』第一巻『ライオンと魔女』においてペベンシー四兄妹が衣装タンスからナルニア国にやってきて白い魔女を倒したのはナルニア暦一〇〇〇年。これによりペベンシー四兄妹はナルニアの王と王女になり、黄金時代が訪れました。それから後のナルニア暦一九九八年。テルマール人がナルニアに侵攻・征服しました。テルマール人によってナルニアの民は迫害され、生き残った者たちは森の奥深くに隠れ住むことになったのです。自然や魔法の力をおそれたテルマール人は、ナルニアの歴史を語ることを禁止しました。そして時は流れ、ナルニアの存在はお伽話として囁かれる程度になっていました。そしてテルマール人によるナルニア征服から約三〇〇年後のナルニア暦二三〇三年、テルマール王国でミラース摂政によるカスピアン王子の暗殺未遂が発生したのです。カスピアン王子はコウネリウス博士の手引きであやうく暗殺を逃れ、博士から角笛を受け取って城から脱出したのです。ほんとうにピンチのときにだけ使ってくださいと渡されたこの角笛こそ、一三〇〇年前にペベンシー四兄妹の長女スーザンがサンタクロースから贈られた「魔法の角笛」でした。ここから物語性が強くなります。

ナルニア国にやってきたペベンシー四兄妹が深い谷を挟んだ向こう側へ渡ろうと道を探しているときのことです。ペベンシー四兄妹の末っ子ルーシーだけが、ナルニア国で数百年姿を見せないと言われたアスランの姿を、深い谷を挟んだ向こう側に見たのです。アスランの姿を見たその場所から谷を下って向こう側へ行こうと提案するルーシーでしたが、他の兄妹たちも含めて誰もその姿が見えなかったため、深い谷を避けて川の浅瀬のある場所へと遠回りすることになりました。ここにも不注意という「渇きの姿」があります。第一巻『ライオンと魔女』で衣装タンスからナルニア国にはじめてやってきたのもルーシーでした。

『カスピアン王子の角笛』は、ナルニア国の話が聖書物語に近づくところもあるので、聖書のエピソードと重なり合う部分に見当を付けてさらに記してみましょう。

『ライオンと魔女』で衣装タンスからナルニア国にはじめてやってきたのはルーシーでした。このルーシーが、『カスピアン王子の角笛』でも鍵を握ります。

そのため、ナルニア国物語においてもアスラン（イエス・キリスト／神）のことを最も慕っており、より深い絆で結ばれているとされているのはルーシーです。だから、ルーシーだけが深い谷を挟んだ向こう側にアスランの姿を見ることができたのです。

アスランは姿を消したのではない――見ないで信じる者はさいわい

ナルニアからアスランが姿を消して数百年。ナルニアの民でさえアスランの存在を実感できなくなっていた時代。ナルニアの民はアスランが姿を消したと思っていました。けれども、アスランは姿を消したわけではありませんでした。いったいどういうことでしょう。ルイスによる世俗化批判ということでしょうか。物語性の回復の課題です。

ちなみにペベンシー四兄妹の長男ピーターは、新約聖書に登場するイエスの一二弟子の一人、ペトロに由来する英語圏の人名です。ナルニア国物語でいえば、かつてアスランとともに白い魔女を打ち破ってナルニア黄金時代を切り開いたペベンシー四兄妹の一人。そんな弟子たち（ペベンシー兄妹）でさえ、その姿を見るまでは信じることができませんでした。ナルニア暦二三〇三年当時には、アスランの姿を見た者はルーシーだけ。その見たという話を他のペベンシー兄妹でさえ信じることができませんでした。あたかも、聖書における復活を信じられなかった弟子たちのように、です。

『カスピアン王子の角笛』のストーリーから想起する、少年が巨人兵を倒す場面は、旧約聖書のダビデとゴリアトの決闘の場面（サムエル上一七章）がイメージされます。

イスラエルの初代の王サウルが神の言葉に従わなくなってきた時、神の言葉を人間に仲介する預言者サムエルによって次の王が選ばれます。選ばれたといってもすぐに王になるわけではありません。選ばれた者は預言者サムエルによって頭に油を注ぎ神の旨（次の王となる）をそっと告げられるだけ。次の王となる少年の名はダビデといい、エッサイの末っ子であるというのです。旧約聖書の時代も基本的には長男が重んじられましたが、次男や末っ子が人間の固定観念をこえて神のために働く者に選ばれることもありました。ヤコブは双子の弟、ヨセフは一二人兄弟の一一番目です。イスラエルの民をエジプトから導き出したモーセにも兄がいました。ナルニア国物語でもアスランと最も強い結びつきを持っているのは末っ子のルーシーです。ここには恵みによる選びの実在感が表現されているのでしょう。

旧約聖書によると、ダビデは羊を飼っていた、いわゆる羊飼いです。ダビデの兄たちはペリシテ人の軍隊と谷を挟んで対峙するイスラエルのサウル王の軍にいました。父のいいつけで、兄たちの様子を見に行ったダビデは、敵のペリシテ軍の一人の大男の兵士・ゴリアトがイスラエル軍に一対一の戦いを挑むのを目の当たりにしました。しかしイスラエルのサウル軍の中に、完全武装したこの巨人に立ち向かおうとする者は誰一人いませんでした。「騎士道的精神」はみられなかったのです。さて、この一対一の戦いで軍隊全体の勝敗を決めようという申し出は『カスピアン王子の角笛』では逆に使われています。川を渡って進軍してきたテルマールの大軍を前に窮地に陥った少数のナルニア軍が、ルーシーを使いに立ててアスランに援軍を求めにいく間の時間稼ぎに「一対一の決闘」を申し出るのでした。ここに代表による騎士道が暗示されています。

聖書では敵軍（ペリシテ軍の巨人ゴリアト）が申し出た一対一の決闘を、ナルニア国物語では自軍（ナルニア軍）が時間稼ぎのために申し出たのです。

ダビデは神が共にいるからと、巨人ゴリアトの挑戦を受ける決心をしました。ダビデはいつもの羊飼いの格好で巨人ゴリアトに挑みました。持ち物といえば小石五つと革製の投石具と羊飼い用の杖だけです。対するゴリアトは鎧に巨大な盾に刀と槍と完全武装していました。

この二人の武装の差はそのまま、少数のナルニア軍とテルマールの大軍をイメージさせます。さらにその強大な軍事力を背景とした年配のミラースと、ロンドンでは学生である若いピーターとの一対一の決闘の構図が騎士的状況を表わします。つまり、ダビデもナルニア軍も圧倒的に不利な状況です。とうてい勝ち目はないと思える状況。ちなみにテルマール軍に一対一の決闘を申し込みに行ったのは次男のエドマンド（もと正義王）。敵の大将ミラースと決闘するのはエドマンドではなく、その兄のピーター。それにもかかわらず決闘の申し込みのために敵陣に行ったのは若いエドマンド。一対一の決闘の申し出があればミラースは断らないだろうという計算があるにしても、念には念を入れて年長のピーターではなく、さらに若い次男のエドモンドを申し込みに行かせたのは、相手の自己顕示欲と虚栄心を突いて決闘の申し出を断らせないためと同時に、相手を油断させる狙いもあるでしょう。巨人ゴリアトもテルマール人のミラースも、その軍事力の優位性から隙が生じる。ゴリアトはダビデを見くびり、兜のフェイスガードを使わなかった。そのため、ダビデが投石具を使って頭上でぐるぐる回して放った小石は巨人ゴリアトの額に命中。ゴリアトはばったりと地面に倒れたのです。では、ナルニア軍のピーターはテルマール軍のミラースを打ち破れるのでしょうか。ここには武力ではない何かが暗示されています。

このとき危機にあったカスピアン王子は角笛を吹きます。角笛を吹けば何かが起きます。角笛の音は勝利への合図といってもいい。そういうわけで、カスピアン王子が吹いた角笛の音はナルニアの勝利を予感させるものです。テルマール人の国の王位継承者であるカスピアン王子は身内のごたごたで城を追われることになりました。『ナルニア国物語』の原作者ルイスの友人トールキンの『指輪物語』三巻のうちのひとつは『王の帰還』というタイトルになっています。「王や王子がやむをえず逃亡したが、やがては帰還する」という物語の定石があります。カスピアン王子も逃亡した後に帰還します。そういった定石どおりの物語構造の中に数々の聖書のエピソードが散りばめられています。それが『ナルニア国物語』での『カスピアン王子の角笛』です。

吹けば「何か」がおきるラッパ

聖書には角笛を吹いて圧倒的多数の敵を撃破したエピソードがいくつかあります。旧約聖書では、イスラエルの指導者ギデオンは、土製のつぼとたいまつと雄羊の角でつくった角笛を使い、わずか三〇〇人の軍隊でミデアン人の大部隊に勝利しました（士師七章）。さらにモーセの後継者ヨシュアは、エリコという町の堅固な城壁を打ち破るために祭司たちを集め、そのうち七人に角笛を持たせてそれを吹かせ、そのうしろに押し黙った兵士たちを行進させて城壁の周りを回るよう指示しました。これを六日繰り返し、七日目には城壁を七回まわり、七回目に角笛が響くやいなや兵士たちが腹の底から力強い叫び声を上げると、エリコの城壁が揺れて崩れ落ちました（ヨシュア六章）。聖なる言葉を信じて角笛を吹けば何かが起きる。それは勝利への合図といってもいい。そういうわけで、カスピアン王子が吹いた角笛の音はナルニアの勝利を予感させるものです。神学者デヴィッド・ダウニングは、「抑圧され蓄積された義憤」のはけ口が暴力の元になっていると指摘して『ナルニア国物語』の約束の言葉への「信頼」がその源を解消するものとなると考えています[13]。それは「実在への信頼」という非暴力的な確信の力でしょう。

アスランはずっとそこにいた

では、アスランは姿を消したのではないというのはどういうことか考えてみましょう。川を渡って進軍してきたテルマールの大軍を前に窮地に陥った少数のナルニア軍において、援軍を求めに森に入ったルーシーは、アスランに出会う。けっこうあっさりアスランがみつかりました。それもそのはず、ルーシーはアスランの存在をずっと信じてきたからです。さらにそれまで存在を信じきれていなかった他のペベンシー兄妹やナルニアの戦士や民たちも、窮地に陥ってやっとアスランに頼るしかないことを悟り、その存在を強く信じるようになりました。「苦しいときの神頼み」というのは人間の弱さを表わしている言葉です。それでも人間（自分）は弱いものと認識して助けを求めさえすれば、湖で沈みかけたペトロに手を差し伸べた救い主イエスのように（マタイ一四・二二―三三）、神は助けの手を差し伸べます。そんなメッセージが『カスピアン王子の角笛』に込められています。

ナルニアの民がほんとうに助けを求めたとき、アスランは助ける。アスランはけっして姿を消していたわけではなく、ずっとナルニアの民を見守っていたのです。ほんとうに追い詰められてもう駄目だと思って心から信頼して助けを求めたとき、アスランの姿を見ることができたのです。これが『ナルニア国物語』でのルイスの信仰の表現でしょう。

象徴的信頼行為

ルイスは、アスランとルーシーの出会いを次のように描写しています。「ルーシーはたてがみに顔をうずめて、アスランの顔からのがれました。けれどもたてがみの中に高貴の力がこもっていたにちがいありません。ルーシーは、心にライオンの力が宿る気がしました。つと、ルーシーはたちあがりました[14]」と記します。そして「ナルニアが、ことごとく生まれかわるだろう[15]」と続けています。

さて、ファンタジー作品ときくとすぐに「子供だましだ」という人もいますが、有名なファンタジー作品にはたいてい、しっかりしたテーマや強いメッセージがあります。そういった作品は子供だましどころか、人生の教科書といってもいい。有名ファンタジー作品にかぎらずどんな作品でも、そこから何を感じ、何を学ぶかは、その人によるのです。見ようと思わなければアスランの姿が見えないのと同じように、感じて学ぼうとしなければ作品のテーマやメッセージを知ることはできません。もちろん、「生まれかわること」こそ『カスピアン王子の角笛』のメッセージなのでしょう。ルーシーのライオンの「顔を避けて」というのは、「聖なるものへの畏怖の念」でしょう。しかし、ルーシーは「たてがみの中に顔をうずめる」のです。それはむしろ力強い聖なるものへの「全面的な信頼の行為」が象徴されています。またそこから「生きる勇気」が湧いてくるのです。

聖書における戦いの記事と真の実在

この第二巻『カスピアン王子の角笛』だけでなく、『ナルニア国物語』には軍隊の戦闘シーンが多い。聖書ときくと「愛と癒しの物語」をイメージする人が多いかもしれません。たしかにそうですが、それは主に新約聖書のエピソードや、イエスの譬え話にその傾向があるからです。他方、旧約聖書は戒めとそれを破った者への罰といったエピソードが多くあります。旧約聖書を少しでも紐解けば、イスラエルの歴史は軍隊による戦いの歴史といってもいい。『カスピアン王子の角笛』は、こういった聖書に記述された戦いの凄まじさといったものも併せてイメージさせます。

そもそも『ナルニア国物語』は、戦いに満ちた物語です。その意味でルイスは、キリスト者にこの世は敵が存在する危険に満ちた場所という現実を指摘しているのです。さらにキリスト者であることにより、さらに危険が増すと認識して欲しいとまで考えているようです。それがルイスの戦争体験であり、独裁者ヒトラーと戦った世代のイギリスの経験です。しかし、『ナルニア国物語』によって、ルイスは「非暴力的な方法で」その葛藤と向き合うことをイメージしていると私は思います。ルイスが「想像力」で戦争と異なる選択肢を考えていると思わせる偉大なヒントがあります。それを紹介しましょう。それは『カスピアン王子の角笛』において勇敢な戦闘のあとで、リーチピープというねずみが癒されたときアスランに拝謁し、ねずみにとって尻尾は「誇りであり名誉である」と説明する場面です。アスランは彼の尻尾の傷を癒し、その勇気に対して「騎士の称号」を与えます。

その場面は「名誉にこだわる騎士道」ではなく、「人々の間に流れる愛と親切への感謝」が、まさに「非暴力的生活」を支える力を与えることを示しています。それらをルイスは争い合いの世界を超えた次元だと、ちゃんと認識していたのです。『喜びのおとずれ』の戦争体験の報告のあとにある「最新の知識」の終章には、「絶え間無い犬の喧嘩みたいなものから、心の共同体と深い情愛が芽生える[16]」とも記します。このような「暴力に代わる新しい関係が究極の実在であり、『喜びの源泉』であり、私たちの渇望するものであり、憧れである」ことをルイスは証ししていたのです。

この究極の実在が『ナルニア国物語』を通して語られるルイスのメッセージではないでしょうか。また戦争の体験記を含めた自伝『喜びのおとずれ』で言いたかったことなのではないでしょうか。つまり暴力的世界を克服する「非暴力的愛の実在を証ししている」のでしょう。民を代表して一対一の決闘を試みる騎士道の世界をこえた「非暴力的愛の実在力」が表現されています。ここにオルタナティブ・カルチャーの開花があるのです。

文学者であるルイスの『ナルニア国物語』を理解するために最近の神学で用いられている「道徳心理学」という方法で考察することが出来ます。デヴィッド・C・ダウニング『『ナルニア国物語』の秘密』が参考になるでしょう。

ルイスはファンタジーを決して「現実逃避」などとは考えません。「物語自体も、道徳的な堕落と回復を描いているという意味で、信頼できる道案内といえるかもしれない[17]」と言い、ファンタジーは逃避だという一般的な批判には与しません。むしろ、現代の若者向けの小説の方が、現実からたやすく逃避して現実感を得るために使われることがあると考えていました。実際、『喜びのおとずれ』の中で、時に子供の物語は現実的であるはずの若者向け小説と比較してもさほど逃避的とはいえないと書いています。つまり、子供は『ピーター・ラビット』を読んだからといって、ウサギになりたいと思うわけではないのだからと考えているのです。ところが、「気弱な新入生がチームのレギュラー選手になるという学校小説は、読者の現実的な夢と漠然とした白昼夢に訴えかける」と指摘します。そういう小説の登場人物や設定はたしかに現実的ではあるが、読むことで得られるものは純粋に逃避的な空想になる危険があります。

しかし『ナルニア国物語』においては、ルイスは嫌悪する学校小説とは逆の手法を取り入れ、空想の世界を作りあげ、そこに読者を招き寄せて、私たちの世界の道徳心理学的実在性を考えさせました。ルイスはみずから「客観的価値の原理、すなわち宇宙というものおよびわれわれという存在に対して、ある種の考え方が正しく、そうでないものは正しくないという信念[18]」を肯定していました。物理的世界の法則と同様に、普遍的かつかけがえのないこの世界にも、編み上げられた織物のように複雑に交錯し合う道徳律が存在すると考えました。ルイスはこれを、中国語で方法あるいは「道」を意味する「タオ」と名付けました。「それは宇宙が進行すべき道、静かに音もなく、空間と時間の中へ事物がとめどなく生成する道である。それはまた、宇宙へ単なる宇宙の営みを真似て、だれもが歩む道でもある[19]」と。この観点からすると、道徳教育の重要な要素は、自分の意志をいかにその道に従わせるか、「自己中心的なあるいはあるまじき本能に背を向け、およそすべての社会で承認された義務や責任をいかに果たすかを若者に教えることである[20]」と。ここに現代の神学者ジョン・H・ヨーダー（一九二七―一九九七）やハワーワスの非暴力的愛のキリストにおける勝利を証しする『宇宙の筋道に沿って[21]』という見方と重なるものがあります。

　現代の小説には、子供の物語であっても、道徳のあいまいさ、文化の相対性、害悪の定義の難しさを強調するものが多くあります。しかし、ルイスは根本的な善悪や、誠実さ、勇気、憐れみの価値について「宗教的伝統には広く共通する認識があると考えた[22]」のです。道徳の相対性を「明らかな嘘」として、『人間放棄』の中で二五頁におよぶ補遺を設け、さまざまな地域や時代の中から、誠実さ、寛容、憐れみ、敬意を道徳的に承認し、暴力、残酷さ、貪欲さ、自己中心性、不誠実さ、家族をないがしろにする態度を糾弾したのです。ルイスは友人トールキンにヒントを与えられて、「想像力と知性は競合するのではなく、相補的に作用することを肯定[23]」しました。ルイスは、想像力を「意味の機関」とし、知性を「真実の機関」とし、前者は世界を理解するのを助け、後者は、どの想像力の産物が真実かを分析すると考えました[24]。

　現代の神学者ジェイムズ・マックレンドンは『証し』において「文化の神学」を展開し、産業革命期とジョン・ウェスレーの信仰復興運動期との重なり合いの時期に「認知できる段階説[25]」として「新しい生」がイメージされるようになったと指摘しています。それは、聖書的出来事としての「再生」が再び表現されるようになったからだと思います。文化を表わすcultureのもとになる「クルトゥア」は、「耕す」という意味のラテン語に由来しますが、人間性を豊かに耕す「再生」という希望を示します。ウェスレーの「再生の世界」と同じようにルイスも文化の神学においてリーチピープを用いて「非暴力的愛の実在」を描いたのでしょう。次に、現実の歴史での非暴力的愛の実在に触れていきます。

(1) C・S・ルイス『栄光の重み』(『C・S・ルイス宗教著作集』第八巻)西村徹訳、新教出版社、一九七六年、二一一—二一二頁。
(2) A・E・マクグラス『キリスト教神学入門』神代真砂実訳、教文館、二〇〇二年、二七〇頁。
(3) ルイス、前掲書、二一二頁。
(4) C・S・ルイス『喜びおとずれ——C・S・ルイス自叙伝』早乙女忠・中村邦生訳、冨山房、一九七七年、二三五頁。
(5) 同書、二四〇頁。
(6) 同。
(7) 同。
(8) 同書、二四六頁。
(9) 同書、二四六—二四七頁。
(10) 同書、二四七—二四八頁。
(11) 同書、二五〇頁。

(12) 同。
(13) デヴィッド・C・ダウニング『『ナルニア国物語』の秘密』唐沢則幸訳、バジリコ、二〇〇八年、二〇八頁。
(14) C・S・ルイス『カスピアン王子のつのぶえ』(『ナルニア国ものがたり』第二巻)岩波文庫、一九九八年、一九二頁。
(15) 同。
(16) ルイス『喜びのおとずれ』二五五頁。
(17) ダウニング、前掲書、一二六頁。
(18) 同書、一二六頁。
(19) 同書、一二七頁。
(20) 同。
(21) 同。
(22) S. Hauerwas, *With The Grain of The Universe*, Grand Rapids: Brazos Press, 2001.
(23) ダウニング、前掲書、一二七頁。
(24) 同書、三六頁。
(25) J. McClendon, Jr., *Witness*, Nashville: Abingdon Press, 23.

第3章　希望の力と弟子性の政治学

人間の生き方は三つのタイプに分けることができます。第一は、他律的に管理される生き方であり、第二は、管理されることに反発してただ不満をもつ生き方です。これは他律に抵抗する自律ということができるでしょう。しかし、第三は、自発的に自己を形成し、現実に対して不満をもつだけでなく、現実と取り組む生き方です。さらに深く考えると、譬えなど、私たちを新しい存在に招く主イエスの語りかけに耳を傾けることです。この第三の自発的自己形成を呼び覚まされて生きることは、「弟子としてイエスに従う政治学[1]」を意味することになります。神学者ティリッヒは、この超越者に呼び覚まされることと、自由に奉仕するという生き方の両立を「神律的な生き方」と呼んでいます。たしかに、イエス・キリストの存在は、私たちを希望の前方から呼び出し、自発的応答へと招くものです。私たちは、主イエスの招きに呼び覚まされ、現代の市民社会で和解の世界を先取りして非暴力的抵抗を実践したマーティン・ルーサー・キングの生涯と思想を考えてみたいと思います。

まず希望への招きを考えてみましょう。キリスト者が好む聖書の箇所に「いつも喜んでいなさい。絶えず祈りなさい。どんなことにも感謝しなさい。これこそ、キリスト・イエスにおいて、神があなたがたに望んでおられることです」（一テサロニケ五・一六以下）がありますが、ここには現在のあり方だけでなく、希望の表現があることも忘れてはなりません。その言葉のあとに「どうか、平和の神御自身が、あなたがたを全く聖なる者としてくださいますように。また、あなたがたの霊も魂も体も何一つ欠けたところのないものとして守り、わたしたちの主イエス・キリストの来られるとき、非のうちどころのないものとしてくださいますように」（二三節）とあります。これは、平和の神を示すだけでなく、人間の「霊も魂も体も」新しく完成され、「非のうちどころのないもの」になる毅然とした希望を示しています。

イエス・キリストと出会った弟子たちは、神の国の福音を受け取り、希望の先取りとして「和解の世界」を可能にされ、未来にむかって新しい世界を待ち望みます。その新しい和解の世界は、イエス・キリストとの出会いによって人に働きかけ、応答が起こることを通して生まれます。そこから、「弟子性の政治学」が始まり「新しい愛と和解の生活態度」が始まります。同時にこの世界の現実に対して、キリスト者は、透徹した分析と客観的な理解を始めさせます。聖書には、この世の混乱を神がどのように見ておられるかを語る箇所があります。それを見ておきます。そこには平和の神の前で、闘争や暴力や策略に走る国々の指導者の愚かさが描かれています。「なにゆえ、国々は騒ぎ立ち／人々はむなしく声をあげるのか。／なにゆえ、地上の王は構え、支配者は結束して／主に逆らい、主の油注がれた方に逆らうのか／『我らは、枷をはずし／縄を切って投げ捨てよう』と。／天を王座とする方は笑い」（詩二・一―四）。政治哲学者トマス・ホッブズも「天に座したもう者、笑い給わん」と引用しました。さらにクリスマスによく歌われるヘンデルのオラトリオ「メサイア」には、バスの独唱で上記の言葉が「神の叱責」として歌われます。(2)

イギリスの現代神学者オドノヴァンは、一人一人の欲望追求に寛容な民主主義を「平和の神学」と区別して、「リベラルな世俗主義は、何が真実であるかを、何が便利であるかを基礎にして述べようとするが、真理を知ることへの人間の求めを閉じてしまう」(3)と批判します。このような仕方で、「究極的な平和」を真理として追求することは、ただ民主的な寛容だけではなく、「互いに赦し合い交流する」平和の共同体の使命に生きることとなります。ここにも「シャローム」があり、民主政治の限界を見極め、それを突破してさらに新しい和解を求めることになります。

あの「私には夢がある」というキング牧師のワシントン行進演説から三〇周年記念の一九九三年に、コレッタ・キング夫人は、「現実には、今なお人種差別がたくさん残っています。今なお貧困者がたくさんいます。今なお飢えている人がたくさんいます。そして今なおホームレスの人たちがたくさんいます」と集まった人々に語りかけました。これがさらに市民社会において、平和が実現されなければならない希望ではないでしょうか。

ここで、少しキリスト教と権力の問題を考えて、キングの生涯と思想を検討するきっかけとしたいと思います。キリスト教は、一般に優しい温和な宗教と考えられます。確かに、使徒パウロの記したローマの信徒への手紙の一三章には「上にある権威に従いなさい」という言葉があり、またほかの箇所にも「あなたがたは、すべて人の立てた制度に、主のゆえに従いなさい」という言葉もあります。これだけで考えると、キリスト教は優しくおとなしいライフ・スタイルと考えられます。しかし、これはもうすこし丁寧に論じておく必要があります。聖書によると、権威や制度は、正義と真理に従っているかぎり神の道具ですが、もし真理に従わない制度や権威であるなら、私たち庶民には、抵抗する権利があると主張しています。これを「抵抗権」といいます。ただ、ここで確認しておきたいのは、最初にふれたように、キリスト教の生き方がただ反発して抵抗するだけでなく、新しい社会を構築する「希望の倫理」をもつのが「弟子性の政治学」です。私たちは、この自発的自己形成の例として、キングの生涯と思想を見ますが、彼の戦いを通して、市民社会と希望の倫理の関係が「シャローム・モデル」として浮び上がってきます。

更にもう一つのことを付け加えておきましょう。それは「人権思想」についてです。福沢諭吉は「天は人の上に人を作らず、人の下に人を作らずと云えり」と言いましたが、それは単純に平等論を語ったのではないのです。さらに『学問のすすめ』を読むと、実態は社会に不平等があるのは仕方がない、それは、不平等が自由競争を促進するエネルギーになり適者生存を生み出し、社会を活性化するという「功利主義」がうかがえます。しかし、これは、本当の民主主義でしょうか。功利主義的個人主義は、ただエゴイスティックな人間を生み出すだけで、「積極的愛」という人間と人間の「連帯」と「和解」を作り出すシャロームの方向に向かわないのではないでしょうか。それどころか、その正反対に他人の痛みも分からずただ自分だけのことしか考えないアトム的な個人主義は、社会を崩壊させるミーイズムをもたらすだけではないでしょうか。

少なくともキングの生涯は、キリスト教の希望の倫理によって敵対関係を克服して新しいシャロームの社会を積極的に造っていく「共存原理」を考えるきっかけを与えることができるのです。

マーティン・ルーサー・キングの生涯

ところで、いわゆる黒人差別の問題は、アメリカの歴史とともに古い問題でありました。ピルグリム・ファーザーズが着くよりも早く、一六一九年にヴァージニアに労働者として黒人がアフリカから連れてこられて働き始めたのが奴隷制度の始まりです。ところが、独立宣言（一七七六年）には堂々と「すべての人間は平等に作られている」と宣言されていますが、当時の国民三〇〇万人のうちの六分の一の五〇万の黒人は奴隷として酷使されていました。しかし、いつかはこの奴隷制度がなくなるようにと考えて、独立宣言の起草者トマス・ジェファーソン（一七四三―一八二六）は、あの「すべての人間は平等」という言葉を入れたのでしょう。一八六三年に南北戦争が起こり、リンカーン大統領によって四〇〇万人の黒人奴隷の解放がなされたはずですが、アメリカでは、州で条例を決めて差別の制度を温存していました。ここで新しい歴史が始まるのです。

キングは、どのような生涯を送ったのか、とりあえず大きな出来事だけで生涯を紹介しておきましょう。

一九二四年　ジョージア州アトランタに生まれる

一九三五年　黒人差別の現実を自覚（一三歳までに二度自殺を考える）

一九四八年　モアハウス大学卒業（黒人のみのカレッジで医者志望）
一九五一年　クローザー神学校卒業
一九五五年　ボストン大学神学部博士号取得
一九五四年　モンゴメリー市黒人教会牧師
一九五五年　バス・ボイコット運動（一年間）　モンゴメリー改良協会会長
一九五六年　最高裁判所の違憲判決
一九六三年　ワシントン大行進
一九六四年　ノーベル平和賞受賞　公民権法の成立
一九六八年　メンフィスで狙撃され即死

さて、キングの公民権運動の出発といわれるバス・ボイコット運動について記してみましょう。キング自身が、この運動を始めたのではありませんでした。それは、むしろそれまでの黒人たちの抑圧された生活から歴史的に徐々に蓄積されて生まれてきたエネルギーによるものといえましょう。それが彼によって方向付けられたのです。直接の事件は一九五五年一二月一日にモンゴメリー市で、デパートの裁縫係である黒人のローザ・パークス夫人が疲れてバスに乗ったことから始まりました。彼女は疲れ切って、しかも足が痛かったので、白人が座る席のすぐ後ろに座っていました。次の駅で白人が乗ってきたので、運転手は白人を座らせるために、パークス夫人たちに、後ろに行って立つように命じました。ところが、疲労していたパークス夫人が落ち着いてそれを断わると、運転手は怒って彼女を警察に突き出したのでした。このことを聞いたモンゴメリー市の黒人たちは、電話で連絡して、バスをボイコットしようとしたのです。キングはその相談を受けただけです。ボイコットの当日、彼が牧師館の窓から外を見ると、驚いたことにこの運動は一〇〇％成功していました。なかには、老人が工場に歩いていくので、自家用車を持っている黒人が乗るように誘っても、自分は孫のために、つまり孫の時代には黒人差別がない世の中になるように歩いているのだからと言って、断わったというエピソードが残っています。

成功した最初の晩に、黒人たちは教会に集まって今後のことを決め、「モンゴメリー改良協会」を作り、その会長にキングを指名しました。そのとき二〇分ほど考えて、すぐに始めたのが以下の演説です。

こうして戦闘的な行動について根本的な点を説明したのち、ぼくはつづいて慎重を要する点に話を移した。ぼくは聴衆にたいして、決して何人をもバスに乗らぬように強制してはならぬと勧告した。「ぼくたちのとるべき方法は決して強制の方法ではなく、説得の方法でしょう。ぼくたちはただ、人々にたいして『みなさんの良心の導くところにしたがって行動しなさい』とよびかけましょう」。つづいて愛についてのキリストの教えを強調して、ぼくはつぎのようにのべた。「ぼくたちの行動は、ぼくたちのいだくキリスト教の信仰のもっとも深い原則によって導かれなければなりません。愛こそぼくたちを導く理想でなくてはなりません。いま一度、ぼくたちは永い世紀をつらぬいてひびいてくる『汝らの敵を愛し、汝らを呪う人を祝し、汝らを迫害する人のために祈れ』というイエスの言葉に耳傾けねばなりません。もし、ぼくたちが、こうすることに失敗するならば、ぼくたちの抗議運動は、歴史の舞台の上の意味のないドラマとして終るでしょう……」「もし諸君が勇敢に、しかも威厳とキリストの愛をもって抗議するならば、将来歴史の本が書かれるとき、歴史家たちはしばらくここに筆をとどめていうでしょう。『そこには偉大な人民がニグロ人民が住んでいた。彼らは文明の血管の中に新しい意義と権威とを注ぎ込んだ』と。これこそ、ぼくたちの挑戦であり、ぼくたちの大きな責任なのです[4]」。

彼は人種的不平等の問題を感じ、その抗議運動に指導者として参加しましたが、彼の課題は自由と良心に語りかけることによって、これまでの抗議運動のエネルギーを転換することでした。もし、黒人が抑圧する者に報復するなら、抗議運動は「意味のないドラマ」になり、暴力に対して暴力をふるう悪循環になる。この悪循環を断ち切るために抑圧に対して抑圧をもって報いるのでなく、逆に「和解」をもって対応しようとしました。いわば闘争の歴史を「和解の歴史に転換しようとする意図」をもったのです。これが彼の現代における山上の説教の精神の生かし方でした。

この主張に対して、彼の後輩である黒人神学者J・H・コーンは「制度的に抑圧されてきた黒人は暴力が許される」と主張しています。「抑圧者の暴力か非抑圧者の暴力か」の選択があるのみだというのです。しかし、キングは目的と手段の厳密な一致を考える立場に立ちます。愛に満ちた共同体を作るというヴィジョンを実現するためには、その手段も愛に満ちていなければならないと彼は考えました。チェ・ゲバラという南米の革命家は憎悪を革命のための不可欠のエネルギー源と考えました。また、アフリカの革命理論家フランツ・ファノンは、憎悪と暴力を抑圧された者のカタルシス、自己浄化作用として正当化しました。これに対して、キングは「一度社会的に呼び起こされた憎悪は、鎮めることが困難で、良心を麻痺させ、冷静な判断を狂わせ、自己絶対化をもたらしてしまう」と判断しました。

ここで暴力の問題に触れておきましょう。暴力とは、愛と正義と真理に基づかない実力行使のことです。それにはいくつかの問題があります。

①連続性の問題――ひとたび暴力を使い始めるとそれを簡単に止めることはできない。なぜなら暴力は人間の罪深い欲望から来るものであるからです。つまりダイエットをしてもなかなか食欲を押えられなくて肥満が続くのと同じです。

②相互性の問題――イエスの言葉に「剣を取る者は皆、剣で滅びる」（マタイ二六・五二）とありますが、ひとたび暴力を使用すると、相手がそれを使うことも正当化してしまうことになります。それでは、こちらの実力行使は良い意味での剣の使い方であるといっても、なかなか良い剣の使い方と悪い剣の使い方の区別は付きにくい。とくに複雑な現代社会の中で、原爆の良い使い方などというのはナンセンスで

す。

③同一性の問題——小さな暴力は大きな暴力をなくすために許容されるという意見がありますが、どんな暴力でもそれを使えば、相手にそれを使わせないようにすることはできなくなります。

④偽善的感覚の問題——良いことのための実力行使は自己正当化でしかない。例えば、フランスのナチズムに対する抵抗運動の人たちが、アルジェリア人を虐殺し、またマダガスカル島で一〇万人を殺した事実があります。⑤

キングの思想的遍歴

しかし、キングは初めから神学思想にそって行動したのでなく、黒人差別撤廃運動の中で思想的発展を実現していったと考えるほうが正確です。

彼は学生時代にヘンリー・デヴィッド・ソロー（一八一七—六二）の『市民的不服従』に関心をもち影響をうけたと告白しています。つまり、ソローが「悪しきシステム」にただ受動的になるなら、そのシステムに協力するだけになると訴えたことに感銘を受けていたのです。バスのボイコット運動が始まったときに、まさにこの通りに悪しきシステムに受動的に適応するのでなく、抵抗することが必要であると判断したと言えます。ここに「正義への勇気」があります。

ここで、彼の思想的遍歴について少し触れましょう。一九四八年六月、モアハウス大学を一九歳で卒業したキングは、その年の九月ペンシルベニア州チェスターにあるクローザー神学校に入学しました。この神学校は学生数が一〇〇人に満たない小さな学校でしたが、各地から学生が集まり、当時としては画期的な人種隔離のないリベラルな学校でした。黒人の学生は一〇人足らずでしたが、キングは初めて白人と机を並べて勉学に没頭し、入学してしばらくはストイックに自分の身なりや行動に気を配りました。それは白人の目を意識して、黒人として恥ずかしくない立ち居振る舞いをしようという強い自意識と責任感から生まれた行為でした。しかし礼儀作法にこだわるあまり、周囲には堅苦しくよそよそしい印象を与えてしまうこともありました。

キングは寄宿舎で夜を徹してルソー、ホッブズ、ロック、ニーチェなどが著した哲学書や宗教に関する本を読みあさり、独自の見解をまとめあげて、世の中の悪や不条理をどう取り除くかという社会改革の方法を探究しました。ある時期、彼はウォルター・ラウシェンブッシュ（一八六一―一九一八）の「社会的福音」に傾倒しました。それは物欲に根ざした資本主義国家をキリスト教的な民主国家に変えれば人間のすさんだ心に道徳心が呼び覚まされ、社会を良い方向へ再構築できるという思想です。しかし、キングは社会的福音の立場のラウシェンブッシュの考えはあまりにも楽観的であり、キリスト教を社会思想と同一視する事は危険だと思うようになり、次第にラウシェンブッシュの思想から離れますが、幼少期からキリスト教と共に歩んできた彼には、「社会的福音の教え」が深く心に刻まれ一定の価値を見出すことになりました。

しかし、彼がラウシェンブッシュの考えから遠ざかるようになったきっかけは、ラインホールド・ニーバー（一八九二―一九七〇）の思想と出会ったからです。彼は、若い講師ケネス・L・スミスを通してニーバーを知りました。ニーバーはラウシェンブッシュのキリスト教的愛の力が社会悪を一掃するという考えを批判し、人間性をさらに罪深くリアルに捉えました。つまり、彼は社会正義を行うのに一番障害となるのは人間の「利己心」であると断定し、利己的な人間が集まった特権集団が社会改良を妨げていると説きました。それゆえ、個人には愛や赦しが意味を持つが、社会においては力の不均衡こそ社会的不正の原因であるとして、集団間の関係は愛などの倫理的課題であるより「力を用いる政治」でなければならないと考えました。キングは以下のように述べています。

ニーバーの哲学には多くの不満な点もあったが、いくつかの点で彼は私の思想に積極的な影響を与えた。ニーバーには人間性、殊に国家や社会集団の行動に対する特別な洞察がある。彼の神学は人間存在のあらゆる面における罪の現実を絶えず私に想い起こさせてくれた。ニーバーの思想は、私が人間性についてうわっつらな楽観主義と誤った理想主義を持つ危険性があることを認識させてくれた。私は今も依然として人間の善に対する潜在的可能性を信じてはいるが、ニーバーは私に人間の悪への潜在可能性も存在することに気付かせてくれたのです。(6)

さらに、キングは利潤追求を目的とする資本主義そのものに嫌悪感を抱き始める。彼は「資本主義体制は搾取と偏見と貧困に基づいており、我々は新しい社会秩序を確立するまでは、それらの問題を解決することはできないだろう」と考えました。そしてスミスのクラスで「私の現在の反資本主義的感情」と題するレポートを提出し、資本主義を真っ向から否定するマルクスの本を読んで感銘を受け、以下のような考えを明らかにして資本主義を批判しました。「マルクスの分析にはいくつかの欠点があったにもかかわらず、彼はある問題を提起していた。私は一〇代の初めから、あり余る富と目もあてられない貧困との間にまたがる深い溝に心を捕えられてきたが、マルクスを読むことによっていっそうこの問題を意識するようになった。資本主義は常に、人々に対して人生をいかによく生きるかと考えることよりも、いかに多く金儲けをするかという考え方に目を向けさせる危険性を持っています。我々は人類に対していかなる奉仕をし、いかなる関係をもったかということよりも給料の額や所有する車の台数によって、成功の度合いをはかる傾向がある。このように資本主義は実際的物質主義に陥る危険性があるのである。これは共産主義が教える唯物論と同じくらい有害なものだ」と。

しかし、マルクスは「手段よりも目的が優先されなければならない。目的が正しければどんな手段をとろうと正当化される」と論じているため、彼はそれを受け入れることができず、以下のような考えにたどりつきます。「私はマルクスを読むことによってまた、真理はマルキシズムにも伝統的資本主義にもないことを確信するようになった」。そして彼は「一人の正直な人間がいれば道徳的に社会全体を生まれ変わらせることができる」というソローの考えに強く惹きつけられ、ガンジー（一八〇九―一九四八）の思想とめぐり会うのです。

さらに、キングは、クローザー神学校において学んでいるときに、絶対平和主義者のA・J・マストと出会い、真剣に意見を交わしていました。マストに示唆され、フィラデルフィアで行われたハワード大学の学長で、インドを訪問してガンジーに出会って帰ってきたモルデカイ・ジョンソンの帰国講演を聴きに行き、非暴力的抵抗運動について目を開かれました。「彼の話は余りにも深淵で感動的であったので、私はその集会が終わったあと、ガンジーの生涯と働きに関する本を半ダースほども買い求めた[7]」のです。しかし、この時期は、楽観的人間観に土台を置いていた「社会的福音」の立場と、クリスチャン・リアリズムという立場つまり個人的には良心的行為が可能であるが集団行動には強制力や権力による統御が必要であるとするラインホールド・ニーバーの神学主張の間に揺れ動いていました。

ところが、モンゴメリー市でのバス・ボイコット運動において、非暴力的抵抗運動が成果を上げるにしたがって、彼の「非暴力的愛」への確信が深くなったと考えられます。一九六〇年の『クリスチャン・センチュリー』という神学雑誌に、彼は「日に日に非暴力の力を確信するようになった」「現実の抵抗運動の経験によって、非暴力は知的同意を得る以上のものとなった[8]」とあります。そこで、キングは国内の社会的課題だけでなく、国際関係においても非暴力の方法が適切であると考え始めたと主張します。このように黒人差別撤廃運動に身を置いて、彼の非暴力的愛の確信が深まっていったと理解できます。しかも、ラインホールド・ニーバーの神学との出会いを経ているので、彼は自分の立場を「ドグマ的な平和主義」ではなく、「リアリスティックな平和主義」とも名付けています。これは、きわめて興味深いことです。なぜなら、彼が「非暴力的愛」の確信を深めていったのは、行動する前に諦めてしまうストア主義的な現状維持ではなく、牧師として黒人教会を中心にした差別撤廃運動を実践したからなのです。彼は、山上の説教つまりイエス・キリストの語られた「敵を愛し、自分を迫害する者のために祈りなさい。……父は悪人にも善人にも太陽を昇らせ、正しい者にも正しくない者にも雨を降らせてくださるからである」（マタイ五・四四―四五）という聖書信仰を現実の歴史的世界の経験によって確証したのです。彼は、山上の説教を「行動の動機」として考えました。そして、その動機の上に社会行動の「方法」としてガンジーの抵抗運動を参考にしたということができます。これが、社会行動に関して「愛の力への懐疑心」が消えていき、バス・ボイコット運動という社会変革において「非暴力の力」を確信できるようになった経緯です。

社会倫理の原則、非暴力的抵抗運動

ここで、キングの非暴力的抵抗の原則をあげておきましょう。

（a）非暴力的抵抗は、臆病者の用いる方法ではない（ニーチェ批判）。強制力を用いるのではなく、説得する運動です。肉体的には受動的ですが、精神的には活発に活動します。対話による説得の方法です。

（b）この抵抗は、相手を打ち負かしたり侮辱したりすることではなく、反対者の友情と理解を勝ち取るためのものです。この運動の目的は和解と愛に満ちた共同体の形成です。従って、この目的に厳密に対応した手段が非暴力的抵抗運動です。

> 非暴力的抵抗者は、しばしば非協力とかボイコットとかによって抗議の意志を示さねばならない。だが、彼は、非協力とかボイコットとかが決してそれ自身目的ではないということを知っている。それらは、反対者の心に道徳的な恥辱感をめざめさせる手段にすぎず、その目的はまさに救済であり、和解なのだ。

（c）攻撃の目的は、たまたま悪を行うようになった人間ではなく、悪そのものの力です。「私たちの戦いは、血肉を相手にするものではなく、支配と権威、暗闇の世界を支配する者、天にいる悪の諸霊を相手にするものなのです」（エフェソ六・一二）という言葉が人間を直接相手にするより背後に存在する悪の精神との戦いを示しています。

（d）非暴力的抵抗は、報復しないで苦痛を甘受し、反撃しないで敵対者の攻撃を受ける人が「右の頬を打つなら、ほかの頬を向ける」という言葉の通りに苦痛を受ける。この確信は、苦痛は人を教育し変化させる力を持っているということです。

（e）外的な暴力を避けるだけではなく、「内的な暴力」も避ける。つまり憎しみではなく愛の原理によって行動するのです。

アガペーは社会を維持しかつこれを創造することを求める愛だ。人が社会を破壊しようとするときでさえ、アガペーは社会を守ろうとします。アガペーは、相互の利益のためにすすんで自己を犠牲にしようとする願いであり、社会を回復するためにはたとえどんなに僅かでも一歩前進しようという願いです。それは決して最初の一マイルだけにとどまらず、社会を回復するために次の一マイルまでも進もうとする。アガペーは、社会を回復するためなら、決して七度にとどまらず、七を七十度するまで赦そうという願いなのだ。十字架は、破壊された社会を回復するために神が進みたもう距離を永遠に示している。(9)

キングの行動からシャローム・モデルへ

ここで、キングの行動を通して、多くの人々が山上の説教を共通善とシャローム・モデルへの途上として実践した意味を考えてみましょう。

①山上の説教は決して静寂主義ではない

一九三〇年代にアメリカでは絶対平和主義というのがありました。この静寂主義は、宗教を内面の平和に求め、この世界の現実と積極的に関わろうとしませんでした。兵役を拒否し、選挙にも投票せず、この世の中で手を汚さないようにしました。ところが、キングは山上の説教をこの世の現実の只中で希望をもって生きるものと考えました。

②山上の説教を社会的に解釈した

二〇世紀の初頭に社会的福音という運動があって、キリスト教の主張を連帯的兄弟愛のライフ・スタイルと考えました。社会的福音の主唱者は、ウォルター・ラウシェンブシュであり、産業民主主義の立場で活躍しました。キングはこの社会的福音を継承しています。

③倫理的には、目的と手段の厳密な一致を考える立場である

このように、神の国のメッセージ（山上の説教）を希望の倫理として歴史的に実験してくれたのがキング牧師でした。

キングの神学的前提

ところで、キングは人種差別と戦うために非暴力的抵抗の方法を用いましたが、この戦いは多くの人の参加するところとなりました。しかし、彼が独特の方法を人々に提案した背後には、彼の神学的前提がありました。この前提には、もちろんガンジーのインドでの英国に対する抵抗という実験が含まれています。しかし、彼の前提の大部分はキリスト教信仰でした。私たちは、この神学的前提を検討して、信仰の世界が社会に影響を与える事実を押えておきます。

まず、この神学的前提を検討するまえに、方法論に注目しておきましょう。私たちは、誰でもなんらかの仕方

で、ある信条をもって生きています。それは「公正に生きたい」とか、「人に迷惑かけたくない」とか、「正義に反するものには抵抗する」ということですが、私たちは、それらを表現する場合もあれば、暗黙のうちにそう思って行動していることもあります。いわゆる不言実行です。そういったなんらかの信条をもっていることを前提にしても、私たちがその信条をどの程度重要視しているかも問題になります。それは、客観的な信条の種類ではなく、主体的な信じ方の問題です。正義に反するものには抵抗するといっても、そのことを絶えず主張している人もいれば、小さなことは我慢して重要な場面でその主体性が呼び覚まされる人もいます。また実際には行動しない人もいるでしょう。それは、「コミットする勇気」に関わっています。

このように考えてみると、キングは白人と黒人が和解の共同体を作るように求め、またそれが可能であるという信条をきわめて主体的に主張した人物といえます。しかも、その方法は非暴力的抵抗でなければならないと固く信じていました。その信条は、彼が「だれかが右の頰を打つなら、左の頰を向けてやりなさい」と言われたイエス・キリストを自分の人生の「救い主」と考え、さらにそれだけでなく未来の世界を構想するときの「希望の主」としても考えていたことを示しています。その意味で、彼はキリスト教信仰によって、「方向性の感覚」を強く与えられ、さらに「可能性の感覚」を与えられていました。また、それらを強烈に信じていたといえるのです。しかし、人間観や世界観において「希望の倫理」として丁寧に考えなければならないところもあります。

以下では、彼の神学的前提を「根源的信頼」と「試練の中でのイエスとの出会い」と「差別の原因の分析」としてまとめてみましょう。

根源的信頼

彼の非暴力的抵抗の選択には、彼の信仰の前提がありました。それは、人間を越えた何者かが彼を守っているという確信です。これは、彼が信じている神によって守られているという信頼でした。この確信は、彼の厳しい現実との戦いの経験によって得られたものです。彼はこの確信を非暴力的抵抗の第六番目の原則にあげます。

非暴力的抵抗に関する第六番目の基本的な事実は、それが、宇宙は正義に味方するという確信にもとづいていることだ。したがって、非暴力を信ずるものは、未来をふかく信じている。こうした信念こそが、なぜ非暴力的抵抗者が、報復しないで苦痛を甘受することができるかというひとつの理由なのだ。なぜなら、彼は、正義のための闘いの中で、彼が宇宙を味方にしているということを知っているからだ。[10]

「宇宙は正義に味方する」という大袈裟な表現ですが、この文章は彼自身が信念をもって闘っていたことを表現しています。もちろん、後でこの表現については検討しますが、彼が自分を越えた何者かを信頼していたことは疑問の余地がありません。

キングは非常に厳しい生活を強いられていましたが、この原則を信頼しつづけていました。投獄されたことは一二回、家に爆弾を投げ込まれたことが三回ありました。一九六〇年にはニューヨークのハーレムでノイローゼの女性に鋭いペーパー・ナイフで胸を刺され、瀕死の重症を負わされています。しかし、彼にとって最大の屈辱的問題は、脱税の濡衣で訴えられたことです。その時に、彼は夫人に「もうこのような重荷に耐えられないから、もっと静かでのどかな生活に逃げ込みたい」と語りかけており、手記にはそのことも書いています。ところが、このような時に、彼はイエス・キリストとの究極的な出会いを経験するのです。

今日このごろの私にとって、神は、切実にリアルでありたもう。外面の危険にさらされながら、私は内面的な平静さを感じてきた。孤独な日々や恐ろしい夜々にも、私は「さあ、私がお前とともにいてあげよう」という内なる声を聞いてきた。恐怖の鎖と、挫折の手かせが、私の努力をほとんど妨害しそうになる時にも、私は、神の力が、絶望の労苦を希望の回復力に変えてしまうのを感じてきた。[11]

彼は「さあ、私がお前とともにいてあげよう」という内なる声を聞いたと記していますが、これはイエス・キリストが内面的に共存していることを告白しています。この経験は、初代教会の使徒パウロにきわめて似たものです。使徒パウロは、その苦難の目録をコリントの信徒への手紙二の一一章二三節以下に記していますが、さらに一二章に内面的にイエス・キリストと共存していることも告白しているのです。

また、あの啓示された事があまりにもすばらしいからです。それで、そのために思い上がることのないようにと、わたしの身に一つのとげが与えられました。それは、思い上がらないように、わたしを痛めつけるために、サタンから送られた使いです。この使いについて、離れ去らせてくださるように、わたしは三度主に願いました。すると主は、「わたしの恵みはあなたに十分である。力は弱さの中でこそ十分に発揮されるのだ」と言われました。だから、キリストの力がわたしの内に宿るように、むしろ大いに喜んで自分の弱さを誇りましょう。それゆえ、わたしは弱さ、侮辱、窮乏、迫害、そして行き詰まりの状態にあっても、キリストのために満足しています。なぜなら、わたしは弱いときにこそ強いからです。

（二コリント一二・七―一〇）

このパウロの信仰は「強さと弱さの逆説」でした。彼は「わたしが弱いときにこそ、わたしは強いからである」というきわめてしたたかで逆説的な主張をしています。それは、彼がてんかんを患っているときに、何度も神に祈った経験からきています。ところが少しも良くならない。そのときキリストは「わたしの恵みはあなたに十分である。力は弱さの中でこそ十分に発揮されるのだ」と言われたのです。そのときからパウロは、「だから、キリストの力がわたしの内に宿るように、むしろ大いに喜んで自分の弱さを誇りましょう」と語るようになりました。それは、こんな自分でもイエス・キリストが共にいてくださるので、生かされているのだと確信しているからです。

試練の中でのイエスとの出会い

ここで、キリスト教の救い主のユニークな姿を認識しておかなければなりません。イエス・キリストは十字架で苦しんだ救い主です。そうすると、もし人間が苦しみの中にいても、キリストも共に生きているという苦しみの共有が可能になります。そして、苦しみに遭えば遭うほどキリストと共にいるという実感が強くなっていくのです。それを聖書の専門家たちは「キリスト神秘主義」と言います。もちろん、これは、マゾヒズムとはちがうのです。マゾヒズムというのは苦しめられることによる一種の自己満足で、自分の心理的、感覚的満足を経験することです。しかし、キリスト神秘主義は、むしろイエス・キリストとの出会いによって新しい価値観と友情に開かれていくのです。

マーティン・ルーサー・キングのことを考えてみましょう。彼は、試練を受けると、自分の試練よりも量的にも質的にも大きな試練にあったイエス・キリストと出会い、自分の苦しみはその友なるキリストに共有されていると感じます。しかもイエス・キリストの十字架の苦しみの中で絶対的愛を示した出来事に慰めと励ましを受けました。そのうえ、彼は、自分の戦いを大きく包んでいる愛を知って、さらに新しい取り組みの意欲をもったのです。キングにとって、試練とは、イエス・キリストとの深い出会いのときであり、苦しんでいる友の苦しみを知る機会であり、さらにその友を慰められるようになる自己変革の機会でした。彼は、試練に遭えば遭うほど、主イエスの苦しみを知り、十字架の苦しむ愛の大きさと強さを知ったのです。そして、自分も他者の苦しみを共有する人物に成長していったのです。

差別の原因の分析

彼の運動は、社会倫理から考えると人権の問題に関わっているといえますが、彼はイエスと究極的出会いを経験した者の視点から人種差別を見直しているのです。彼は、自分が人間を越えた大きな力によって守られていると考えますが、逆にその確信がない不安の状態が差別の心を助長したとしています。確かに、自分の欲求不満から弱いものを造り、それを差別するのですから、その根本的問題は、自分の欲求不満を生み出す心の不安であるということができます。そのような意味で、彼の行動の奥では、キリスト教信仰は、事柄の解釈原理にもなっていました。私たちは、いろいろな事件に出会いながら人生を生きていますが、人によってその反応が違うときがあります。それは、その事件の解釈の仕方が違うからです。それは、ただ単に出来事を裸の事実として傍観者の立場で解釈するのではなく、そこにはその人なりの価値判断を加えて解釈しているからです。出来事の事実解釈と価値判断の両者が伴うのが人間の現実でしょう。この問題について、彼の「恐怖の克服[12]」という文章に注目してみましょう。

キングによれば、憎しみと差別のもとは人間関係に反映された不安です。人間関係において信頼が満ちていればそのようなものは生まれてこない。むしろ不安に満たされているから、自己防衛の心理によって、相手を攻撃する行動が出てくるのです。

こういった不安による憎しみや差別の心を克服するには、いくつかの段階で必要なものがあります。彼によれば、第一に、事実認識が必要です。閉所恐怖症の人は、自分自身のこれまでの歴史に原因があります。その人の心理的傾向には理由があることを知るのが解決へ向かっていく第一歩です。さらに第二に、本来、人生には曖昧な要素があって、生きるには「勇気」が必要であることを認めなければならない。人生には、恐怖の反対である勇気が必要なのです。人生には曖昧な要素である死、病気、争い、個性の違いがありますが、私たちにはそれにもかかわらず生きる勇気がなければならない。第三に、私たちには愛による癒しが必要です。曖昧な人生にもしたたかに生きる力は、愛の経験から来る。聖書にも「完全な愛は恐れを取り除く」（一ヨハネ四・一八、口語訳）という言葉があります。最後に第四に、彼は、神を信じることの意味を語ります。それは、十字架の苦難のために遣わされたイエス・キリストを信じるキリスト教の信仰です。信仰の力は、決して幻想によるのではなく、歴史的出来事である十字架を見詰めることです。そこに信頼すべき神の愛が現われたのです。そうすると、私たちは苦難を無視せず、しかも苦難における根源的な信頼を信じることができます。そうすると、信頼に満たされ、私たちは不安のあまり相手を憎んだり差別したりしないですむのです。

屠られた小羊の勝利

キングは、激しい活動の中でイエス・キリストとの出会いを経験し、それを人々に伝えますが、その主張には未整理なものが見られます。それは、先に見たように、「宇宙が正義に味方する」という、私たちが大袈裟に感じる表現です。これは、別の記述にも見ることができます。私たちの見方からすると、希望の先取りによる希望の倫理より、たんなる楽観的世界観に見えてしまうのです。以下の文章もそうです。

宗教は、われわれが、この巨大で不確かな宇宙の中で孤独なのではないという確信を与える。時間という流砂の上の方や下の方に、そしてわれわれの日々を暗くしている不安や、われわれの夜々を曇らせる栄枯盛衰のかなたに、愛に満ちた賢い神がいますのだ。この宇宙が無意味な混乱を悲劇的に表現したものではなくて、秩序ある調和を素晴らしく繰広げたものなのである。(13)

彼は「宇宙は正義に味方する」と言い、また「秩序ある調和」を繰り広げていると言いますが、このような表現は楽観的な世界観を表現しているのでしょうか。また「宇宙は愛の目的によって統御されている」と言いますが、このような確信は、希望の先取りをした者が未来にむかってヴィジョンを描くときにのみ言えることで、この世界の一般論としては言えないでしょう。私たちは、この世界の現実はいまだに弱肉強食の世界であって全面的に変革されてはいないという現実認識をするのであって、楽観的世界観とは一線を画すものです。したがって、この現実は、希望の近似値を示すだけで、全面的に現実が変革されるためには未来形で語られるべきでしょう。もし現状の世界をそのままで変革されてしまったと表現するなら、それは、結果的にこの世界の現状維持になってしまいます。主イエスとの出会いは、むしろ希望の先取りとして時代の転換をもたらす転轍器の役割を果たすのです。

それでは、私たちの「弟子性の政治学」から考えてみましょう。「神はそのひとり子を賜ったほどに、この世を愛してくださった」ことを信じるキリスト者のヴィジョンは、世界全体が神の救いと愛の対象になっていることを信じるものです。そこには二重の同心円があります。それは、「希望を先取りしている教会の『先取的共同体』」と、神の愛の対象であるが未だそれに気づかない「世界」です。キリスト教倫理は、主イエスと出会った創造的少数者が新しい生き方を展開することを指摘しますが、世界全体また人類全体がそのような出会いを経験して生き方を変革したとは考えません。その意味では、この世の現実には鋭いリアルな見方をしているのです。したがって、次のような図式が可能でしょう。イエス・キリストと出会った創造的少数者は、希望の先取りとして和解の世界を部分的にまた近似値として経験し、可能にされたのですが、さらに未来にむかって新しい世界を待ち望むのです。その新しい和解の世界は、イエス・キリストが出会いによって人に働きかけ、その人に応答が起こることを通して生じるのです。そこで先ずイエスと出会うのが先決問題です。そこから、「新しい愛と和解の生活態度」が始まるのです。しかし、この世界の現実に対しては、透徹した分析と客観的な理解が必要です。キリスト教倫理でいえば、愛と正義の両者がその意味で必要になるのです。

再度考えると、キングの「宇宙は正義に味方する」という語りかけは、単なるキャッチフレーズではなく、奴隷を経験した歴史から生まれた黒人教会の「信仰的勇気」を示していると言えるでしょう。この表現をスタンリー・ハワーワスは、彼らが「宇宙の筋道に沿う」と認識したからであると言います。つまり、非暴力的愛が最終的に歴史を動かすという確信です。

たしかにヨハネの黙示録には、自己犠牲的愛を示した十字架の救い主を「屠られた小羊」と表現し、その勝利を賛美する文章があります。また、現代の神学者J・H・ヨーダーは非暴力的愛の勝利が「宇宙の筋道に沿う」と言っています。つまり宇宙の見えざる支配に沿うのです。

> 黙示が明らかにしたい点は、王冠をかぶり、剣によって正義を保とうとする人々がそれほど強くないことである。これは、まさに真理である。私たちは「王や帝国はいまや過ぎ去り、いずこ行きしか」と歌う。十字架を担った人々は、いまや宇宙の筋道に沿って働きかけている。人は、機械論的モデルや統計学的モデルに還元される社会過程によっても、堕落した世界の一部を統制する戦いに勝っても、この信仰には到達できない。人は、屠られた小羊の復活を賛美する人々と共に生活してはじめてこれに到達できるのである。(14)

ヨーダーが語る背景にはヨハネの黙示録五章の言葉「屠られた小羊は、／力、富、知恵、威力、／誉れ、栄光、そして賛美を／受けるにふさわしい方です」があります。

この言葉は、作曲家ヘンデルの「メサイア」の終曲「屠られし小羊こそ」として取り上げられています。ヘンデルはドイツで生まれ、音楽家として成長し、イタリアにも足をのばし、その音楽も学んで、イギリスの地にオペラを持ち込み、大成功しました。しかし、人々がオペラに飽きたことで挫折を経験した彼は魂の底から湧き上がってきたような新しい曲を作り出しました。それが「メサイア」です。この「屠られた小羊の勝利」つまり非暴力的愛の勝利は、あらゆる人の痛みを救い、新しい力を与える希望として最終曲に置かれているのです。

さて、ハワーワスはキングの「私には夢がある（I have a dream）」という演説は、彼自身の言葉だけでなく、実はモンゴメリー市の二万人のアフリカ系アメリカ人たちの力強い「私たち（WE）」ではないかと考えます。[15] キングはバス・ボイコット運動に参加した二万人のアフリカ系アメリカ人によって非暴力的愛が歴史を動かすという確信を与えられたのです。ここに新しい共同体の価値観が記されています。それはまさに黒人教会の歴史的共同体の経験から発せられている新しい価値観であり、「開かれた神秘」のシャローム・モデルとして人類史に影響を与えつつあるものでしょう。ヨーダーはこれを「メシア的共同体」と名づけます。そして、私たちはこの共同体を「シャローム・モデル」と考えたいのです。

（1） G. Ward, *The Politics of Discipleship*, Grand Rapids: Baker Academics, 2009.
（2） ヘンデル『メサイア』最終曲。
（3） O. O'Donovan, *The Desire of The Nations*, Cambridge University Press, 1996, 276.
（4） M・L・キング『自由への大いなる歩み――非暴力で闘った黒人たち』雪山慶正訳、岩波新書、一九五九年、六九―七〇頁。
（5） 新保満『人種的差別と偏見――理論的考察とカナダの事件』岩波新書、一九七二年参照。
（6） キング、前掲書、一一二頁。
（7） 同書、一一四頁。
（8） The Christian Century (1960) in *Testament of Hope*, San Francisco: Haper, 1986, 38.
（9） キング、前掲書、一二七頁。
（10） キング、前掲書、一二九頁。
（11） M・L・キング『汝の敵を愛せよ』蓮見博昭訳、新教出版社、一九六五年、二六二頁。
（12） 同書、二〇二―二二〇頁。

(13) 同書、二二六頁。
(14) S. Hauerwas, *With the Grain of the Universe*, Grand Rapids: Brazos Press, 2001, 17.
(15) S. Hauerwas, *War and the American Difference*, Grand Rapids: Baker Academic, 2011, 91.

第4章　先駆的共同体のシャローム・モデル

イェール大学の教育哲学者ウォルターストフは、大学教育についての論考を集めて、『シャロームへの教育』[1]という書物を二〇〇四年に出版しました。それは、自然科学を探求するにしても、社会科学、人文科学を探求するにしても、シャロームのためという目的を考えさせるものでした。ここで「シャローム」という言葉について触れておくことが大切だと思います。「シャローム」とはヘブライ語で「平和」を意味します。それは、神と人々が「和解」に生きることで、「豊かな交流」を意味します。信頼と愛によって「成熟した友情」に生きることです。またその意味で平和というのは「非暴力的愛」に生きることで、別の言葉で言えば、いま大切なのは世界の「シャローム化」でしょう。ハンス・ホーケンダイクという宣教学の神学者は、聖書の福音を述べ伝えることとは、「世界をシャローム化すること」であると言いました。ヘブライ語「シャローム」の示す基本的な意味は「完成」や「全体性」です。その名詞シャロームは動詞の「シャーレーム」からきています。「完成する」とか「完全になる」あるいは「終局に達する」という意味です。したがって、シャロームが平和を意味する場合、最初に用いた人は、完成した、また全体性に達した世界、あるいは人間社会の充実した状態を考えていたと言えます[2]。平和のあるところ、全体とその構成部分がすべて最高で最善の状態に達しているのです。ここで、聖書における平和の特徴を幾つか上げておきたいと思います。

聖書における「平和」とは

終末論的性質

はじめに、聖書の平和の概念で知らなければならないのは、その「終末論的性質」です。イザヤ書二章によれば、それは、人々が平和に共生する「終わりの日」のことです。「主は国々の争いを裁き、多くの民を戒められる。彼らは剣を打ち直して鋤とし／槍を打ち直して鎌とする。国は国に向かって剣を上げず／もはや戦うことを学ばない。ヤコブの家よ、主の光の中を歩もう」（二・四、五）とあります。この言葉は国連本部の中庭に掲げられています。このような意味での平和は、終わりの時におけるメシア的王国の実現のときと一致しています。メシアの呼称の一つは、「平和の君」です。西欧のキリスト教は、アウグスティヌスやカルヴァンのような影響力のある神学者によって原罪の強調がなされてきましたが、彼らは、同時に神の前に義とされるだけでなく、聖化という新しい命に生きることも強調しました。私たちは、「新しい創造」を思い出すべきでしょう。そうでなければ、人間についての悲観主義になってしまいます。しかし西洋のギリシア語の「エイレネー」とかラテン語の「パックス」という用語では、「中断」とか「休戦」という消極的意味です。しかし聖書の「シャローム」は「積極的な関わり」です。いずれにしても、聖書は、救いにおいても終末論においても戦争より平和が根本にあると考えます。

物質的豊かさと平和

聖書において平和は地上の生と断絶していません。むしろ、旧約聖書では、平和は一貫して現実的に理解されているとと言えます。したがって、私たちは、平和の聖書的理解が物質的幸福をも含むと理解すべきです。

預言者ゼカリヤは、「しかし今、わたしはこの民の残りの者に対して／以前のようではない、と万軍の主は言われる。平和の種が蒔かれ、ぶどうの木は実を結び／大地は収穫をもたらし、天は露をくだす。わたしは、この民の残りの者に／これらすべてのものを受け継がせる」（ゼカリヤ八・一一―一二）と記しています。したがって、平和は、物質的豊かさを含んでいると考えられます。しかし、この素朴なコンセプトは、もちろん現代の豊かな社会の「貪欲」とは区別されなければならないでしょう。

共生

旧約聖書の平和の教えには構成要素として、今日の関心事である生態学や自然との共生の問題にも関わっています。聖書の著者は、平和の完成時に自然それ自体が変革されると視覚化しています。私たち人間が新しく自然との共生に生きるようになるというのです。預言者エゼキエルは、「わたしは彼らとの平和の契約を結び、国の内から野獣を追い払う。彼らは心を安んじて荒野に住み、森の中に眠る」と言います。イザヤは、ある時を描いて「砂漠は喜びて花咲き」と記し、さらには一一章で有名な「狼は小羊と共に宿り、……わたしの聖なる山においては／何ものも害を加えず、滅ぼすこともない」（六―九節）と描いたのです。もちろん、この記述は、終末論のヴィジョンですが、人が本当の平和という全体性の中で生きるとき、革新された豊かな交わりがあることを象徴的な世界として描くのです。また旧約聖書の平和の理解には、根底に正義があります。預言者たちは、社会正義の偉大な主唱者でした。「神に逆らう者に平和はない、と主は言われる」（イザヤ四八・二二）。したがって、平和は、豊かさという安定した喜び以上のものです。それは、物質的側面と同じように倫理的正しさを求め、正義を基礎とするのです。

平和と新しい共同体

新約聖書において、平和は、イエス・キリストの人格と業《わざ》に集中します。イエスは弟子たちに「わたしは平和をあなたがたに残して行く。わたしの平和をあなたがたに与える」（ヨハネ一四・二二）と遺言を残しました。それは、彼の宣教全体の意味を要約したコンセプトだからです。またそれは、エフェソの信徒への手紙においては「キリストは私たちの平和である」という注目すべき言葉に表現されます。ここで世界の救い主キリストは、極めて明快に平和と同一視されています。しかし、「キリストは私たちの平和である」という言葉はキリストがもたらした新しい共同体の開花と記しています。それは彼と切り離せない共同体であり、彼もその共同体から切り離せなかったからです。この相互関係は、頭と身体の関係になぞらえられる有機体的結合です。その新しい創造とは、平和の共同体です。なぜなら、互いに疎外していた集団つまりユダヤ人と異邦人がその中で新しく一つになったからです。この手紙の著者パウロが言うように、キリストは「二つのものを一つにし、敵意という隔ての中垣を取り除き、……彼にあって、二つのものを一人の新しい人に造りかえて平和をきたらせ」るからです（エフェソ二・一四、一五）。

新約聖書は、このように平和をイエス・キリストと初代のキリスト教共同体とに関連させ、聖書の教えに新しい次元を加えました。しかし、そこには、平和を妨げている深い疎外感である「敵意という隔ての中垣」を取り除くには、犠牲が伴うという意味が含まれています。エフェソの信徒への手紙ではこの後に続く、使徒パウロの「あなたがたは、このように以前は遠く離れていたが、今ではキリスト・イエスにあって、キリストの血によって近いものとなったのである」（エフェソ三・一三）という言葉が印象的です。キリスト教の共同体はキリストの血、つまり彼の十字架での自己犠牲の愛を和解の手続きと信じたのです。ここで、私たちはこの出来事を孤立させてはならないのです。イエス・キリストの和解は、人々の和解になるのです。新しい共同体の開花も、キリストの贖いの業を引き継がなければならないのです。つまり初代教会は「キリストの苦しみのなお足りないところを補っている」（コロサイ一・二四、口語訳）という表現までとるのです。

さらに、聖書の平和について言わなければならないことは、旧約聖書と新約聖書が一致して神御自身を平和の最終的な完成者とすることです。「シャロームの完成」は、神御自身の行為によるのです。そして、このシャロームが、驚くべきことに、先取りされているのが「礼拝共同体」ということです。ガラテヤの信徒の手紙に「あなたがたは皆、信仰により、キリスト・イエスに結ばれて神の子なのです。洗礼を受けてキリストに結ばれたあなたがたは皆、キリストを着ているからです。そこではもはや、ユダヤ人もギリシア人もなく、奴隷も自由な身分の者もなく、男も女もありません。あなたがたは皆、キリスト・イエスにおいて一つだからです」（三・二六―二八）とあります。

そこにキリスト教倫理という課題が生まれ、また証しの生活が必要とされるのです。その根拠をここで考えてみましょう。それは、リチャード・ヘイズというアメリカのデューク大学の新約聖書学者によると、キリスト者は、驚くべき「常軌を逸したと考えられるぐらいの希望に満ちたインターバル」の時機を過ごしているからです。つまり、主イエスが神の慈愛に満ちた支配をもたらしたことにより、新しい世界が古い現実の中に突如として開花したのですが、それは希望の先取りであって、古い現実の力が残っているので、神の国の完成を待ちつつ一歩一歩前進していく使命が教会に与えられているのです。その希望の先取りの証しの生活の源泉の一つが旧約聖書にある十戒でしょう。十戒には平和に生きる道筋が見事に描かれています。

平和理解の展開――十戒から神学へ

たとえば十戒の「盗んではならない」という言葉には、私たちの生きている市場社会の常識を打ち破る「盗み」についてのコンセプトがあります。新約聖書のエフェソの信徒への手紙四章二八節には「盗みを働いていた者は、今からは盗まないように」と警告が記されていますが、それは、私たちの時代で言う万引きをしたり、他人の財布から金銭を抜き取ったりすることではなく、事業主が「公正な賃金」を払わないことを指しています。私たちの市場社会では、労働市場が賃金を決めるのであって、労働者が尊厳を持ってその家族と生活をするための生活必需品を得るだけでなく、彼らが「公共善に貢献できる」ようにする活動も支えられることを意味します。エフェソの信徒への手紙では、「労苦して自分の手で正当な収入を得る」のは「困っている人を助けるため」とも言っています。これは、そもそもすべての所有物は神の賜物であるというキリスト教的世界観から来ていて、自分の努力は自分の報いとして受け取ってよいとする利己的人間観から来るものではないのです。自分を褒めてやりたいと思っても、自分の好きな商品を手にするよりも、他者を思いやる心が大切なのです。

二〇世紀のスイスの神学者ブルンナーの解釈によると、「どのような人であろうと、彼が富んでいるからとの理由で、多数の同朋が飢えて窮乏生活を送っている時に、何不自由なく贅沢な歓楽的生活を送る権利を持っていない」[3]からであるとされます。このような見方は、経済生活をたんなる個人の行為ではなく、共同体における人間らしい生活の確保にあると考られています。そういう意味では、共同体を調整する役割をもっている国家には、労働者を人格としての価値を認められた存在として受け止めるインカルチュレーションがなければならないのです。

経済活動をするときには神の前で謙虚にならなければ罪に陥るという宗教改革者カルヴァンの指摘が思い出されます。節制と正義の美徳の開花がなければならないのです。いつかは捧げることも考えて、富を管理するのです。そのしるしとして教会は十分の一献金の伝統をもっています。感謝と服従の美徳も指摘するのです。

さて、十戒における最後の約束として、「あなたは隣人の家をむさぼってはならない」というものもあります。十戒は、真実の神を礼拝する前半と、人間同士の間柄で、殺人、姦淫、盗みという具体的な行為に表われる問題を論じ、さらに偽証という言葉に関する罪を論じた後、むさぼりという目に見えない心の問題を扱っています。「むさぼる」というのは、ヘブライ語では「ハーマド」ですが、必要以上に欲しがることです。そして、心が満たされないために奪い取るという意味にもなります。古代は、人間の内面と外面を分けることをしません。また個人と社会も分けることをしません。聖書の時代は、心の問題がすぐに外側の行動や人間関係に現れると考えます。心が病むことは、行動がおかしくなることです。また社会のあり方が歪むのです。ですから、心が満たされないことはすぐに外側の生活にも現われるのです。

この「むさぼってはならない」の背景には、古代イスラエルがいつも戦っていたパレスチナの情緒的宗教である「バアル礼拝」があると言われます。バアルという神は、神殿男娼や娼婦を介して性的興奮と宗教的興奮を混同させるもので、牛や畑や家をむさぼるように滅ぼしてしまう神でした。現代で言えば、競馬や競輪で自分の財産を全部なくしてしまうように興奮させて虜にするような力がバアルの神であったのです。それに対して、聖書の神を信じて生きるというのは、むしろ落ち着いた心満たされた生活をすることでした。いずれにしても、「むさぼる」というのは、必要以上に、むやみに欲しがることです。その特別なあれこれの行為というより、その行動の源である満たされない心の問題でありました。ですから、主イエスも「どんな貪欲にも注意を払い、用心しなさい。有り余るほど物を持っていても、人の命は財産によってどうすることもできないからである」（ルカ一二・一五）と言われているのです。そして、山上の説教で、「天に宝を積みなさい」と言われました。つまり、地上で心満たされない私たちは、天を相手として生きるときに満たされるというのです。

中世のキリスト教信仰の先達トマス・アクィナスは、面白いことを言っています。それは、こういうことです。人間の欲望は数限りない。とても、限りあるもので満足できるものではない。したがって人は、自分の欲望に振り回されています。だからこそ、無限の神を相手として心を注ぎなさいというのです。神の広さ、深さ、豊かさにあなたの欲望を向けなさい。なぜなら、すべてをつくられた造り主なる神に満たされて落ち着いた生活が出来るからです。また、自分の学問も修め、名声を得た古代の思想家アウグスティヌスは、「神よ、あなたは、私をあなたに向けて作られました故、わたしはあなたの元にやすらうまでやすきを得ません」という祈りをもって自分の人生を『告白』という名文に残しました。

憲法と平和

ところで、戦後日本文化の中に隕石のように突然落ちてきて、定着した言葉があります。それは、「人格の完成」という言葉で戦後の教育基本法第一条にも、最近の新教育基本法の第一条にあるものです。つまり、日本の戦後教育は、人格の完成を目指すものであるということです。

二〇〇五年に死去したヨハネ・パウロ二世の本名は、カロル・ユゼフ・ヴォイティワですが、ヴォイティワは、哲学の博士号も神学以外に持っていました。その哲学論文は、現代において「人格とは」を論じたものです。その論文には、救い主キリストのわざに参加して人間ははじめて人格になるという趣旨が記されています。私たちは誰一人、この時とこの環境に生きたいと選択して生まれてきた人はいないのです。その意味では、私たちの存在は与えられたものと考えざるを得ません。それと同じように、イエス・キリストの愛に生かされ、生きてはじめて人格になる。教育基本法第一条「人格の完成をめざすこと」を提案した田中耕太郎はキリスト者ですが、次のようにその主旨を後に明らかにしました。

人格は自己目的であるから、従って品位、尊厳をもっている。そうしてそれはあらゆる人間に共通のものである故に、人間は平等である。憲法一三条が「すべて国民は、個人として尊重される」といっているのは、人間が自然的素質その他の差異にかかわらず、人格者としては同一であることに由来する。憲法一四条の規定する、人種、信条、性別等の差異を超越する平等の原則もやはり人格の平等にもとづいている。それは有徳の士も罪人も、主人も奴隷も、ユダヤ人も異邦人もひとしく神の子として兄弟姉妹であるというクリスト教の信仰に結びついているのである。

（田中耕太郎『教育基本法の理論』有斐閣、一九六一年）

この点で、田中の目指した日本の人格教育は明確にキリスト教の価値観と結びついていると言えます。したがって、憲法と教育基本法の序文にある平和は、キリストの共同体という「先駆的共同体」を必要としているのです。

ここに希望を先取りした「先駆的共同体」を確認して、さらに日本だけでなく、韓国、中国などの東アジアの課題を考えていきたいと思います。それは、私のゼミの論文指導を受けていた学生の一人がバングラデシュからの難民であったからです。彼女は、バングラデシュの識字率が四七％であることを教えてくれました。ということは半分以上の国民が字を読めないということになります。東北アジアの三か国（日本、韓国、中国）は、識字率の高い国であるので、それを生かした援助の方法があるに違いありません。さらに、彼女はミャンマーの少数民族ロヒンギャ族で国籍を剝奪された歴史の中で日本に難民申請をしてきました。彼女のような少数民族は、日本に二〇〇人以上いますが難民登録が進まずにいます。また、少数民族の迫害や惨殺も知らされています。日本には少なくとも難民登録を支援するＮＰＯがありますが、経済的に豊かな国の課題と責任を感じます。いずれにしても、東北アジアにある日本文化に隕石のようにキリスト教信仰から落ちてきた精神的財産である「人格の完成」という目標を様々な形で追求していかなければなりません。しかし、東日本大震災後の若者たちには「社会貢献」という言葉にピンとくるところがあります。それは「希望の先取り」を実現しようとする「社会起業家」の生き方があるからです。私たちの社会は、金銭的豊かさだけではなく、人としての豊かさを実現したいという願いが生まれていると言えるでしょう。

一九四七（昭和二二）年に制定された教育基本法の前文は、「我々日本国民は、たゆまぬ努力によって築いてきた民主的で文化的な国家を更に発展させるとともに、世界の平和と人類の福祉の向上に貢献することを願うものである。我々は、この理想を実現するため、個人の尊厳を重んじ、真理と正義を希求し、公共の精神を尊び、豊かな人間性と創造性を備えた人間の育成を期するとともに、伝統を継承し、新しい文化の創造を目指す教育を推進する。ここに、我々は、日本国憲法の精神にのっとり、我が国の未来を切り拓く教育の基本を確立し、その振興を図るため、この法律を制定する」とあります。そして、この格調の高いスタートに続いて「個人の尊厳を重んじ」とあり、第一条に「教育は、人格の完成を目指し、平和で民主的な国家及び社会の形成者として必要な資質を備えた心身ともに健康な国民の育成を期して行われなければならない」とあります。しかも生涯教育について記した第三条には「国民一人一人が、自己の人格を磨き、豊かな人生を送ることができるよう、その生涯にわたって、あらゆる機会に、あらゆる場所において学習することができ、その成果を適切に生かすことのできる社会の実現が図られなければならない」とあり、人生全体において人格を磨く生涯が勧められ、それにふさわしい社会の実現も課題とされています。これは一九九八（平成一八）年に新しくされた新教育基本法でも継続されています。その意味では、キリスト教共同体による「シャローム・モデルの形成」が喫緊の課題となるでしょう。また田中耕太郎の社会観・国家観が現代的「自然法」の立場であり、カトリックの自然法理論から研究する必要があるでしょう。それは事物の本性から導き出される法であり、彼はジャック・マリタンの神学に影響を受けたと考えられます(4)。それによれば、個人や個性は人間社会の一部となるが、人格は神との関係で誕生するもので、また事物の本性から導き出される自然法の表現として、「政治が究極において人の人たる所以即ち人が動物と違った万物の霊長である所以たる道徳的人格の完成を目的とすることであることを不断に意識していなければならない」とされます(5)。

ところで一九五六年に日本キリスト教団宣教研究所第三分科会の報告した『現代日本におけるキリスト教的人間像』を検討すると、当時の神学者と教育学者による格調の高い対話の結果であると敬意をもって受け止めるべき作業ではありますが、キリスト教人間像については充分描ききれなかったと言わざるを得ません。それは、神学者カール・バルトの「アナロギア・フィデイ（信仰の類比）」に基づいてキリスト論的人間像にまとめられていない点もあるからです。例えば、キリストの働きは王的機能、預言者的機能、祭司的機能と言われてきた伝統もあるので、政治学や経済学また自然科学も含めて、王的人間・預言者的人間・祭司的人間と展開すべきであったでしょう。それは一般教育の目標となり、モデルとなる先駆的役割になります。ここにキリスト教教育共同体の証しがあります。

神学者ティリッヒの「教育の神学」によると、技術教育と人間主義教育と区別されたキリスト教教育を「導入教育」として、ある「秘義」に導入するものと位置づけますが、聖書的価値観から考えると、それは「シャローム」への導入だと考えられます。それは古代社会以来、社会全体に浸透していたキリストの精神への導入を意味しました。中世は導入されるべき社会を「コルプス・クリスティアーヌム（キリスト教世界）」と言われる共同体と考えていました。もちろん、このようなコルプス・クリスティアーヌムへの導入教育をしていた時代は、現在の高度産業社会と状況が異なっていました。現在は、国民国家を単位とした産業社会によって技術教育の要求が圧倒的に他のものを従属させる異なった状況です。ティリッヒは、現代を技術教育優先の「大量生産と大量消費という巨大な過程」によって社会が圧倒されている時代であると言います。思想史家半沢孝麿も田中耕太郎の論旨について「これは明らかに回勅のエコーとも言うべき資本主義批判であり、彼もまたそこに、日本の現実に対する批判を籠めていたと見なければならないでしょう。しかし田中の論理は、そこから、『だからこそ国家は社会とは区別されて、共通善という確固たる（政治的）自然法に従って導かれねばならない[6]』」と判断しています。「この共通善に導く教育」が今日でも生かされなければならない。ここで共通善のモデルとなるのがキリストの福音の多様な存在を受容する「シャローム」という聖書的内容を考えておきたい。そして、ティリッヒの「秘義への導入教育」を今日では新しく「シャローム」という秘義への導入教育と考えて、これを「シャローム・モデル」と名づけます。それは「和解と平和を先取りした共同体」のことです。

初期のキリスト教史研究者のダグラス・ハリンクは彼の重要な書物『ポスト・リベラルにおけるパウロ[7]』で「一番単純に説明すれば『黙示』はイエス・キリストの速記録である。新約聖書において、特にパウロにおいてすべての黙示的熟考と希望は次の事に至る。つまり、『神は決定的に、断固として、そして最終的にイスラエルに、地上のすべての民に、全宇宙に、イエスの生涯と死と復活そして再臨において行為され、神の目的はイスラエルのため、すべての人間性のため、そして森羅万象のために決定的に、断固として、最終的にイエス・キリストの歴史に開示され達成されるという方法で行動された』」と述べます。ですから、黙示の言葉は、神の行為に強調点を置き、人々が自分たちの存在をキリストに現れた神の行為によって解放され、残党である諸権力との戦いに解放され「シャローム」への努めに招くことを意味するからです。したがって、私たちはイエス・キリストにおいて起こったことは、隠されていたことを明らかにしつつ、宇宙的に「最高の、凌駕されない」平和の招きになると考えます。ここに「シャローム・モデル」の成立があります。

さらにメノナイト派の神学者J・H・ヨーダーは、イエスが革命を始めたと主張します。その革命とは、革命に参与する者たちが神意に自己を賭けることにより、神の呼び掛けに応えるという「最初の非暴力的革命」です。主イエスの生、死、および復活を通して、神が新しい政治を始めたとヨーダーは信じました。それゆえに、「平和に対する献身」が可能となりました。イエスは彼に従う者たちに「赦し」と「分かち合い」という新しい秩序を与えたのです。オルタナティブ・カルチャーの開花です。ヨーダーは「彼らを赦すことによって、罪人に対処する新しい方法を示した。イエスはご自分が苦しみを受けることにより、暴力に対処する新たな道を与えた。分かち合うことによって、金銭に対する新しい方法を与えた。古い掟を粉砕するのではなく、新しい秩序を作り上げることにより、腐敗した社会に対処する新しい方法を与えた[8]」と言っています。

配偶者や子供たちから広がる私たちの隣人に対して、キリスト者がこの世でどのように仕えることができ、仕えねばならないかを理解する建設的な方法を支える政治、すなわち私たちが私たち自身とお互いのことを配慮するなら、暴力が避けられないと思い込んでしまっている世界において、私たちは、ヨーダーの政治理解を参考にしたいと思います。

しかし、キリスト教の非暴力的生に取り組むとき、キリスト教の実践と世界の間には緊張関係が生じることを忘れてはなりません。アウグスティヌスが『神の国』の記述で提示した神の国と地の国との関係にもそうした緊張が見られます。私はアウグスティヌスの平和主義に注目します。認められている以上にアウグスティヌスはヨーダーと共通すると考えます。

アウグスティヌスとヨーダーを関係づけるため、ロバート・ウィルケンが著書『初期キリスト教思想の精神』[9]に記した研究を用います。その中でウィルケンは、地の国に対するキリスト者の責任についてアウグスティヌスがどのように識別したかを述べています。ウィルケンは「キリスト教的非暴力」と神の国を同一視します。しかし、神の国と地の国という二つの国とその関係についてのアウグスティヌスの理解に関するウィルケンの注意深い表現は「本来の」アウグスティヌスを表現するだけでなく、地上における「シャロームの識別力」を提供します。この「識別力」は、アウグスティヌスに関するウィルケンの記述が、キリスト者が地上における独特の状況を識別するのに役立つと考えます。

アウグスティヌスは神の国と教会とを決して同一視はしてはいないが、それにもかかわらずアウグスティヌスにとって教会は「空間を占有する時の中に存在する共同体であり、独特な生活様式をもつ人間の整えられた確固たる目的を持った集会、機関、律法、信条、記憶、および礼拝の形」でなければならないとウィルケンは論じます。こうした意味を失うなら、教会はただ「私的な」ものへと格下げされます。

二つの国の関係を理解するために、神の国と同様に地の国にとっての目的も「平和である」というアウグスティヌスの主張を理解しなければなりません。ウィルケンは神の国が思い焦がれる平和とは、「神の享受において完全に整えられた調和のとれた友情共同体である」と主張します[10]。教会は正しい礼拝によって制定されます。すなわち教会は真の犠牲を受けるに相応しい唯一の御方に真の犠牲を献げる場所です。それゆえに、そのような友情による平和は教会共同体に開花するのです。したがって、教会が自分のうちに見出す最大の贈り物は、「神の平和」を垣間見せることです。教会なしでは、地の国の政治は「政治」と描写することさえ値するかどうかと、アウグスティヌスは問います。アウグスティヌスは次のように言います。

それは、私たち自身が彼の国の最高の最も輝かしい犠牲を捧げるのである。忠実な信者たちによく知られていて、私たちが捧げ物において祝うこの犠牲の神秘的なシンボルは、唯一の至高の神が彼の恩寵に従って従順な国を統治し、彼以外の存在に犠牲を捧げることを禁じる。そのような場所にこそ正義は見出されるのである。したがって、この国に所属し神に従うすべての人々において、魂は体を支配するのである。そして理性は服従という正当なシステムの中で悪を忠実に支配する。それゆえに、愛において働く信仰に基づいて個々の正しい人が生きるように、正しい人の団体や人々は信仰の同じ根拠に基づいて生きる。愛において活動し、神は愛されるべきであると同様にその愛をもって人は神を愛し、彼自身と同様に彼の隣人を愛する。しかしこの正義が存在しない所では、「正しさの常識と関心の共同体によって一つにされた人間の協同」は確かに存在しない。それゆえ、国家も存在しない。なぜなら、「人間」がいない所には、「人間の幸福」も存在しないからである[11]。

すべての都市あるいは共同体の「テロス（究極的な目的）」は平和であり、真の神を崇める真実の礼拝がなければならない。しかし「現状では不完全でもキリスト者は地の国の平和が達成されるように努めなければならない」とするアウグスティヌスの主張に注目しましょう。アウグスティヌスは、キリスト者が地の国で裁判官の役割も引き受けねばならないと暗示します。こうした背景からすれば、日本の政治学者宮田光雄も初代教会の使徒パウロについて次のように言うことも分かります。

福音において聞かれた平和を確証すべきことを呼びかけるパウロの訴えも理解されるであろう。それは、まず、キリスト者相互の交わりの中でキリストによる和解の実現を求めるものであった。しかし、教会の内外の壁を越えて、さらに神の支配のしるしが打ちたてられねばならない。パウロは、しばしば、教会に宛てた書簡の中で平和の挨拶を書き送っている。それは、ユダヤ教的伝統からひきつがれながら、まずキリストのゆえにキリスト教化され、閉鎖的な共同体の《平和》を突破して、生活のあらゆる領域で平和を具現することを求めている。パウロにとって、「愛、喜び、平和、寛容、柔和」など平和をうちたてる行動態度は、ことごとく聖霊の実なのである」（ガラテヤ五・二二）。「あなたがたは、できる限りすべての人と平和に過ごしなさい」（ローマ一二・一八）という勧めは、社会的・政治的領域における平和の倫理にほかならない。[12]

ここでの課題は「受肉の福音の受肉」（北森嘉蔵）です。友情と愛を受肉させることです。哲学者アラスデア・マッキンタイアは「愛国心は美徳か？」という表題の論文で、道徳文化における支配的な道徳の根拠と愛国心との間には深刻な忠誠心の緊張があると述べます。マッキンタイアが示唆する矛盾とは、アメリカニズムの中心でキリスト者が愛国者になることは不可能だということでした。キリスト者、彼の場合はカトリック教徒ですが、彼らは真に普遍的なものをアメリカが代表するとは信じられない。なぜなら、カトリック教徒にとって普遍的ということを表わすキリスト教の用語は「公同性（カトリック）」だからです。さらに、普遍的教会は、自由のような理想によって観念的に構成されるはずはないのです。むしろ、キリスト者にとって共通のイエス・キリストの物語で結ばれた現実の人々は時間と空間を越えた人格的な「友情や愛の関係」を挙げるからです。カトリックの一致を支えることに対して特別な責任を持つ教会の職務は「司教（ビショップ）」です。その職務はさらに教会が世界のために一つの力強い祈りとなるように司教たちが彼らの物語を互いに共有するために聖餐を共有する時にある程度実現できます。このような仕方で「シャローム・モデル」をイメージできるようにするのが「赦しと愛の福音」です。例えば、テサロニケの信徒への手紙一は、初代教会ではじめて記されたと考えられるパウロ書簡の最初の文書ですが、その第四章の初めには「あなたがたは、神に喜ばれるためにどのように歩むべきかを、わたしたちから学びました。そして、現にそのように歩んでいますが、どうか、その歩みを今後も更に続けてください」とあります。この「歩み」をヘブライ語では「ハラーハー」といい、「生き方」を表わします。神に喜ばれる生活を追求する勧めです。もちろんパウロの言葉ですから、自分で自分を救う努力ではなく、神の選び（一テサロニケ一・四）への感謝であり、恵みに答えて生きる道です（一テサロニケ四・三〇）。四章二節に「教え」という言葉があることから、洗礼前の説教と教えの結合した信仰問答があったことを示しています。初代教会ですでに宣教と愛の教えが結合していたのです。さらに四章七節「神がわたしたちを招かれたのは、汚れた生き方ではなく、聖なる生活をさせるためです」という言葉は、もともと祭儀律法にあった清いもの清くないものという捧げ物に関する宗教的な言葉を「平和と愛の生き方」に転換しています。それは信仰者の神の意志に従おうとする信仰生活の開花を促すからです。八節に聖霊が語られていることから考えると、聖霊によって成長することの促しを表わします。具体的には、結婚を中心にした「家庭」と「仕事」と「兄弟愛」でした。そこにシャロームの奉仕は具体化するのです。

平和の王国をめざして

今、私たちはどこにむかって歩むべきでしょうか。聖書は、キリストを目指して歩んでいくと言うのです。キリストの示したものを今の時代の言葉で言えば、「シャローム（真の平和）」でしょう。平和にむかって歩んでいる人格形成です。平和の主イエス・キリストを目指して歩むことは快い喜びです。人の見ていないところで祈ったり、聖書を読んだりすることでもあるでしょう。そして、自分の人格形成によってキリストを証しする働きをなすのです。「ピーサブル・キングダム」という絵画は、アメリカのキリスト者の看板屋がイザヤ書一一章にヒントを与えられて南北戦争の時期に描いた絵です。羊と狼が共に寝ている側に小さな子供がライオンの首に手を掛けています。この小さい童がイエス・キリストを象徴しています。つまり、十字架につけられたイエス・キリストが弱肉強食を越えた世界に導いていくという羊飼いの役割を果すのです。十戒の「殺してはならない」という第五戒についての最も雄弁な言葉は、カルヴァンによって記されます。

このいましめの「目的」、それは主なる神が全人類をある意味の一致にむすびあわせたもうたのだから、人はめいめいすべての人が傷つかないように、責任をもつことを勧告する。したがって、「要点」は、いっさいの暴力と不法行為が、また、われわれの隣人の身体を傷つけるあらゆる害が、おしなべて禁じられることにある。そこから、われわれはこう命じられる。「われわれの働きの中に、もし隣人の生命を維持するに役立つものが何かあれば、それを忠実に役立て、かれらの安寧を守るものがあれば、それを手に入れ、かれらに害になることがあれば、それを遠ざけるように警告し、もしかれらが危機に陥っているならば、援助の手を差しのべるべきである[13]」。

このような仕方で、シャロームという共通善を「家庭」と「仕事」と「兄弟愛」を通して目指す共同体に開花するのです。生を賜物と感じる幸福論、赦し赦されることを感謝する幸福論が中心です。伝統的なキリスト教用語で言えば、自然的幸福論ではなくて質的幸福論＝超自然的幸福論です。ここにシャロームによる人格の完成の開花があるのです。さらに多様な成員を歓迎する共同体の開花を促すことになります。

習慣による成長の喜び――人格の完成

さらに、この幸福論を考えながら人格の完成に進むなら、人間の幸福は、時間の中で自分たちの人間性の成長を喜ぶことでしょう。そこで、私たちは、時間の過ごし方に「旅行（trip）」と「旅路（journey）を歩む」ことを区別します。旅行という考え方は、時間を単なる機械的な経過と理解してしまう立場で、人生に起こってくる問題を手際良く処理するけれども、その人の人格そのものには何も溜まっていかない。ところが、むしろ、ひとつひとつの経験を振り返るときに、人格的成長につながるその経験がその人の人間性の開花につながります。例えば勇気は、恐怖するような時にそれにもかかわらずこれを克服して、現実に向き合うところから生まれてくる。恐ろしいという情念が襲ってくると、思わず逃げ出したくなる。しかし、アリストテレスによると、ポリスにおいて逃げ出さない。そこにあえて踏みとどまって耐える。そういう振る舞いを繰り返すうちに、私たちの心の中に「勇敢な性格」が形成されてくるのです。私たち人間は、何回もオルガンを演奏すると上達するように、勇気ある振る舞いを繰り返すうちに「勇敢な人」という人間性が生まれてくるのです。その勇敢な行為を繰り返すうちに勇気が自分の心の中に作り上げられ、今度は逆に一層容易に恐怖に耐えられるようになってきます。その反対にいつも臆病な振る舞いを繰り返していると、固定化された習慣として臆病が身についてしまいます。このように、自分の中にありながら自分ではどうしようもない情念である恐怖や悲しみや欲望という感情に向き合うことによって、次第に性格が造られてくるのです。受肉の福音が受肉するのです。「シャロームへの勇気の開花」です。

これを私たちは、二つの行為の種類を分けて考えましょう。第一は、「遂行的行為」でたとえば木刀を振る行為のようにある行為を外側に向かって行うことです。それに対して、第二は「形成的行為」です。それは、同じ行為でも木刀を振ることによって、自分の内側に戦いを恐れない勇気ができます。そして、相手が切りかかってきても打ち返すという度胸がすわってきます。その意味では、行為は、ただ単なる外側の行為だけではなくて、私自身を形成する行為にもなります。これは、木刀だけでなく、自分の意見を発表するという行為でもあります。そうすると、他人がはたして聞いてくれるか冒険をすることになります。またその冒険をしつつ、聞いた人が質問をする場合があるので、自分の意見に責任を持つという心も生じます。こういう自分の意見を発表するという行為を繰り返すことによって、私たちの存在の中に冒険とか責任という内面的強さが生じます。ハワーワスの『美徳の中のキリスト者』にもそのことがよく表わされています。「たしかに、よい人は、次第に決断を必要としなくなるのである。なぜなら、その人は、良いことを知っており、喜んで実行し、少しも悩まないからである。それは、その人が何も知らないからではなく、時間をかけて学び、すでになすべきことを知る熟慮を重ねていたからである。もうすでにそのことがその人の存在の一部となっているからである」(14)とあります。

このように考えると、様々な人間としてのたしなみを身につけるものが日本の文化で「道」と言われていることに思い当たります。イエス・キリストは、自分のことを弟子たちに「私は、道であり、真理であり、命である」と言われましたが、日本では流儀に基づく生け花を華道といい、伝統的な様式に則って客人に抹茶をふるまうことを茶道といいます。それらは、すべて私たち人間のしぐさや運動を通して人格形成と関わるのです。この人格形成に新しいキリスト教教育の視座としての「シャローム・モデル」への参加が生まれます。

シャロームとキリスト教的友情

興味深いことに、アリストテレスにとって、人間のもつべき美徳の定義は一定していません。プラトンが提出した「勇気や節制や知恵や正義」だけでなく、寛容、親愛、さらには恥まで人間の身につけるものを説明します。ところが、アリストテレスは、ある人物像を求めていきます。それが「マグナニマス・パーソン」です。ひとことで言えば、「安定した性格をもった存在感のある人物」です。その人物は、とるに足りない些末なことには揺さぶられない存在感のある大きな人物で、日本語で訳すと「高潔な人」になります。彼は、噂好きでなく、また人間の評価に振り回されることもない。なぜなら、彼は、奉仕によって成熟する自足性をもっており、安定した性格だからです。そこで人間関係を語るアリストテレスは、『ニコマコス倫理学』において、三種類の友情つまり「有用のための友情」、「快楽のため友情」、「美徳の友情」を区別します。第一の「有用のための友情」は、

「有用のゆえにお互いを愛する人々であり、相手かたを相手かた自身に即して愛するのではなく、自己にとっての或る善が相手かたから与えられるかぎりにおいて相手かたを愛している」[15]ということです。つまり、先輩が後輩に練習着を洗うように頼むようなものです。第二に、「快楽の友情」は、相手が自分を快適にしてくれるから関わる。つまり、私たちを楽しませてくれる人がいるなら集団を作りやすいが、その意味では機知にとんだ人物が好ましく思われるが、おうおうにしてそういった人は、それだけでは深い人間関係に進んでいかない。この快楽の友情も、その人自体を愛しているのでなく、快適にしてくれる部分とだけ関わるからです。アリストテレスによれば、有用のための友情と快楽の友情は短い。この二つと異なって、美徳に基づいた友情あるいは「完全な友情」は、互いの人柄を尊敬して関わる。つまり、相手を利用したり相手を快の対象としたりしないで、相手の人柄を尊敬している関わりで、ライバルでも「敵ながら天晴れ」と言えるほどの関わりになるのです。ここに異質な存在を受容する「友情の共同体」が形成されます。

ところが、アリストテレスは、友情でも支えきれない「人生の空しさ」を知っていました。病気や事故という不幸を考えていました。友人たちに、彼の悲しい運命を共有してくれるように頼んでも、そうはいかない。堂々としていられる間の「敵ながら天晴れ」です。ある善い人が重篤な病になった時、その人は友人に見舞いに来て欲しいと言うでしょうか。彼は、友人たちに助けと同情を強いるつらい時間を過ごさせることになります。彼らは、むしろその時間に成長することができるのに。このように考えると、私たちは、アリストテレスとキリスト教の友情理解に際立った違いがあることを知ります。アリストテレスの友情は、「英雄共同体」を形成するといえます。しかし、旧約聖書の民とイエスの出来事において私たちに近づかれた神は、他者の痛みと苦悩に参加して、それを癒す愛をもっていました。十字架の苦しみを担ったキリストが友となるように招くなら、キリスト者は、友人の痛みや不幸を排除し、苦しみや不幸の共有を遠ざけるような友情を受け入れるわけにはいかないのです。ヨハネによる福音書で、「わたしがあなたがたを愛したように」弟子たちが互いに愛さなければならないとキリストは勧めます。この勧めはまさに「シャローム」への導入でしょう。ここに英雄共同体と異なる平和を先取りした「シャローム共同体」への奉仕が予想されます。

これが、キリスト者が旧約聖書の歴史から学び、新約聖書と教会において語り継いでいる「先駆的共同体」です。主イエスにおける神の愛は、私たちの生にまでくだり謙虚になったのです。これがキリスト教的友情の理解の重要な鍵です。フィリピの信徒への手紙二章に鍵になる言葉があります。「へりくだり」と「無にする」はきわめて特徴的です。この謙遜を指摘するとき、キリスト者は、キリストの中に「人間を友とする」神を見ます。神は、私たちを友とすることによって私たちの苦しみを担い、私たちの痛みを自分のものとされました。「わたしが愛したように愛しなさい」という戒めは、弟子たちがこのイエスの癒しの愛を受け止め、友人と共に苦しみ、不幸にある友人を癒す奉仕を主張しています。キリスト者は、まさに神が作者である「シャローム物語の登場人物」として自分を理解しているゆえに、愛に生きる訓練を経験します。主イエスという人格の生によって可能にされた「新しい生命の道」に参加します。このように考えると、キリスト教の友情は、「癒しの共同体」としてシャロームの先取りを形成すると考えて良いのです。和解する「癒しの共同体」と言えるでしょう。

黙示的、美徳の文法——キリスト教的終末論

あらためて考えると、美徳を身につけるためには、受肉の福音の受肉つまり旅行をするような仕方で人生を歩むことではなく、霊的旅路をたどるように歩む時間が必要です。キリスト教の美徳は、「私は道であり、真理であり、命である」と言われた主イエスに従う旅路の中で身についてくる性格です。希望の美徳というのが、ローマの信徒への手紙五章一—一一節において神との平和を得て、キリストを通して与えられた和解を誇りとしている中で身につく「忍耐、練達、希望」という徳目であると考えます。そして、神のアガペーが注がれていることにシャロームの美徳の土台があるのです。社会哲学者C・テーラーは「(世俗は)通常の歴史的連続の時である」

が、聖書的時間感覚によると「それは創造から再臨に至るまで人類が生き抜く時」であると考察します。この時間は「崇高な時」すなわち、しばしば「永遠」と呼ばれる異なった形態、理念の時、または起源あるいは「神の時と織りあわされていた」といいます。人類はシャロームをすべての時を通して生きるように求められているのです。

ここにシャロームという共通善を目指す性格形成があるのです。それはヨーダーの政治学の理解の核心である「時間感覚」があります。私たちは「時間」が足りないとよく主張する世界で、急ぐことを拒否する黙示的「忍耐の時間」をもつのです。したがってキリスト者は歴史がただ淡白なものの連続だとは考えません。教会という信仰共同体の牧会的行為をラディカル・デモクラシーの具体例と考える政治学者ロマンド・コールズは、健全な成長は木から枝が伸びるようにではなく、むしろ忍耐をもって「蔓のように伸びる」とのヨーダーの伝統に関する理解を支持します。イエス・キリストの統治によって今の時の実践が試されるのは一種「輪のように巻いて育つ」ことであり、キリスト者の伝統に悔い改めと希望を認めます。「余分な枝が切り落とされること、また根を張るための新しい機会を与える生物の成長に絶えず起こる中断の物語[16]」として最もよく理解されるでしょう。同じく重要なことは、共同体の代表者は聖書に関するさまざまな問いを引き受ける「民衆の聖書解釈者」となる責任があるとするヨーダーの理解です。このような過程は、共同体を共通の見解に導くことを忍耐するようにと要求します。もし教会がキリストに対して信仰深くあれば、記憶、指導、言語による自己形成、取るべき過程などの行為は、共同体が「輪のように巻いて育つ」、そして何が必要かを識別するために記憶と希望を必要とするのです。第二部でこの忍耐と希望を身につけた具体例を見てみましょう。

(1) N. Wolterstorff, *Education for Shalom*, Grand Rapids, Eerdmans Press, 2004.「シャローム・モデル」という

言葉は彼にヒントを得ている。

（2）ジョン・マッコーリー『平和のコンセプト——聖書的・神学的視座から』東方敬信訳、新教出版社、二〇〇八年、三四頁以下。

（3）エミール・ブルンナー『正義——社会秩序の基本原理』寺脇丕信訳、聖学院出版会、二〇〇二年、二五七頁。

（4）半澤孝麿『近代日本のカトリシズム——思想史的考察』みすず書房、一九九三年、二〇七頁。

（5）田中耕太郎「新入生諸君に告ぐ」東京帝国大学法学部（大学配布物）一九三七年。

（6）半澤、前掲書、二一一頁。

（7）D. Harink, *Paul Among the Postliberals: Pauline Theology Beyond Christendom and Modernity*, Grand Rapids: Brasos Press, 2003, 68.

（8）J. H. Yoder, *The Original Revolution: Essays on Christian Pacifism*, Scottdale: Herald Press, 1971.

（9）R. L. Wilken, *The Spirit of Early Christian Thought: Seeking the Face of God*, New Haven: Yale University Press, 2003.

（10）Ibid., 195.

（11）Augustine, *The City of God*, translated by H. Bettenson, Harmondsworth: Penguin Books, 1977, 889-90.

（12）宮田光雄『平和思想史研究』（『宮田光雄思想史論集』第一巻）創文社、二〇〇六年。

（13）S・M・ハワーワス／W・H・ウィリモン『神の真理——キリスト教的生における十戒』東方敬信・伊藤悟訳、新教出版社、二〇〇一年、一一八頁。

（14）S・ハワーワス／C・ピンチス『美徳の中のキリスト者——美徳の倫理学との神学的対話』東方敬信訳、教文館、一九九七年、四三頁。

（15）アリストテレス『ニコマコス倫理学（下）』高田三郎訳、岩波文庫、一九八八年、七一頁。

（16）スタンリー・ハワーワス『大学のあり方——諸学の知と神の知』（青山学院大学総合研究所叢書）東方敬信監訳、ヨベル、二〇一四年、二六七頁。

Ⅱ　キリスト教のシャローム・モデル

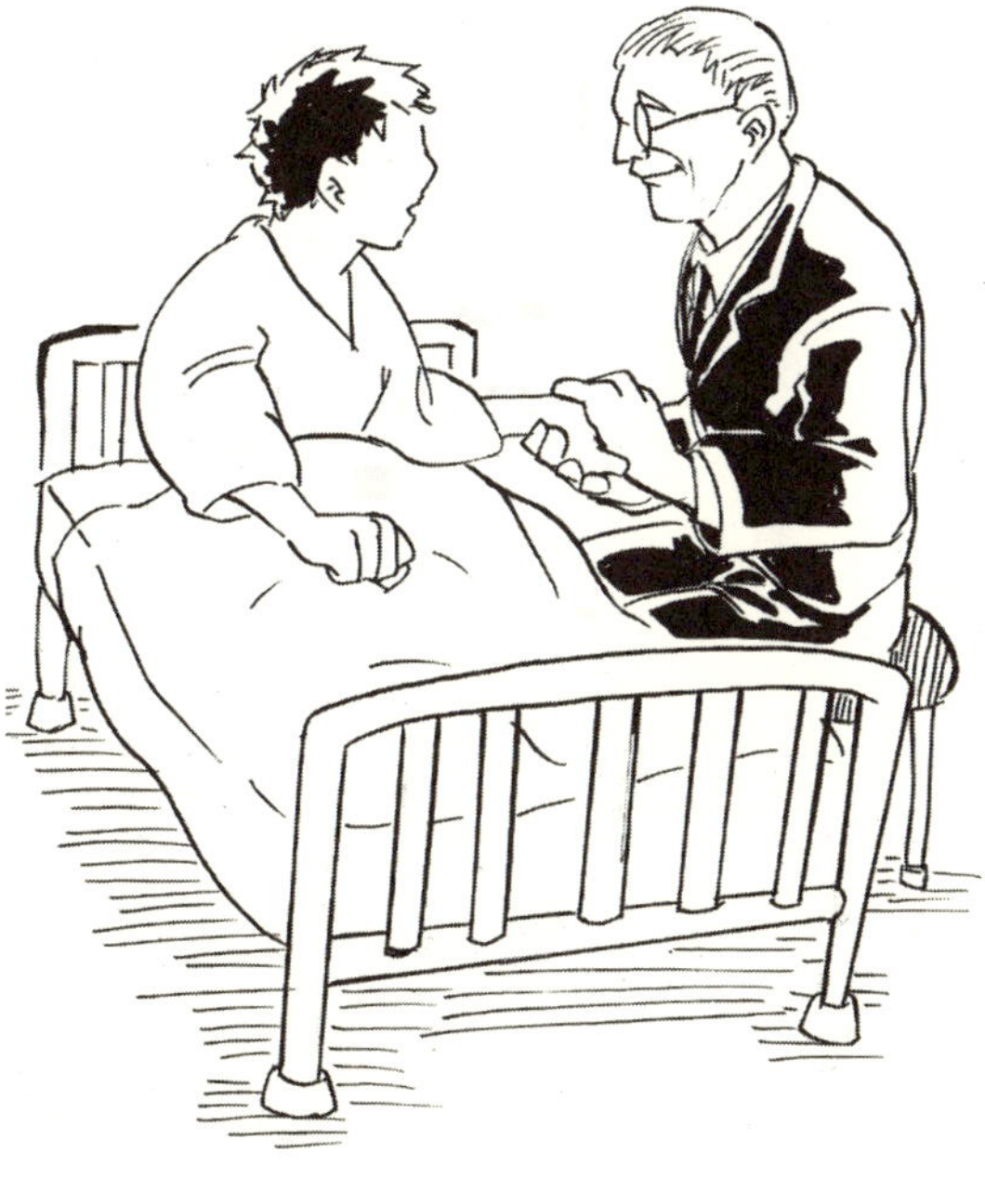

序　赦しと和解の文化

オックスフォード大学の神学者ジョン・マッコーリー（一九一九―二〇〇七）は「言語は博物館に似ている」と言っています。それは、私たちが日常使っている言語をよく考えていくと、最初にその言葉を使った人がどんな現象を考えていたかが見えてくるからです。「平和」は聖書の言葉、ヘブライ語では「シャローム」といいます。この言葉は、他にはない特徴的なニュアンスを持っています。ギリシア語の「エイレネー」やラテン語の「パックス」は「中断」を意味します。争いや戦争を中断することです。日本語の「平和」はもともと中国語で、「バランスがとれている（平）、穏やかで和らいでいる（和）」という意味です。しかし、「シャローム」は、バランスをとるとか、戦争を中止するという消極的平和ではなく、むしろ、充実とか充満とか完成という意味を持った「積極的交流」です。[1]ゼカリヤ書八章一二節で語られているように「平和の種が蒔かれ、ぶどうの木は実を結び、大地は収穫をもたらし、天は露をくだす」と動植物も含めて充実した価値が満ちてくる状態です。ですから、「キリストはわたしたちの平和であります」というエフェソの信徒への手紙二章一四節の宣言は積極的価値を持っているのです。戦争をしていません、争っていませんというのではありません。当時の地中海の沿岸にできた一握りの人々の集うエフェソの教会・価値共同体に当時では考えられないユダヤ人と異邦人つまりローマ文化に育った人たちの「新しい積極的交流」ができた、赦し合う和解の共同体ができたのです。知恵を誇るローマ人と道徳を誇るユダヤ人が、互いに傲慢に相手を見下すのではなく、「充実した交流」を生きていたのです。礼拝を通して、キリストのシャロームに生きていたのです。その新しい価値共同体が「キリストを中心にした交流」を積極的平和と呼んでいたのです。それが「キリストはわたしたちの平和」なのです。

この「充実した積極的平和」をマタイによる福音書一八章二〇節で、主イエスは「二人または三人がわたしの名によって集まるところには、わたしもその中にいるのである」と言われました。これは考えられるかぎりでの少数です。私たちは、礼拝出席者が多い教会を知っています。東京とか日本全体の人口を考えますと、二人または三人とは、少数者の群れでしょう。それでも主イエスは最小限の人数を語られました。集まるという言葉をラテン語で言いますと「コングレガーティ」です。ここから教会員を表わす「コングリゲーション」という言葉ができました。しかも、イエス・キリストの言葉によれば、「わたしの名によって」であって、趣味の団体や同好会ではなくて「イエス・キリストの名によって」礼拝で価値を賛美しているのです。さらに、その前を見ると、「あなたがたのうち二人が地上で心を一つにして求めるなら」とありますので、祈りにおいて一つになっている最小限の共同体です。しかし、主イエスは、その礼拝と祈りの共同体の「恵みと充実」を語られました。

マタイによる福音書の続きを考えてみたいと思います。このように約束された直後、イエス・キリストより年配である弟子のペトロは、身近な兄弟に我慢できないことがあったのでしょう。「兄弟がわたしに対して罪を犯したなら、何回赦すべきでしょうか。七回までですか」と切羽詰った質問をしました。それに対して、主イエスは驚くべき答え「七の七十倍までも赦しなさい」を語られました。ここからキリスト教における「赦しの文化」が始まりました。今日でもドイツのキリスト者の家庭では食前に、「私たちになくてはならないものをお与えください。今日の食事と赦す心をお与えくださ い」と祈るそうです。ここで二〇〇六年に起こった出来事を紹介します。それは、「平和の価値共同体」とはかくあるものだと私たちに語ってくれます。またキリスト教信仰の中心であるキリストを信じる価値を示してくれます。

アーミッシュに見る赦しの文化

二〇〇六年一〇月二日、アメリカのペンシルベニア州ニッケル・マインズという農村の学校で子供たちが銃殺されました。この事件は世界中を驚かせました。

その日の午前一〇時一五分頃、二〇人ほどの小、中学校で先生のエンマが校庭で遊んでいた子供たちを教室に呼び入れます。丁度そのとき、チャールズ・ロバーツはトラックを発進させ、学校の白い木製の門をくぐり、そのまま玄関先の小さなポーチにつけます。物音を聞きつけたエンマが玄関口に出ましたが、日ごろ農場に牛乳を集めにくるトラックの運転手であったので警戒しないで教室にそのまま戻ります。

しかし、ロバーツはいったん車に戻って、すぐセミオートマチックの拳銃を持って校舎に入り、拳銃を振り回し、全員、教室の黒板のそばの床に伏せろと命令します。銃を見たエンマは、手伝いに来ていた一人の母親にそこを見張っているようにささやいて、通報のために他の母親と二人で横のドアから出て、牧草地を突っ切って、約四〇〇メートル先にあるアーミッシュ（平和主義の教派）の農家にパニック状態で駆け込み、助けを求めました。午前一〇時三五分、警察の交換手がその農家の電話の通報を受けました。

他方、学校では、ロバーツが女の子数人の足をヒモで縛り、別の女の子たちと互いに縛りつけました。手伝いの大人たちは全員追い出され、ついで男子生徒も全員表に出されました。自分と獲物だけになったロバーツはドアをくぎ付けし、暗い室内に少女たちを監禁しました。

彼は少女たちに向かって「俺は腹を立てている。だから、クリスチャンの女の子に罰を与え、仕返しするんだ」と言います。それは、九年前に生まれた長女のエリーズが、生後わずか二〇分で死んでしまったためだと後でわかります。妻に宛てた書き置きには、「俺は君にふさわしくない。完ぺきな妻である君にふさわしくない。俺の心は自分への憎しみ、神への憎しみ、途方もない空しさで一杯だ。皆で楽しく過ごしていても、なぜエリーズだけがいないんだと怒りが湧いてくる」とありました。歪んだ怒りを爆発させたのです。

午前一一時一五分。駆けつけた警察官は、散弾銃の銃声三発、続いて拳銃の速射音を聞いて、校舎に突進、棍棒と盾で窓を壊して突入したちょうどそのとき、殺人犯が拳銃で自分を撃ち、倒れました。子供たちの五人は瀕死の状態で、あと五人も重傷を負っていました。

警察が「大量の死傷者発生」という情報を流したため、警官一〇〇名、救急隊員二〇名、五か所から出動した消防車が続々と押し寄せ、学校を取り囲みました。救急ヘリ五機、警察ヘリ四機、さらに上空を偵察機が舞っていました。

この静かなアーミッシュの村を襲った学校乱射事件は、世界に衝撃を与えましたが、それ以上に世界を驚かせたのは、ニッケル・マインズの（平和主義の）アーミッシュの村が、その直後に殺人犯の家族に思いやりあふれる赦しの対応をとったことです。

事件直後、同情した外部の人々がアーミッシュのコミュニティを支援しようとしたとき、アーミッシュの人たちはもう別の仕事にとりかかっていました。そっと、静かに、きわめて困難な「赦しと和解の課題」に取り組んだのです。

アーミッシュの人たちは、自分たちの家族だけでなく、犯人ロバーツの夫人と遺児たちも事件の犠牲者だと気づき、夫と父を失った上に、プライバシーも暴かれ、しかも、最愛の人がなんの罪も無い子供たちに対して凶行を働いた恥を忍ばねばならないと思いやりました。事件後わずか数時間のうちに、ロバーツの家族に手を差し伸べた人たちがいました。近くのアーミッシュの牧師エイモスは、「ええ、私たち三人は、月曜の夜は消防署近くにいたんですが、そのとき、ロバーツの未亡人エイミーに言葉をかけに行こう、ということになりました。まず自宅へ行ってみると、誰もいない。……それで、彼女のお父さんの家へ歩いて行ってみると、エイミーと子供たちがいました。私たちは一〇分ほどお邪魔してお悔やみを言い、あなたたちに何も悪い感情はもっていませんから、とお伝えしてきました」と報告しています。同じ晩、別のアーミッシュの男性が殺人犯の父親を訪ねていました。アーミッシュの隣人は次のようにその様子を語っています。

「その人は一時間そこに立っていました。それからロバーツの父親をハグし、『私たちはあなたを赦しますよ』と言いました」。その翌日から、ロバーツの家族のもとをつぎつぎとアーミッシュが訪れては、赦しの言葉を伝え、彼らを優しく気づかったのです」と。(2)

このことは世界を驚かせました。私も驚愕するほかありません。彼らは犯人の子供たちのために奨学金まで集めました。

クエーカー派の女性神学者サンドラ・クロンクは、彼らの信仰をドイツ語の〈ゲラッセンハイト〉という言葉で言い表わしています。(3) ゲラッセンハイトとは自分を委ねるという意味で、人間の落ち着いた態度を表わします。自分たちの思いを絶対者に委ねる宗教的態度です。

アーミッシュは「現世における神の働きを無力の中に見る」と言います。イエス・キリストの十字架の死は一見無力なように見えますが、そこに絶対者の赦しの愛があるのです。

いや、アーミッシュだけでなく、主イエスの教えた「主の祈り」は、「御心が行われますように」と祈ります。そして「われらに罪を犯すものをわれらが赦すごとくわれらも赦したまえ」と、積極的に赦し合う交流に向かって祈ります。この神の愛に従う共同体の精神は、自己主張を断念し、正当化や復讐願望を捨て、「積極的交流」にいたる倫理にまで拡張されていきます。しかも、「ゲラッセンハイト」は運命論ではありません。アーミッシュの人々は、日常生活で決断を繰り返し、リスクを計算し、将来の計画を立てます。歴史はあらかじめ神に定められているとか、自分たちは神の筋書きどおりに動く人形だとは思いません。むしろ、最終的に何を大切にするかを決定するのは人間で、その時イエス・キリストとの約束に従って生きる決断をするかどうかが大切なのです。

キリストによる赦しの価値共同体

「キリストは私たちの平和」とは、「積極的交流の回復」です。マタイによる福音書一八章二六節を見るなら、「七の七十倍赦しなさい」と語られたあとの主イエスの譬えで、とてつもない借金を背負った家令が主人に「どうか待って下さい」と言います。つまり時間さえもらえれば、何とかします、もうすこし我慢してください、と言うのです。しかし、私たちは自分では何とかできないものに直面することもあります。あの譬えでは、その主人は「あわれに思って、彼を赦し、その負債を免じてやった」とあります。家令はぎりぎりまで待って下さいと言ったのです。しかし、主人は、全く別の角度から行動しています。つまり、神の愛は、我慢ではありません。この悔いた家令の心に感じ、それ以上のこと、全く別の角度から「救いの業」を成し遂げてくださったのです。赦しというのは、取引の延長線上にあるのではなく、プレゼントのように与えられる贈与です。関係の回復です。「待ってください」というのはまだ取引の関係にあります。しかし、赦しは「純粋な贈与」としての新しい関係です。ですから、赦しの英語、forgive には give が含まれます。フランス語の pardon にも与えるの don が含まれます。ドイツ語の Vergebung にも geben の与えるが含まれます。神の赦しとは、払い切れないような負債を、神自ら「喜んで」プレゼントのように引き受けてくださった事を示します。これそもそも「神はその一人子をお与えになったほど世を愛された」（ヨハネ三・一六）のは過剰な賜物です。これが神と私たちの関係です。私たちはよく「生かされている」と言いますが、よく考えると「生きることを赦されている」のです。私たちは多くのものを神に負っています。生きる時間と場所を与えられ、また自然という環境を与えられ、さらに人間同志の関わりを与えられています。しかし、人間同士が、国と国とが、文明と文明とが傷つき傷つけあっている私たちをイエス・キリストのゆえに、受け入れ赦してくださったということほどの大きな賜物はないのです。「二人または三人がわたしの名によって集まっているところには、わたしもその中にいるのである」（マタイ一八・二〇）というのは、まさにキリストによるこの「赦しの贈与共同体」です。

エフェソの信徒への手紙は、「実に、キリストはわたしたちの平和であります。二つのものを一つにし、御自分の肉において敵意という隔ての壁を取り壊し、規則と戒律ずくめの律法を廃棄されました。こうしてキリストは双方を御自分において一人の新しい人に造り上げて平和を実現し、十字架を通して、両者を一つの体として神と和解させ、十字架によって敵意を滅ぼされました」(二・一四―一六)と記します。使徒パウロは、まず物理的説明をします。エルサレムの神殿にはユダヤ人の場所に異邦人を聖所に入れないための「隔ての壁」がありました。それは中に入れる者の特権と入れない者の屈辱の壁でした。その物理的な壁に象徴される内面的な、いや、生身の人間の現実である「敵意」という阻害の心をキリストは溶かしてしまったというのです。敵意という言葉は二度出てきますが、特徴的なことは、一四節で「御自分の肉において」とあることです。直訳すると「肉の中で」とあります。現実に十字架は、イエス・キリストの肉体が釘と槍で突き刺された出来事です。御自分の肉とは「父よ、彼らを赦したまえ」と祈られ、裂かれたあの肉体です。そこで敵意が溶かされ、新しい交流が生まれるのです。それが、私たちの敵意を滅ぼすために裂かれた体であります。さらに、初代教会では最後の晩餐を記憶し、これはあなた方のために裂かれた私の体であるとしてパンとブドウ酒を分配して聖餐式を行います。イエス・キリストは当時の社会で周辺に追いやられた徴税人や罪びとと呼ばれた人たちとたびたび食事を共にされました。そのキリストが再び来られて、すべての人を食卓に招いて下さるという希望を、初代教会は信じて「未来をも視野に入れて」聖餐式を行いました。パンとぶどう酒の聖餐式を味わうキリストの肉体の中で私たちの敵意というおぞましい阻害の心を解かすのです。それは、ただの敵意の克服だけではありません。「新しい交流という未来の希望を先取りする」のです。これが「キリストの体という教会」であります。キリストの体と言われる教会で、赦された者は神の赦しの愛を痛切に感じて新しい目で他の人を見はじめて生きはじめます。次章でさらに詳しく聖書のシャロームと人間形成を考えていきましょう。

（1）　ジョン・マッコーリー『平和のコンセプト――聖書的・神学的視座から』東方敬信訳、新教出版社、二〇〇八年、六〇頁。その意味では、日本で武器を使う集団的自衛権を積極的平和というのは、まったくの言語破壊行為です。
（2）　ドナルド・B・クレイビル他『アーミッシュの赦し――なぜ彼らはすぐに犯人とその家族を赦したのか』青木玲訳、亜紀書房、二〇〇八年、一八―二〇頁参照。
（3）　同書、一六二頁以下。

第5章　啓蒙主義は神学のパロディか？

英米法と政治思想で長く主導的立場にあったリベラリズム（自由主義）は、国民国家と市場経済を軸としていましたが、新保守主義が優勢となった一九七〇年代後半以降にも生きながらえ、共産主義諸国の崩壊によって一応勝利するまでになりました。しかし、冷戦終結と共に、それまで隠蔽されていた様々な宗教的・民族的対立、経済的混乱等が堰を切ったように噴出し、現時点ではリベラリズムはこれらの問題に明確な回答を与えられません。その事実に目を向けると、今リベラリズムは岐路に立っていると考えられます。(1)

さらに日本の教育哲学者矢野智司は『贈与と交換の教育学』(2)において「戦後教育は、教育の場から『神話』や『聖性』や『超越』といった言葉を追放し、科学的合理性をもとにした世俗教育に限定してきた」(3)と批判しました。さらに世俗教育の源泉は、一七、一八世紀におけるロックなどに代表される経験論的認識論やヘーゲル哲学さらにルソーの教育思想という啓蒙思想家の理論であると矢野は言います。近代社会の成立に参考とされた啓蒙思想家は、トマス・ホッブズ（一五八八―一六七九）、ジョン・ロック（一六三二―一七〇四）、ルソー（一七〇二―一七七八）、アダム・スミス（一七二三―一七九〇）、カント（一七二四―一八〇四）などですが、彼らは、キリスト教の伝統における権威と根拠を求めることなく、人間の理性のみによる納得や事物認識を拠り所とし、まさに教育による人間発達を待つものでした。しかし、私は二〇〇四年一月一九日に現代社会哲学者ハーバーマスとラッツィンガー枢機卿（前ローマ教皇ベネディクト一六世）が対談したことは、社会理論、教育理論にとって画期的であったと思います。そのときハーバーマスは、現代を「ポスト世俗化の社会」と定義し、いまや世俗的メンタリティの土台となっている啓蒙主義を再検討する時期がきているとしました。(4)

本章では、最近の英米の「ラディカル・オーソドクシー」と言われる神学的立場から改めて啓蒙主義を検討したいと思います。なぜなら、ラディカル・オーソドクシーは、近代科学技術文化に妥協し、世俗的世界観と調停を結んできたリベラリズム神学を徹底的に問い直し、転換しようとする立場だからです。

積極的に言えば、近代社会の歪みをただそうとするキリスト教的存在論を展開し、本来的なキリスト教実践に響きあう実践哲学を取り戻すことでした。(5)啓蒙思想家たちは、神学的コンセプトを使用しながら国民国家の救済力を志向しました。それは、プロテスタントとカトリックの宗教戦争の衣をまとった暴力を避けるためでした。しかし、啓蒙主義に薄められた神学は、極めて不完全でした。そこで、近代政治学や近代経済学の根底にある人間観や世界観に焦点を合わせて論じたいと思います。

近代政治学が前提にしている「自然状態」という神話は、悲劇的な雰囲気をもつ「対立と和解の物語」でした。その神話は、エデンの園からではなく、いつか和解に到達しなければならない対立の物語からはじまります。ホッブズやロックなどの近代政治学はその古典的な時期に、この「対立と和解」の描写をすることからはじめて、重要な分析の道具を発明しました。それが「自然状態」という概念です。この近代政治学の古典的理論において、個々人は聖書の創世記に似た「自然状態」において、どのような義務にもとらわれることなく、またどのような伝統や教会や社会的立場にも影響されない状態に置かれます。しかも、個々人は自由で、またその自由において互いに平等です。このような前提のもと、その政治的秩序は構築され、暴力から解放された自由を主張します。しかし、複数の人々が生活する社会的現実が出現すると、互いの間に「嫉妬心」や所有をめぐる「競争心」が出て来て暴力的になってしまうとされます。これは聖書の堕落物語のパロディです。本来の秩序に対して似て非なるものです。というのは、聖書の民による救済の物語が始まらないからです。

ホッブズはその悲劇的な自然状態に直面して、聖書物語の堕落以前の状況に立ち返って歴史的悲劇を克服しようとは勧めません。また神の民の救済の物語もないので、ひとたび社会的現実を叙述すると、個々人の自由が衝突しあい戦争状態が勃発すると考えます。ホッブズにとって、個人の本質とその平等は、互を狼とする社会的現実が現れることによって、あえて言えばその存在の中に暴力が織り込まれてしまうことになります。

「この能力の平等から、私たちの目的追求という希望をもつ平等性が生じる。したがって二人の人が同じものを欲するとき、また二人が同時に享受できないとき、彼らは、敵になる。また彼らの目的は、自分を守ることであり、またときどき喜び享受するために、互いに抑圧したり、従属したりする」(6)と言うのです。

ジョン・ウェスレー

啓蒙主義時代また産業革命期に活躍したイギリスの信仰復興運動の指導者ジョン・ウェスレーは"Gain all you can, Save all you can, Give all you can"と言いました。金銭の使用法の最後は「大いに捧げなさい」です。また日本のキリスト者の実業家大原孫三郎の「神の御心によって働くものである」は、大きなソーシャル・シフトを示すでしょう。聖書のコリントの信徒への手紙二の五章一八節には「神は、キリストを通してわたしたちを御自分と和解させ、また、和解のために奉仕する任務をわたしたちにお授けになりました」とあります。それは、もう私たちが神の和解という世界で新しくされて、奉仕しているという証しです。新しい光の下で世界を見ることです。啓蒙主義における「機械論的世界観」から、聖書には「キリストと結ばれる人はだれでも、新しく創造された者なのです。古いものは過ぎ去り、新しいものが生じた」(二コリント五・一七)とある新しい世界に転換するのです。これは、私たちがまったく新しい命に生かされていると考えさせる言葉です。The New English Bibleでは「そこには新しい世界がある(There is a New World)」と訳しています。主イエスが「父よ、彼らを赦したまえ」と十字架において痛みながら祈りを捧げられ、そして蘇られたことによって、私たちの世界は闘争の光ではなく、和解の光によって照らされた世界に変えられたのです。この世界は、「和解の世界」に変わったのです。神がこの世界と和らいでおられるのです。これがシャロームの開始です。このコリントの信徒への手紙二の五章一八節から二〇節までの間に、和解という言葉が五回も出てきます。このように続けて出てくるのは聖書でもめずらしいことです。和解とは、ギリシア語で「カタラッソー」ですが、「交換する」とか「交流する」ことです。新しい英語訳の聖書 Today's English Version では、大変分かりやすく、私たちすべてを「彼の友としてくださった、敵から友としてくださった（from enemies into his friends）」と訳しています。たとえ国家の中で闘争中であっても、もう神の和らぎに照らされた争い、和らげられた争いとなったということです。和解の希望と可能性が前方から光を投げかけ招いている争いです。たとえ自分だけで孤立していても、その不完全な世界に和解の光が差し込んでいるのです。さらにいえば、それは、内々の仲間だけの絆ではありません。障がいをもつ人も多様な成員が共に生きることができるようにする絆です。

人間の世界で和解というと、裁判で両者の主張がぶつかりあい、どうにも決着がつかないとき、間を取って両者が痛み分けするところで手を打つことでしょう。しかし、「聖書でいう和解」は、そんな中途半端なことではありません。聖書でいう和解は、敵意の逆の関係です。一切の敵意がなくなることです。いやもっと積極的に「新しい友情」に生きることです。神は、主イエスの十字架の痛みの中にも祈られた「彼らを赦したまえ」という祈りによって和らぎの心に変わり、もう世界と私たちと赦しの愛によって交流されているということです。あえていえば、「和解の絆」の中に入れてくださったということです。コリントの信徒への手紙二の五章二一節で、使徒パウロは「神は、わたしたちの罪のために、罪を知らない方を罪とされた。それは、わたしたちが、彼にあって神の義となるためである」と言いましたが、まさに私たちと神が和らげられたというのです。もう義とされたというのです。これが「シャローム・モデル」の開始でしょう。

大原孫三郎

このように、私たちの人生の根本である神との関係が和らぎとなったことは、この世界が新しく見えることになります。第九章で触れますが、大正、昭和の社会で実業家として活躍した大原孫三郎（一八八〇―一九四三）は、実は東京専門学校に学んでいる時に悪友達に誘われて放蕩に身を持ち崩していたのを、父孝四郎に呼び戻され、キリスト者である林源十郎に預けられて、出直しを強いられました。大原は親の事業を引き継ぐことを重荷に感じて荒れた青春時代を悔い、林源十郎にさそわれて、日本で最初の孤児院・岡山孤児院をつくった石井十次の講演に行き、キリストの深くて大きな愛に触れてキリスト者となりました。一九〇五（明治三八）年に倉敷教会で洗礼を受けた大原孫三郎は、倉敷紡績の社長に就任するやいなや、企業の発展と社会事業と信仰の業とが一つとなって、「倉敷を東洋のエルサレムとせん」[8]と地域社会に対して聖なる使命を感じる「希望」に胸を膨らませました。そして、農業科学研究所を作り、県に桃やマスカットなどを定着させました。それより、まさに「和解の絆」を証しして孤児院の会計係として、一〇〇〇人以上の戦争孤児や東北の冷害孤児を受け入れるのを手伝いました。彼はキリストの体という教会で心の訓練、和解の絆の訓練を受け、「いと小さき者」を配慮するわざを社会的に展開しました。一九二一年には「労働科学研究所」を設立しただけではなく「大原社会科学研究所」でマルクス経済学を研究させ、病院を設立し市民に開放し、大原美術館を設置したことは良く知られています。このようにすでに和解の「シャローム・モデル」にシフトして生きていた人物がいたのです。

繰り返しますが、「和解」のギリシア語は「カタラッソー」つまり交換という言葉ですが、経済学者ハイエクは経済学をカタラクシーつまり「交換の科学」としました。新しい世界は古い世界の経験を新しく用いることができます。本当に心から働きを交換することができます。初代教会の使徒パウロは、ローマの信徒への手紙一二章一五節で「喜ぶ人と共に喜び、泣く人と共に泣きなさい」と新しい連帯する愛を示しました。彼は「貧しさを自分のことのようにして助け、旅人をもてなすように務めなさい」と言います。さらに「あなたの敵が飢えていたら食べさせ、渇いていたら飲ませよ」（二〇節）と語りかけます。連帯する愛は、そのような仕方で与えられた力と機会を用いるのです。異質な存在を歓迎する「連帯の共同体」になるのです。[9] まさに異質な存在を歓迎するほどの連帯の共同体になるのです。

和解の務めは、神と共にこの世界で和らぐことを与えられた者の務めです。まさにシャローム・モデルです。それは、偏見に凝り固まったものの見方はしないで、むしろキリストのゆえに、敵意を乗り越えて奉仕するようになるのです。

使徒パウロは「使者の務め」（ローマ一二・二〇）と言いますが、この務めは、ギリシア語で言えば「プレスビューオウ」という言葉で、「全権大使」とか、「誉れある仕事」を表わします。時々パウロは、堂々としたユーモアのある用語を使用しますが、今日で言えば、「名誉ある社会的責任」ということになるでしょう。他の聖書箇所によれば「神のパートナー」になります。あえて言えば、初代教会の使徒パウロは、この世界を神の劇場と見立てて、その「ソーシャル・プレーヤー（社会的演技者）」として使命を果たそうとしました。私たちも「社会的責任を果たしていく」ソーシャル・プレーヤーを目指したいと思います。

もう一度、コリントの信徒への手紙二の五章一七節を見てみましょう。「キリストと結ばれる人はだれでも、新しく創造された者なのです」となっています。敵意を乗り越えて人を見る秘訣は、十字架につけられ、蘇られたキリストという鏡で、世界も他者も自分も写して見ることです。そのイエス・キリストに結ばれるとは、そういう経験でしょう。私たちは、そのとき喜んでいるにせよ、悲しんでいるにせよ、誇りを持っているにせよ、自信を失っているにせよ、かけがえのない自分と世界を新しく発見するのです。つまり、神が御子イエス・キリストを捨てるほど大きな愛をもって受け入れ愛された世界を発見するのです。

一九七〇年代に学生の反体制運動の弱点を見抜いて、平和主義教会の歴史を、しかもその経済活動の実践を調査して出版した青山学院大学経済史の榊原巖教授は一九六〇年代の終わりに「今日においても彼らのキリスト教社会思想は、可能であり、また日本のキリスト者にとって、また社会思想家にとって、最高目的とすべきものである」と記されます。[10] そして、一九七四年の書物には、「元来、キリスト者は、自分に恵まれたタラントを十分働かし、それに見合った報酬を得て生活に資するが、得た所得を、自分のだからといって自分勝手に使ってよいとは決して考えていない。自分の手にある所有は、ことごとく神によってしばらくその管理をまかされただけであると考えるのである。自分は善良な管理者として注意深く管理し、真に必要な人があれば、ただちにこれをその方にまわさなければならない」[11]と記しておられます。これこそ、ウェスレーの説いたスチュワードの精神でしょう。このような先輩がおられた歴史に感謝して、それぞれの持ち場で励みましょう。十字架のキリストの鏡に自分を発見する人は、自分自身について、また隣の人について、また自分の環境についてまったく新しい角度で見るのです。「古いものは過ぎ去った、見よ、すべてが新しくなったのである」と使徒パウロは宣言します。

四章の冒頭で紹介したウォルターストフは、「正義がシャロームへの第一歩」だと言います。そして、互の尊厳を認めつつ、新しい交流へと進んでいきます。その交流は、神との正しい交流また人間と人間の交流そして自然環境との交流また自分自身との交流も含みます。そこで考えられている共同体は、正しい共同体だけでなく、責任的共同体であり、明るく喜ぶ共同体であり、さらに互いを歓迎する共同体でもありましょう。[12] そこに異質な存在さえ歓迎するシャロームの現実化が起こるのです。

ウィリアム・メレル・ヴォーリズ

建築事務所で有名なヴォーリズという宣教師が滋賀県を中心に歴史に足跡を残しています。また、彼は、学生キリスト教運動の出身でした。その運動の会員たちは入会時に「もし神が許し給うなら、海外宣教師になることが自分の人生の目的である」と記載された宣言書に署名していました。かくして、一九〇五（明治三八）年、官公立学校への外国人英語教師の受け入れを進めていた日本政府が日本ＹＭＣＡ同盟に依頼し、北米ＹＭＣＡを通じて英語教師としてヴォーリズは日本の滋賀県立商業学校に赴任しました。英語教師としての雇用でしたが、日本側が提示した条件の中に「授業以外の時間で、もし生徒が希望するならば、自由に聖書を教えてよい」という項目があり、これが海外宣教を志す若い米国青年の希望に適したものでした。それが当時、隔離の対象とされていた結核病棟の建築にも結びついたのでした。ヴォーリズは「神の前での人格的平等の考えのもとに、患者の意志を尊重し人としての生活の回復を目指す」という「人間の尊厳・生活の質」の問題に正面から向き合って作品を制作し、近江療養所「五葉館」を建築したのです。そこはただ隔離するための施設とは全く別の建物で、そこで暮らす人々が心地よく過ごすことの出来る空間となりました。患者に配慮し、明かりや風通しを良くするために五角形をしているこの施設は、単に西洋の様式を持ち込んだものでも日本建築に染まるものでもありませんでした。中央には共用ホールが設けられ、四五度ずつ五方向に病室が作られました。各部屋にはそれぞれ三か所の窓から陽の光が降り注ぎ、風が通り抜け、隣の病室の気配を感じることもできます。周囲の人々から排斥されてきた患者たちが、仲間と共に生活を営むことの喜びを覚えることのできる場所でもあったのです。

しかし、当時の日本社会においてキリスト教を伝道することは大変困難であり、若きヴォーリズがキリスト教の受容の問題に直面したことは、当時を知らない者でも想像するに難くありません。その上、当時の近江が極めて仏教徒の多い土地であったことを考えれば尚のことです。かつて、近江の人々には、朝夕に神仏に祈る信仰と天を畏れる儒教的な倫理性があり、比叡山の天台宗勢力と真宗門徒による三〇〇〇にもおよぶ寺院ネットワークが、人々の思想と行動様式に多大な影響を与えていました。それではヴォーリズはそのような状況の中、どのようにして伝道活動を行ったのでしょうか。ヴォーリズの教師としての職務は、本科一年から四年までの英語の読み方と英会話であり、生徒からの興味を喚起することに努めていました。そのときの彼の思いは、『アメリカ人教師の日本体験記』において次のように記されています。「この感受性豊かな少年たちに、英語を話す文化圏からやってきた教師として単に英語の文法を教えるだけでなく、希望、信仰、愛を、純粋な理想を、最高の英文学を、そう、英文学の最高の本である聖書とそれに付随するあらゆることを、教えるべきであるという課題を痛切に感じました」[13]と。その言葉通り、ヴォーリズは夜になると下宿でバイブルクラスを開き、生徒とともに聖書を学び純潔な生き方を教えることを始めました。

さらに、赴任したその年に早くも、そこに集まった生徒たちを中心に「滋賀県立商業学校基督教青年会（YMCA）」を創設しました。これは、ヴォーリズの人生の中でも最も心に残る出来事だったようで、七六歳の時に当時を振り返り「このYMCAは今なお自分の主な関心事である」と語っています。彼は、学生時代にYMCAの活動を通じて自分が享受した恵みを、生徒たちにも経験して欲しいと願っていました。聖書を教えることには高い壁が立ちはだかっていたと思われましたが、バイブルクラスには約一〇〇人の生徒が参加していたとされ、YMCA発足時期の早さとともにその数も大変驚くべきことです。この時点で、ヴォーリズの伝道は順調に展開していくように思われました。自分自身を「からし種一粒」と考えていた彼はマタイによる福音書第一七章二〇節「もし、からし種一粒ほどの信仰があれば、この山に向かって、『ここから、あそこに移れ』と命じても、そのとおりになる。あなたがたにできないことは何もない」の一節を胸に、伝道に取り組んでいたのでしょう。ところが、困難が待ち受けていたのはその先であり、ヴォーリズの伝道がすすむにつれ、反対派を中心に「仏教青年会（YMBA）」が発足しました。さらに、日本が日露戦争に勝利したことで国民全体に国粋主義化の考えが広まったという背景もありました。学校の職員や生徒たちの考えや地方新聞の論調にはその傾向が強まり、キリスト教排斥を訴える生徒によるクリスチャン生徒への暴行事件も頻発しました。しかし、被害を受けた生徒たちは、決して暴力をもって応戦することはせず、ヴォーリズとの出会いを通して知った聖書の教えを守り、「自分を迫害する者のために祈る」（マタイ五・四四）ことを具体化しました。このように、ヴォーリズの思いは、彼らの中に着実に根付き、暴力を振るった生徒たちが心を打たれ反省し、洗礼を受けることも起こったのです。

一九一〇（明治四三）年一二月、ヴォーリズは法的組織として「ヴォーリズ合名会社」を設立し建築設計監理に従事しました。その後、「近江基督教団」も創設され、次第に「近江ミッション」と呼ばれるようになりました。そして、一九三四（昭和九）年二月二日の創立記念日に「近江兄弟社」と改名するに至りました。近江ミッションは大正初期において既に被差別部落問題に着目し、解決に向けて努めることを綱領に含んでいました。このような「兄弟愛」と「平等主義」は「主にあって一つになる」というＹＭＣＡの国際協調精神に通じるものです。彼のその思いは、病に苦しむ人々にも当然向けられ、療養院の開設へと繋がることとなりました。また、今日、国際協調の精神は近江兄弟社の教育目標にも取り入れられ、愛と信念をもった知性豊かな国際人教育として実践されています。さらに、『伝道と建築――Ｗ・Ｍ・ヴォーリズとその兄弟達』には、ヴォーリズによるこのような一文が紹介されています。「近江ミッションはこれまでずっと、もつれた国家の階級を解決する力がキリスト教にあると主張してきました」[14]とあります。

このように異国である日本に渡ったヴォーリズは、その国が必要とするものを見出し、「メンソレータム」など家庭薬の製造販売によって資金を調達しながら、ＹＭＣＡ、結核療養所、保育所、学校、図書館など社会事業に精力的に取り組み続けました。同時に、優れた建築家として今や文化財になるほどの建築を数多くこの日本に残しました。彼は、自身の人生を振り返り、『失敗者の自伝』の中で次のように述べています。「半世紀に相次いで起こった不思議な事件の連鎖が、現在の近江兄弟社にまでに進展してきたことを思うとき、人間の計画では到底及びもつかぬことが、見えざる神の手によって計画されていることを認めずにはいられない。もっともさまざまな手段、方法として、人間の手や足やくちびるが必要ではあるが、仕上げの業を成就なさるのは、聖霊の能力であり、永遠に働く神の愛である」[15]「私たちは、ただ神の意を成就するために、神の御手におかれた道具に過ぎないことを確信せしめられるであろう。この事実は、過去、現在、未来にわたって、永遠に真理である」[16]と。

以上に記しました人々は、聖書の救いの物語を継続する奉仕者たちでしょう。まさに国民国家と市場経済を軸にしたリベラルな政治思想では生まれなかった「奉仕の共同体」であり、シャローム・モデルを具体的に表現した人々でしょう。

（1）藤原保信『自由主義の再検討』岩波新書、一九九三年、一七六頁。
（2）矢野智司『贈与と交換の教育学——漱石、賢治と純粋贈与のレッスン』東京大学出版会、二〇〇八年。
（3）同書、五頁。
（4）ユルゲン・ハーバーマス／ヨーゼフ・ラッツィンガー述、フロリアン・シュラー編『ポスト世俗化時代の哲学と宗教』三島憲一訳、岩波書店、二〇〇七年参照。
（5）L. P. Hemming, *Radical Orthodoxy?* Aldershot: Ashgate, 2000.
（6）ホッブズ『リヴァイアサン　第二』水田洋訳、岩波文庫、一九五四年、二一―二一〇頁。
（7）The Use of Money, Sermons 2: 309ff. この説教のテキストはルカ福音書一六章九節である。一七四八年から始めて、その後しばしばなされた。
（8）兼田麗子『大原孫三郎——善意と戦略の経営者』中公新書、二〇一二年、九六頁。
（9）ルカ福音書一四章一五―二三節。S. Hauerwas and J. Vanier, *Living Gently in a Violent World: The Prophetic Witness of Weakness*, IVP Books, 2008, 35. 特にイエスの「貧しい人、体の不自由な人、目の見えない人、足の不自由な人をここに連れてきなさい」（二一節）を解釈するバニエの説明を参照。
（10）榊原巌『殉教と亡命——フッタライトの四百五十年』平凡社、一九六七年、三頁。
（11）榊原巌『良心的反戦論者のアナバプティスト的系譜』（アナバプティズム研究叢書）平凡社、一九七四年、三三七頁。
（12）L. Bretherton, *Hospitality as Holiness: Christian Witness Amid Moral Diversity*, Wey Court East: Ashgate, 2010.
（13）ヴォーリズ『アメリカ人教師の日本体験記』一粒社ヴォーリズ建築事務所、二〇〇八年。
（14）『伝道と建築——W・M・ヴォーリズとその兄弟達』一粒社ヴォーリズ建築事務所編・刊、二〇〇八年、四五頁。

(15) 一柳米来留『失敗者の自叙伝』湖声社、一九七〇年、二一九頁。

(16) 同書、三〇五頁。

第6章　物語のキリスト論と意識の価値転換

佐藤敏夫著『キリスト教神学概論』の第三章「教義学的陳述とメタファーならびにストーリー」を読むと、次のような重要な文章があります。「聖書の文書の中で物語的テキストが第一義的機能を果たすとすれば、われわれはさらに進んで教義学的陳述においても物語的陳述が第一義的機能を果たすと言いうるであろう」[1]。私もこの物語的陳述を第一義的機能とする「物語の神学」の方法論と内容に魅力を感じています。この物語の神学の背景には色々な要素があり、モダンもポストモダンも超える力を持っていると思いますが、ここでアメリカの一人の哲学者と一人の神学者を紹介しましょう。

カトリックの哲学者アリスデア・マッキンタイアは、『美徳なき時代』において、物語の意味を人間理解の上での社会学的還元と実存主義を克服するものと考えています。彼は、現代社会の問題を官僚主義的制度と情緒的個人主義に見て、この点についての問題提起をしながら、実存主義も社会科学も真の解決を示すことができず、人生を統一体として見ることを可能にするのがむしろ「物語の方法」であるとします。この「物語の道徳哲学」は、前述のように、人間を社会の役割で判断する社会学的役割論とみずからを区別し、さらに社会と実存を分離する実存主義ともみずからを区別します。このような物語的歴史を描くことにおいて、人間は歴史的であり、さらに社会的でもあります。つまり、ここで考えられている人間は、「歴史的主体」でありつつ、しかも他者との問いかけの相互作用でためされる「申し開き能力[2]（accountability）」を持っている存在だからです。そして、このような歴史的また社会的な存在は、共同体によって育てられるものです。従って、この物語的自己は、つねに共同体のもつ物語にその主体性と他者との相互作用の力の源を得るのです。

歴史神学者J・H・ヨーダーは、その『イエスの政治[3]』で、「聖書的リアリズム」の立場で、聖書物語を生活形成に生かそうとします。その意図は、キリスト者の生活形成において、自然法的言語に頼らず、聖書の報知するイエスが生活の規範であると受け入れることです。それは、「福音書物語」がそのままで「社会倫理」となるということです。これが彼によれば本来の「受肉論の徹底」であると考えられます。なぜなら、神の言葉は、イエスの人格だけでなくその地上の生の物語にも受肉したからです。そこで、ヨーダーはルカ福音書のイエス像を「ヨベルの年の解放」から解釈し、メシア・キリスト論を展開します。この福音書のメシア・キリスト論は、そのメシアとの出会いにおいて、人間が人間を自分で定義した壁を打破し、「新しい人間の誕生」を促すものとするからです。このメシア・キリスト論は「十字架の絶対的アガペーが勝利」であることを告げます。そして、新しい人間の誕生は、このメシア・キリストに対する「弟子性」において実現するのです。このキリストに従う弟子としての歩みの中で、新しい人間が誕生し、この世の価値観と衝突する時に苦難が生じるのです。ここでは単純に「犠牲者の声は神の声」というわけではなく、イエスに従う者の苦難が苦難の名に値するのです。そこで、ヨーダーが提案する生活形成が、聖書の家庭訓の中にある初代教会の「革命的従属」です。彼は、そこに「十字架の絶対的アガペー」の反映があると言います。それは従属的な人々にさらに「自ら進んでその従属を引き受けよ」と呼びかけますが、それは「自発的従属という逆説的な自由の行使によって、現在の状態においてすでに自由は実現されている」という確信に由来しているのです。この従属的革命は、小羊の戦いに参加することです。ここに、私たちは、もう一つの物語の神学の背景にある主張を見るのです。

物語の神学の特徴

神学の世界で勢いをえてきた「物語の神学」の一般的な特徴をあげますと、第一に、物語の神学は、信仰を伝達する方法論の問題に関わっています。私たちは他者に信仰の内容を伝達するために、それを自分の物語として語る、つまり証しするのです。さらに、信仰の内容をある人物の生き方をとおして伝達する方法も重要です。このことは、最近の神学があらためて、信仰内容の伝達方式が物語という形式であることに気付いたと言えます。たとえば、黒人の神学者ジェームズ・コーンは、自伝風な神学書を記しました。ここにおいて、命題的な教義を越えた、より豊かな人間の生に密着した神学的表現が可能になったと考えるべきでしょう。しかし、ここで人間の多様な生に関する神学的表現が可能にされたとしても、物語の神学からすぐに多様な生命の活動に由来する「多神教的思考」を引き出そうとするのがデビッド・L・ミラの『甦る神々』[4]です。これは、心理療法家の河合隼雄などに関心を持たれている点ですが、キリストに現われた神という聖書の使信の響きから考えるといささか短絡的逸脱と言わざるを得ません。

第二に、聖書解釈をめぐる立場です。伝統を批判しつつ近代啓蒙主義の傾向をもった聖書解釈が歴史的、批評的文献学の方法によってなされてきたのはよく知られていますが、それがかえって「聖書の世界のリアリティー」を奪ってしまったのではないかという反省が起こりました。その反省から、ハンス・フライなどの「物語の神学」は生まれたのです。私たちの生きている世界に聖書がどんなリアリティーを提供してくれるかを知るために、むしろ、私たちの人生と世界を聖書の世界に投入して人生にリアリティーを得るという聖書の読み方です。たとえば、文化人類学者クリフォード・ギアーツによれば、象徴体系としての宗教は「完全な現実性」[5]を生み出し、強化しているのです。そうだとすると、きわめて洗練された象徴体系である聖書の物語によって、世界と人生に完全な現実性を与えられることになるのです。

第三に、その聖書は、イエス・キリストの生涯を「福音書という物語形式」で語り、さらに弟子たちがイエス・キリストに招かれて彼に従った「応答の物語」として語ります。この点でいえば、福音書は、二つのアイデンティティーを主題にした書だと言えます。それは「イエス・キリストのアイデンティティー」と「弟子たちの応答のアイデンティティー」です。結論から言えば、このイエス・キリストのアイデンティティーが神のアイデンティティーと一致し、イエス・キリストに従う弟子のアイデンティティーが人間の本来的アイデンティティーの成立となるのです。この神と人との「物語的自己同一性」によって、神学的倫理もさらに必然的に社会倫理を構築しようとするのが物語の神学の特徴でしょう。この点で、上述のヨーダーの『イエスの政治学』の影響は大いなるものです。彼の福音書物語の神学というモチーフによってキリスト教の自己同一性が確保されるのです。しかし、モチーフといったのは、ヨーダーは、神学的方法論としては厳密な物語の方法をとっているか課題があるからです。

さらに、第四に、教会は、イエス・キリストの物語と弟子たちの応答の物語を記憶し、想起する共同体です。その記憶と想起によって起こる出来事は、解釈共同体である教会の実践によってなされるキリスト者の性格形成なのです。これは、ハワーワスなどのキリスト教倫理の方面から言われています。これまでキリスト教倫理は、十戒、山上の説教などいわゆる戒めの解説に関わっていましたが、キリスト者が喜んで戒めを実行する性格が形成されていなければ、それを行う主体になりません。そこで、主イエスとともに生きる者の性格形成が問題になるのです。そのとき、物語が実力を発揮します。物語が人格形成に影響を与えることは、昔から知られていることだからです。したがって、物語は、キリスト教倫理の実践的主体を形成することになります。

イエス・キリストの物語的自己同一性

物語の神学におけるキリスト論を構築する前に、近代から現代にかけてのキリスト論を振り返っておきましょう。そこには四つのモチーフがありました。第一に、近代の神学者シュライエルマッハーは、イエスの神意識という きわめて当時の近代人に理解しやすい概念でキリスト論を説明しようとしました。しかし、これは、ジョン・ヒックにも通じる方法ですが、聖書の証言がそもそも神意識の視点からではなく、十字架と復活の出来事への信仰によって記された事実にそぐわないでしょう。さらに、第二に、アルベルト・リッチュルは、救いの経験をキリスト論の説明に用いました。この立場はルドルフ・ブルトマンの実存経験を鍵にするキリスト論と、さらにエドワード・スヒレベークスのイエスの「アッバ経験」と初代教会のキリスト経験の一致を語るのとも軌を一にしています。しかし、この立場は、救いの経験に先立つ優先すべきイエス・キリストの自己同一性をおろそかにしていると言わざるを得ません。第三に、解放の神学は、イエスを解放者として理解しています。そこには、イエスの生涯と宣教活動への集中さらに弟子性（discipleship）への関心があります。ジョン・ソブリノとジェームズ・コーンがそうですが、彼らは神学と倫理学の必然的結合を示したものの、倫理学が神学に取って代わったのではないかと思われます。つまり、人間的意図としての解放の優先です。第四に「下からのキリスト論」を主張したパネンベルクは、復活がイエスの真の自己同一性を成立させていると理解させてくれました。しかし、彼の場合には、弟子性の欠如があると言わざるを得ません。

さてそこで、イエス・キリストの「物語的自己同一性」を主張する立場ですが、この立場はイエスの自己同一性を明らかにするのに、何よりも聖書の物語に注目します。聖書の部分的な譬えに注目する立場もありますが、福音書全体が幅広い物語だと考えます。その福音書全体を物語として受けとるなら、ストロープによれば、その物語の素材としては、登場人物、筋書き、サスペンスが考えられますが、そのすべてが神の恵みの出来事につながるものとして理解されなければならないのです。福音書は、「イエス・キリストにおける神の恵みの物語として聞き、また読むことを抜きにして[7]」理解することはできません。さらに、この福音書物語は、教会のキリスト告白に根拠を提供し、弟子性についての実践的想起を提供することを目的にしているのです。

それでは、物語的キリスト論の独自性は、どこにあるのでしょうか。それは、第一に、「存在」とか「実体」という形而上学的用語によって、神性と人性の結合を語ろうとするのではなく、「イエスの真の自己同一性は何か」を語ろうとするところにあります。つまり、受肉論で言えば、言葉は肉体となったという受肉論ではなく、神の言葉はナザレのイエスの物語における歴史的人格において肉体となったと主張する受肉論です。第二に、その自己同一性については、福音書物語とは、ナザレのイエスの人格史の決定的な事件を中心にしたものであると報告し、それを核にした解釈によって構成された物語によってイエスの自己同一性を証ししているものとします。したがって、第三に、物語的キリスト論は、そこにイエス・キリストのリアルな規定を発見しようとします。したがって、第三に、物語的キリスト論は、福音書という聖書物語の背後に史的イエスを発見しようとするのではなく、その物語そのものの中に同定された人格像をキリスト論の土台とします。

しかし、この立場は、聖書そのものを伝記というより、信仰告白として受け取る一方で、この中には聖書物語の歴史的性格を曖昧にしている立場がないわけではありません。その意味では、K・バルトもH・フライも、聖書物語を歴史的でもなく、また非歴史的でもないと理解しています。フライによれば「歴史的なもの」ということになります。しかし、イエスの救いの意味を徹底的に考える者にとって、イエスの物語がただ「歴史的なもの(history like)」であるだけだとすると、この立場はドケティズムの誹りを免れません。しかし、すべての物語の神学がこの「歴史的なもの」のみで良いと判断しているわけではないのです。この歴史性を補うために、イエスに従う弟子性の視点、それとの関連で信仰共同体である教会の視点を強調するのがハワーワスであると言えるでしょう。

ハンス・フライの貢献

では、どのようにして「物語的キリスト論」は、イエス・キリストの自己同一性を把握するのでしょうか。先駆的な仕事であるハンス・フライの『イエス・キリストの自己同一性』は、その一つの重要な解答です。彼は、「ステージ」という用語で、イエスの人格史における自己同一性を福音書物語の中に分析していきます。第一のステージはイエスの誕生物語と幼子イエスの物語ですが、この段階では、福音書は、イエス自身がその自己同一性を所有しているようには描いていないとします。むしろ、誕生物語は、イエスの理解にイスラエルの歴史を必要なコンテキストとしているのであって、イスラエルの歴史、伝承、信仰がイエスに自己同一性を与えているという。したがって、イエスは、彼自身の自己同一性を持っているというより、イスラエルの預言が彼に自己同一性を与えているとします。第二のステージは、イエスの受洗からエルサレム行きの決断までです。この物語のステージにおいて、イエスは、個人として自己の権利を持ちはじめることになります。それは、神の国の宣教とその実現をめざす実践によって、イエスがガリラヤで活動したことを示していますが、ここでもイエスの自己同一性の表現は完成してはいません。それは、神の国が彼に自己同一性を与えているからです。

さらに第三の最終のステージは、イエスの十字架と復活をめぐる物語です。ハンス・フライの福音書物語の解釈によると、この場面で主客が見事に転倒するのです。フライは福音書物語のイエスの裁判と十字架、とりわけ復活の段階で、キリスト論の「尊称の意味」が見事に開示されると考えます。もはや、キリストやメシアという尊称がイエスを同定するのではなく、「イエス自身がその尊称の意味を開示する」[8]のです。それが十字架にかけられ復活したイエスです。換言すると、第二のステージのように、神の国がイエスに自己同一性を与えるのではありません。むしろ、十字架にかけられ復活したイエス・キリストが神の国に自己同一性を与えるのです。この場面で、イエス・キリストがご自身を神の国であると啓示されたのです。また第一のステージのように、イスラエルがイエスに自己同一性を与えるのではないのです。むしろ、イスラエルに与えられた約束がこのイエス・キリストという独自の出来事において実現されたとするのです。つまり、このイエスにおいて、イスラエルの運命と自己同一性が明らかになったと第三ステージは告知するのです。

この第三のステージにおいてイエス自身の自己同一性が完全に啓示されたというのが福音書のイエス物語の語るところですが、しかし、このステージは、他の二つのステージと切り離すことはできません。イスラエルの歴史を想起することや神の国の宣教がなければ、十字架につけられ復活したイエス・キリストのドラマティックな「主客転倒」もないのです。つまり、第三のステージだけでは、イエス物語は理解できないし、イスラエルの約束の成就や神の国の宣教との関連で起こる第三ステージの筋書きに重要な物語の要素である「サスペンス」もなくなってしまいます。たとえば、弟子たちは神の国に招かれたが、神の国の宣教と十字架にかけられ復活したイエス・キリストが切り離されてしまうなら、キリスト論と弟子性の間が分離してしまうのです。

さて、物語キリスト論は、先に述べたように受肉論に再解釈の糸口を与えます。それは、どのようなものでしょうか。物語キリスト論から考えると、受肉は、ナザレのイエスに神的な部分があるとか、神性と人性の結合があるという議論ではなく、まさにイエス・キリストの物語的自己同一性が「神の自己同一性」の開示であると示すのです。つまり、福音書物語は、イエスの自己同一性だけではなく、彼を神の意図の実演者として同定するのです。物語的自己同一性を福音書に当てはめると、イエスの自己同一性が神の意図の実演者であると主張するのです。イエスは、彼の復活において最高度に自己自身となるが、それはその出来事において神の最も深い意図がナザレのイエスの人格に同定されたことを確証するからです。福音書において、復活は、読者の注目をその物語のすべてに向けさせ、まさにイエスの物語的自己同一性に神の自己同一性が現われたと、世界のすべての人々に主張する。そのように捉えているのです。

それでは、どのような仕方でイエスの物語的自己同一性が神の意図を表わしているのでしょうか。次にそれを考えて見ましょう。

傷つきやすい（ヴァルネラブルな）神

ハンス・フライによれば、次のようになります。キリスト論を論じることにおいても、教理が物語の意味を規定するのではなく、むしろ物語が教理の意味を規定するのです。教理は物語を理解するためのキーワードにすぎません。別の言葉で言えば、聖書の解釈の目標は、物語そのものの力と現実を読者に伝達します。そのときに、読者は、応答と服従を与えられ、新しい人格に変革されます。教理は、むしろ読者に物語を新しく理解するための糸口を提供するにすぎないのです。

さて、福音書の叙述については、イエス・キリストの物語を理解することは、これを神の物語として認識することです。それは、神の物語であるかぎり、不思議な仕方で勝利する物語です。いやむしろ福音書を物語る者は、イエスとの出会いによって圧倒され、その喜びの輝きを神の意思として表現しました。私たちも、福音書のイエス物語を読めば読むほど、不思議な思いにかられます。それはあたかもサスペンスを読んでいるような緊張感を生み出します。たとえば、マルコによる福音書のタイトルは、「神の子の福音」ですが、「神の子」という言葉はなかなか登場人物の口にのぼらない。福音書において、物語が進むにしたがって、イエスは無力になり、自由を奪われていくと言わざるを得ません。しかし、イエスが無力になり、その自由が束縛されればされる程、この世の救い主としてのイエスの働きが頂点に向かっていくのが、福音書の不思議な筋書です。その物語において、イエスは、自由を放棄するように見えますが、その献身あるいは服従において、まったく自由に神と同一化していくのです。十字架の赦しの愛におけるシャロームの完成であるというわけです。

さきほどからのフライの主張を繰り返しますと、教理としてのキリスト論は、物語に取って代わるのではなく、その理解を助けるものです。マルコによる福音書では、最初に「神の子イエス・キリストの福音」という自己同一性を表わすタイトルが出てきますが、この物語が進むにつれて人間の常識的な判断と交差し、献身するイエスは無力になり、神と共になると同時に人間的に無力になっていきます。最終的に、その物語において、彼は、全く無力になり傷つけられ十字架に架けられる、まさにそのとき「神の子」と告白されるのです。フライは、それは無力と有力の不思議な共存であると言います。それは、不思議な愛の力です。C・S・ルイスによれば、「愛とは、傷つきやすさ」です。あえて言えば、神の子は、そのような仕方で「傷つくこと」によって、その姿を認識されたのです。つまり神の愛は、その「傷つきやすさ」にその力を現わしたというべきでしょう。この告白はもちろん、私たちに対して、神が何者であるかを認識するのを助けます。福音書が示している神の自己啓示の物語とは、まさに神が喜んで傷つく愛に自己を同一化した物語となるのです。(9)

この福音書の物語において、神は、イエス・キリストの出来事において、まさにその自由を完成し、その自由があるからこそ喜んで愛の冒険をしたのです。その愛の冒険とは、傷つくことを恐れない「ヴァルネラビリティの冒険」です。この福音書物語において、イエスは、神と人間の両者を示しています。人間に関して言えば、彼は、常識的な選択の自由ではなく、神への献身において真実な自由がどのようなものかを示したのです。神に関して言えば、神は、被造物に対して傷つきやすくなる程に、御自分を自由な愛の神として示したということになります。このマルコ福音書の物語によると、神は、全知全能というより、「傷つきやすい（ヴァルネラブルな）」イエスに自己を啓示したということになるのです。これが神の自由な愛です。そのようにフライは説くのです。

「神の力」というコンセプトの転換

以上の「神の傷つく愛における不思議な勝利」という物語的使信を考えると、私たちは、神の力の理解について、新鮮な示唆を受けます。ドイツの現代神学者ユンゲルは、「キリスト教の神についての責任的な用語にとって、十字架につけられた方がまさに神という言語の意味するものに関する真の定義である(10)」と言います。マルコによる福音書を神の自己同一性の物語として考えると、私たちは、そこにおいて完全な愛と自由の神と出会うのです。その場合の愛は、上述したように、喜んで傷つくほどの冒険をする力強い自由な愛です。それを別の言葉で言えば、次のことを意味します。愛は、危険をおかす自発性であり、その行為によって自分も影響を受けてしまうような仕方で他者を配慮することです。それは、他者に自分を与えても、拒否する機会も他者に与えるのです。カーター・ヘイワードによれば、「むしろ、イエスは、痛みと苦難の中に、また被造物自体の中に、不思議な仕方で到来した。イエスは、不思議な神のイメージで、真の人間であるという使命を受け入れたのである」(11)ということになります。彼女によれば、聖書の物語において、神の力は、不思議な力です。マルコ福音書の物語る神の自己同一性にとって、力という言葉は、注意して用いなければならない、しかし重要な概念です。

ここで神の力について考えてみましょう。一方で、神の「いとも不思議な力」は、たしかに一種の力です。キリストは、十字架の死と復活によって、人間とこの世を変革しました。その意味では、力強い救いをもたらしました。他方で、福音書の環境である古代の文化や今の近代文化は、力について異なった考え方をしています。それは、十字架の力というより、恐怖心に基づいた力、支配欲による力、いつも暴力に変わりやすい力です。その意味では、この文化的に汚染された力という言語を使用しないほうが良いでしょう。しかし、力という言語を放棄すると、神学的に、また倫理的に、落とし穴ができてしまいます。それは、神学的にいえば、神の創造、保持、贖罪という力強い業を失ってしまいます。倫理的に言えば、私たちが無力の中に退却すれば、キリスト者が政治的行為の曖昧さから逃避する言い訳を作ってしまいます。

このようなジレンマに対して、まず神は喜んで自由に愛する方であると定義して、その中で力を論じたいのです。そう定義をすれば、神の力はその自由な愛の文脈でのみ語られることになります。

このように考えると、それは国家の使用する力と明確に異なってきます。国家は軍事力という力を行使しますが、それは敵対国が攻めてくるという恐怖心に対応しています。アウグスティヌスは、いわば乱世の神学者ですが、『神の国』において、征服によって出来たものは、「ガラスで出来たはかない輝き」であると言います。彼は「正義なき王国は大盗賊団である」というタイトルで、次のような興味深いエピソードを残しています。

事実、アレキサンドロス大王に捕らえられた海賊は、大王に対して優雅かつ真実に、次のように答えたのである。すなわち、王がこの男に向かって、どういう了見でおまえは海を荒らしまわっているのかと尋ねたところ、その男は何らはばかることなく次のように豪語した。「あなたが全世界を荒らしまわっているのと同じ了見です。わたしはそれをちっぽけな船舶でしているから海賊と呼ばれているのですが、あなたは大艦隊でやっているから、皇帝と呼ばれているのです(12)」。

本当の力は、むしろ、後述するように、社会の意識を変化させる愛の力なのです。まさにシャローム・モデルです。

またもっと身近な事実を考えて見ると、両親でも、愛する子供を支配しコントロールすることがあり、彼らは自分の弱さと傷つくことを避けるために親としての力を使用します。しかし、神は、このような意味での力を持つとは言えません。神は、自由に愛することのできる方です。自由に愛する神は、恐れることなく、喜んで「傷つく冒険をする力」だということができます。神の力は、皇帝の権力ではなく、十字架のイエスに現れた力です。

ここで問題提起をしてみたいのです。ディートリヒ・ボンヘッファー（一九〇六―一九四五）はその獄中書簡において有名な言葉を残し、キリストは全知全能によってわれわれを助けるのではなく、「彼の弱さと苦しみによって助ける」と言いました。たしかに、全知全能の力が愛の冒険をしないと言うのなら、そうでしょう。しかし、ある女性の神学者が次のようにも言っています。「もしわたしが真っ暗な穴の中に落ちて、手足をけがしたなら、本当に必要な救い主とは、明かりを持ち、長い梯子を持っていて、力強くまた喜びと確信を持って、穴の中からわたしを助け出してくれる方であって、わたしと同じ穴の中で苦しみながら座っている神ではない」[13]。たしかに、聖書の神は、永遠の同伴者以上です。神は、ただ弱さと苦しみによって助けるのではなく、喜んでなす自由な愛の冒険によって力強く救うのです。神は、愛によって行動する力があるゆえに助けることができます。愛は、喜んで傷つく冒険をする力があるのです。愛はそのような力を持つのです。それに対して、人間の裸の権力は、無関心を生み出し、また傷つくことを恐れるところから生じるものです。裸の権力とは、思慮を持った大人の思想ではなく、幼児性のもたらすものです。カリギュラというローマの皇帝は、小児病的権力欲を持っていたのです。神にこういった力の概念を用いることは、バルトによれば、むしろ冒瀆です。神の力はあくまでも愛の力だからです。神の力は、支配せず、暴力に陥らず、喜んで他者を配慮する愛の行動をするのです。

神は心を持っている。彼は感じることができ、また感受性もある。彼は不受苦ではない。彼は外的な力によって、外から動かされることはないが、それは自分自身によって動くことができないわけではない。むしろ、神は動かされ、刺激されるのである。しかし、私たちのように無力においてではなく、彼の自由な力において、またそれ自身の内的な存在においてそうなのである。[14]

たしかに、神の自由な愛は、動かされ、刺激され、苦しむことができる、その意味で言えば、モルトマンなどがしばしば言うように、苦しみそれ自体が善なのではないのです。むしろ、自由な愛が善であり、その自由な愛が喜んで苦しむ冒険をし、暴力と不正に満ちたこの世において傷つくことも恐れないのです。愛は自らを傷つきやすいものとするときに損得を考えないのです。傷つきやすくなることは、愛する自由を実行するときに経験するものです。

もちろん、私たちは人間であり、神ではないので他者の苦悩に対して自らを無限に開くことはできません。それは、私たちが耐えられない苦悩を受けて、自分を破壊することになります。しかし、神には、耐えられないような苦悩はないのです。したがって、神を信じることは、神が愛においてすべてを受け止めることができると信じることです。このような神を信じることによって、私たちは、あえて愛の冒険をします。C・S・ルイスは人を愛することはすべて傷つきやすくなることであると言います。

いやしくも愛するということは、傷つけられやすいということである。なにかを愛せよ、そうすればあなたの心は確かに締めつけられ、おそらく傷つけられるであろう。もしあなたがあなたの心を確信をもって害われないままにしておこうと思うならば、あなたは誰にも心を寄せてはならない。……そういう心は傷つけられることがないであろう。心はくじけず、無感覚に、済度し難くなるであろう。悲劇、あるいは、悲劇の危険に至るにあらずんば、堕獄あるのみ。天国以外で、あなたが愛のすべての危険や不安から完全に自由でいられる場所は、地獄しかない。(15)

このような愛の冒険によって、私たちは、倫理的課題へと向かうのです。そこで、社会の現実と愛の冒険を結ばせる社会倫理的課題を考えていきましょう。

倫理的な力とは「共生の力」

さて、神の愛によって私たちが変えられて、愛の冒険することは、ボーナスのように人生に追加されるものではなく、また篤志家がまれに行うような非日常的なものでもなく、まさに神のかたちである人間が本来の人間になることです。ということは、あの愛の冒険と社会の現実を考察することですが、敢えて言えば、それによって、公の領域で人生が人生となり、社会が社会となる、ということです。

政治哲学者ハンナ・アレントによれば、人間が真の社会を形成するのは、暴力に訴えるのではなく、まさにこのような愛の冒険をすることです。彼女は古代ギリシアのポリスの生活において、権力とは本来「共生の力」だと言います。彼女のそのままの言葉を引用すれば、「関係を樹立し新しいリアリティーを創造するために用いられる」ものです。それは、興味深いことに、公の場に現われた愛の力ということになります。また、それは言論と活動の公的領域を支えるものです。その力の出現する条件を「ところで、権力が実現されるのは、ただ言葉と行為とが互いに分離せず、言葉が空虚でなく、行為が野獣的でなく、言葉が意図を隠すためでなく、リアリティーを暴露するために用いられ、行為が関係を侵し破壊するのでなく、関係を樹立し新しいリアリティーを創造するために用いられる場合だけである」[16]とします。つまり、信頼に満ちた新しいリアリティーを創造するのが本当の力です。それは現実にはなかなか現れにくいかもしれないが、それなしには共同体は実現しないのです。「人間生活の条件のもとで、権力に代わりうるものは体力（フォース）ではなく実力（ストレングス）である。……実際実力とは、人間だけがその仲間に対して行使しうるものであり、一人あるいは少数の人々が暴力手段を手にすることによって独占的に所有することのできるものである。しかし、実力あるいは暴力は、権力を滅ぼすことはできるが、決して権力の代替物になることはできない」[17]。

ここでアレントがいう本当の力とは、共生の力ですが、彼女によれば、この関係を新たに樹立する力こそ、赦しの愛、神のシャロームです。彼女によれば、赦しは、「真の政治的経験」の一つです。と言うのは、私たちが自分の行為の責任を追求され、その報いを刈り取らなければならないとするなら、因果応報の鎖に縛られてしまい、少しも自由な行為者になれないからです。私たちは、自分の行う行為から絶えず互いに解放されることによってのみ、自由な行為者にとどまることができ、常に自発的に自分の心を変え、新たな出発点に立つことができます。そのことによってのみ、私たちは、歴史において新しい試みをなすことができるのです。歴史的行為者になれるのです。したがって、ハンナ・アレントによれば、復讐の対極に赦しの愛があることになります。私たちはここに改めて公的領域における倫理的な力としての愛を教えられます。今日の多くの人は、力を古代ギリシアの主神ゼウスをモデルとして考えます。それは、支配し、勝利し、プロメテウスを岩に縛るものです。しかし、愛は、現実のいと深きところから、歴史を変える力を持っているのです。聖書の物語によれば、暴力的な力という意味では弱く、愛において強い神だけが、世界の痛みを引き受け、喜んで十字架で死ぬことができたのです。イエス・キリストの神はそのような仕方で私たちを自由な行為者としたのです。そして、復活のキリストにおいて神を信じるものは、喜んで愛を最優先にした新しい命を生きる力を与えられるのです。シャロームに参加する行為者になれるのです。

このようにして、キリスト教の公の愛の力は、真の神を認識し、真の人間を認識するところから生まれ、さらにその認識を福音書のイエス・キリストの物語にしたがって生きるところに効力を発揮するのです。

（1）佐藤敏夫『キリスト教神学概論』新教出版社、一九九七年、三九頁。佐藤敏夫氏は東京神学大学で長く教え、大学紛争のあとの困難な時期に学長として責任を担われた。
（2）アリスデア・マッキンタイア『美徳なき時代』篠崎栄訳、みすず書房、一九九三年、二二六―七頁。
（3）J・H・ヨーダー『イエスの政治――聖書的リアリズムと現代社会倫理』佐伯晴郎・矢口洋生訳、新教出版社、一九九二年。
（4）デイヴィッド・L・ミラー『甦る神々――新しい多神論』桑原知子・高石恭子訳、春秋社、一九九一年、二三九頁以下。
（5）C・ギアーツ『文化の解釈学（一）』吉田禎吾ほか訳、岩波書店、一九八七年、一八六頁。
（6）S・ハワーワス『平和を可能にする神の国』東方敬信訳、新教出版社、一九九二年。
（7）J. W. Stroup, *Jesus Christ for Today*, Westminster John Knox Press, 1982, 82.
（8）H. W. Frei, *The Identity of Jesus Christ*, Fortress, 1975, 136.

（9）Ibid., 112-17

（10）E. Jungel, *God as the Mistery of the World*, Wm. B. Eerdmans Publishing Company, 1983, 13.

（11）C. Heyward, *Our Passion for Justicee: Images of Power, Sexuality, and Liberation*, Pilgrim Press, 1984, 13.

（12）アウグスティヌス『神の国（一）』金子晴勇ほか訳、教文館、一九八〇年、二四七頁。

（13）J. Northam, The Kingdom, the Power and the Glory, in *Expository Times* 99, 1988, 302.

（14）Karl Barth, *Church Dogmatics* 2/1, T & T Clark, 1957, 370.

（15）C・S・ルイス『四つの愛』蛭沼寿雄訳、新教出版社、一九六一年、一六〇頁。

（16）ハンナ・アレント『人間の条件』志水速雄訳、筑摩書房、一九九四年、三二三頁。

（17）同書、三二五頁。

第7章　神学とポスト・モダンの経済倫理

本章では、近代社会の問題をポスト・モダンあるいはポスト・リベラルの立場から理解していきます。私たちが生きている高度消費社会は、すべてを個人の嗜好にもとづいて選択する個人主義のため公共社会が断片化した、という問題を持っています。日本で目につく、駅前の放置自転車などもその例かもしれません。この公共社会の崩壊という問題は、以前に注目をあつめたダニエル・ベルの『資本主義の文化的矛盾』の指摘が先駆的でしょう。キリスト教倫理学者ラリー・ラスムッセンは、その先駆的な指摘を「一つの天啓」であったとまで言います。つまり、ダニエル・ベルは一九七六年の著書の中で近代の消費社会の「無限の自己満足の追求」が「自制心」や「限界の感覚」を喪失させたと言います。[1] さらに、その五年後の一九八一年に、アラスデア・マッキンタイアの『美徳なき時代』が出されて、近代社会の民主的自己と言われた人間観が実は意志や知的判断力と関わりのない「情緒的自己」であることが暴露されました。さらに、彼の書物の日本語訳の序文では、日本社会にも「啓蒙主義のプロジェクト」の病根があることを示唆しています。つまり「もし啓蒙主義に特徴的な近代性が、『美徳なき時代』の議論が提示しているように、道徳の断片化と不毛な衝突との源であるならば、日本の近代性もまた、断片化と衝突という同じ可能性に対して傷つきやすいものであることが考えられます[2]」とあります。ここでは、日本の近代化も啓蒙主義の産物であることが遠慮がちに指摘され、同じような公共性の喪失があるのではないかというのです。もちろん、日本社会には前近代性も温存されていますが、大学制度や市場経済などの輸入には、啓蒙主義が色濃いといえるでしょう。この点の指摘は、後述するようにダニエル・ベルにおいても同じでしょう。さて、一九八五年に、ロバート・ベラーらが出版した『心の習慣――アメリカ個人主義のゆくえ』も、公共社会の崩壊を社会学的手法によって分析しました。[3] 端的に言えばこれらの指摘は、高度消費社会において、市民性が「個人主義的消費者」に占領されてしまったと言っているのです。それは、日本において市民社会の理解が底の浅いものであったことも物語っています。だから、最近では、これらの消息を「市民」ではなく「私民」たちに占領されてしまった社会とする主張も出てきているのです。

あらためて、現代社会の特徴を考えるダニエル・ベルの『資本主義の文化的矛盾』を例として取り上げていきます。原著は日本語訳と同じ一九七六年に出版されましたが、日本語訳の序文には、その出版の意図が記されています。すなわち、「現代のように、社会の価値観が無制限の欲望に向かっているときに、政治体制はどのように運営されるべきかという問題に取り組んでみたい」とあります。そこには、無制限の欲望追求に対する「危機感」が表明されますが、問題の所在は、二つありました。第一は、「かつて文化と経済をひとつに結びあわせていた絆が解体したことである」と。さらに「もうひとつは、快楽中心の価値観が、われわれの社会の主要な価値観となってしまったことである」[4] とあります。つまり、第一に、アダム・スミスが経済学者ではなくて、道徳哲学者であったように、経済活動が深い文化的価値と共存していた、というのです。しかし、それが独立して自分だけの法則で動き出したのが経済学の自律です。第二は、快楽中心の価値観が主流になったという。つまり経済学を支えているのが功利主義の哲学であったが、いまやそれが快楽主義になり社会の主流となってしまったと嘆いているのです。

そして、彼は、私たちが社会を分析するときに重要な提案をします。それまでの社会科学は、すべて社会を統一体として論じてきましたが、ダニエル・ベルは、社会をある程度独立した三つの領域と考え、それらが不安定ながら融合して社会全体を形成するのだと分析するのです。その三つの領域というのが、「経済」と「政治」と「文化」だというわけです。そして、それぞれの領域は、別々の法則で動いている、あるいは運営されているのです。彼によると、経済は「機能性」、政治は「平等性」、文化は「自己実現」を支配原理としていると考えます。この三領域の中の「文化」とは、個人の自己実現以上の事柄をさしていて、宗教も含んだ「高次の人間性」の展開ということになります。高次のというのは、生物学的な人間存在ではなくて、人格的な人間存在つまり生の質に関わる判断を持つ議論を念頭に置いています。ベルは、哲学者エルンスト・カッシラーの「象徴哲学」を念頭において、人間は、豊かなイマジネーションを使って、「自分の生きている意味」を確認すると言います。彼の言葉を引用すると、文化とは、「絵画、詩、小説において、あるいは祈禱、礼拝、儀式といった宗教的な形態において、人間存在の意味を探り、何らかの想像力豊かな形式のもとに表現しようとする努力である(5)」といいます。こういった「高次の文化的存在」を、機能性を支配原理とする経済活動が破壊して、公共社会が快楽中心の社会になってしまったのではないかと嘆くのです。この人間観の回復は、大きな課題となるのです。

そこで、彼が回復したいと願って提案するのが「公共家族（public household）」という考え方です。この言葉は、むしろ「公共経済」と訳すべきであったでしょう。つまり、家庭生活を中心に考えてもいいが、市民生活における「公共精神」を育てなければならないということです。ダニエル・ベルは、市民のもつべき公共精神を「市民意識とは、人々が何の抵抗感も持たずに他人の権利を尊重すること、公的なものを犠牲にしてまで私的な利益を追求しないことである」と定義しています。市民意識が喪失した場合、各人は自分の思い通りに生き、公共の利益を犠牲にしてまで達成しようとする利益の追求に走るといいます。そこで、彼は、日本の問題にも触れて、経済成長によって、自分勝手な風潮が広まらないだろうかと、一九七六年の段階で心配しています。残念ながら、この心配は見事に当たったといえます。それでは、市民意識はどのように育つのか。それは、古代ギリシアの「ポリス」にあったような公共性を優先する生き方で、具体的に言えば、学校や医療設備さらに公共の交通機関また裁判所などを尊重する姿勢です。

この問題は、この市民生活をなりたたせる市民意識が、ポリスのある程度小規模であった空間によって育まれていた、ということです。近代的民主社会の祖の一人であるルソーの『社会契約論』でも道徳社会は小規模であると考えられていました。ダニエル・ベルも「相互の信頼を保ちうるような小さな社会においてのみ、人は互いに責任を持ち、管理することができる」と言います。それでは、市民意識は、メガロ・ポリスという大都会では養われないのでしょうか。彼が示唆しているのは、大都会そのものではなく、その中のギルドのような専門家集団です。それは自己の規律と自己の信条をもった職業集団だと言っています。私たちの用語では「顔の共同体」でしょう。出会いによって成員に価値転換が起こるぐらいの共同体の規模でしょう。

佐伯啓思は、西欧ではギリシアの都市国家と中世の市民意識をへて公共性を保った市民が形成されたのに、その歴史の重層性を理解しない戦後日本の社会科学の言葉は著しく貧弱なものだと批判しています。つまり、個人の自由や民主主義、人権といった「近代社会」を構成する理念は、単に疑いのない優れたものだという暗黙の了解しかなく、その内容の理解と歴史的検討が足りなかったと言うのです。問題は、そういった共同体の歴史のもとで西欧に形成されてきた市民社会の「重層性」の把握です。この歴史の重層性に注目するきっかけを与えたのが「美徳の歴史」です。佐伯は積極的に「われわれにとって『徳』とは何か」と問います。ここで私たちも、新しく美徳を取り上げて、その視点から歴史的現実を見直す作業の展開を必要とすることを主張します。

経済倫理の出発

さて、日本において、最近の「経済倫理」の議論のきっかけを作ったのは、経済学者竹内靖雄の『経済倫理のすすめ』です。しかし、これは、経済倫理の勧めではなくて、ある種の経済学的発想による倫理の説明と言わざるを得ません。あるいは、極論すれば、ダニエル・ベルの角度から言うと、経済学の名を借りた「快楽中心的価値観による文化の解釈」になるのではないかと思います。

最初に竹内靖雄の著書の序章を見てみると、彼は「本書は、経済学の発想による倫理学入門」であると断わっていて、その発想が正直に述べられています。彼が言う経済学の発想とは、「稀少性」という制約のもとで人間はどう行動するかという問題に取り組むことです。経済学の発想が稀少性にあることは分かりますが、それだけではないはずです。仕事の意味とか環境の保全とか今日の緊急の課題も経済倫理の取り組むべきものであるにもかかわらず、それらの深い意味を無視しています。しかし、経済学の発想が稀少性にあると百歩譲って、その稀少性の状況において人間がどう行動するかという人間観は、かなり問題をはらんでいます。これが「美徳の倫理学」の無視というところにあります。これは、キリスト教倫理でいうと、一九六〇年代の「状況倫理の立場」でしかないのです。彼の正直な文章を引用すると、「衣食足りて、礼節を知る」という諺を指摘して、様になって格好いいマナーが必要だというぐらいにしか考えていないのです。「本書ではこのような『人間の徳』、つまりわれわれが称賛し身につけたいと願うような『優れた人間としての質』の問題にほとんど立ち入ることができない」[6]と言っています。あえて言えば、彼の倫理は、人間のさまざまな問題に「市場システム」の発想を導入するだけのことです。その言い訳が「稀少性」です。これでは文化的領域に無理やり経済学的発想を導入して、人間らしさを解体する倫理学をつくる結果になっているのではないでしょうか。

ところが、一九九七年に佐伯啓思の『「市民」とは誰か——戦後民主主義を問う』[7]が出版され、その中で日本でもあらためて近代の市民社会と言われていた理想が、表面的にしか実現されていないと指摘されています。佐伯は西欧ではギリシアの都市国家と中世の市民意識をへて公共性を保った市民が形成されたのに、その歴史の重層性を理解しない戦後日本の社会科学の言葉は著しく貧弱だと批判しています。つまり、日本での「市民」の使い方は、私という文字の私民ではないかと言うのです。「被害者イデオロギーに基づく、公私混同の政治が、デモクラシーを破壊して行くだろう」「一切の、中間的な共同社会（エルシュテインの言う「市民社会」）から切り離された個人とは何でしょうか。家族的生活を失い、地域との関係を喪失し、宗教的な支えも特定の文化的負荷ももたない個人とは何でしょうか。これらの個人が、自己に忠実であればあるほど、むき出しの欲望の実現を願い、それが達成されないときには、社会に対して『被害者イデオロギー』を募らせることは見やすい道理である」[8]と言います。

美徳とは何か

問題は、市民社会の「重層性」の把握ですが、そこで、重要な課題として現われてくるのが美徳の内容の問題です。佐伯は「われわれにとって『徳』とは何か」を問い、「勤勉、正直、誠実、あるいは穏やかさ」などの美徳を経済優先の近代的美徳とするなら、西欧の価値観の中にはまだ歴史に培われてきた「勇気」や「名誉」の美徳が残っていると言います。このような議論の背景には、先ほど触れたマッキンタイアと思想史家のポーコックの『マキャベリアン・モメント』の影響があります。さらに、西岡三夫の「『見えざる手』再考」[9]は、グローバル化した経済世界の混乱あるいは不安をどう考えるかについてヒントを与えてくれます。まず彼は、経済成長を優先する立場と公正な配分を重視する立場の両者を紹介し、今日の日本の議論は、前者つまり経済成長を優先する立場からなされることが多いと指摘します。この場合の経済成長優先の考えとは、市場メカニズムを信じ、政府の介入をできるだけ排除して民間活動を自由放任すれば経済活動はおのずと発展するという立場です。それに対して、公正な配分を重視する立場は、市場の欠陥を指摘し、不況、恐慌、失業、貧富の差の拡大、公害などの歴史的事実を指摘して市場への介入を示唆します。ところが、今や政治家や官僚に対する人々の不信感から、「小さな政府」という議論も出始めています。たとえば、厚生年金を廃止して、企業年金や個人年金にすべきであるという、社会保障を軽視する風潮まであります。

そもそもスミスの「自由放任主義」とは何かとあらためて尋ねると、アダム・スミスが、一八世紀のイギリスにおいて、個人の私的利益の追求が「見えざる手」に導かれて本人の自覚のあるなしにかかわらず、「公共の利益を促進する」とした有名な学説です。このアダム・スミスの立場は、当時新しく貴族社会を打ち破ろうとしていた「市民社会」あるいは市民階級を支援する結果になりました。そこには、啓蒙主義を土台にした「分業と競争の時代の開始を告げる世界観だった」のです。

しかし、この近代的世界観は、さらに重要な要素を内に含んでいました。それがいわゆる「社会的美徳」の存在です。『諸国民の富』において、アダム・スミスは、個人の合理的判断を信頼すべきだと主張しますが、この合理的判断を社会的美徳の言葉で表わすと「慎慮」ということになります。この慎慮は、具体的な生活の中で、「慎重に考え熟慮する」ことで、少なくともやみくもに欲望に走るという意味での利己心ではありませんでした。ここには、少なくとも他者も自己の幸福を求めることを理解する「共感」がありました。西岡によれば、さらに『道徳感情論』では、アダム・スミスは、利己心と「利他心」について重要な指摘をしています。「われわれ自身の幸福に対する配慮は、われわれに慎慮の美徳を推薦し、他の人々に対する配慮は、正義と仁恵の美徳を推薦する」と。このような指摘は、経済学の父と言われるアダム・スミスの道徳哲学者としての側面を如実に表わしています。このように考えて見ると、アダム・スミスの世界観は、決して機械のメカニズムのような世界ではなく、われわれ人間一人一人が「慎慮」や「正義観」や「仁愛」を身につけなければやって行けないような「人格的な血の通った世界」です。つまり、利己心だけでなく、「慎慮や正義また仁愛を身につけた人々」の交換の世界が市場を形成することになるのです。最近の言葉では、自助、共助、公助の中で、「共に生きる共感」を中心にすることで、自助、公助の二者はそれを支える役割と考えることになるでしょう。

しかし、私たちは、キリスト教倫理の立場から、さらに社会的美徳の集合体を「戦争の美徳」と「平和の美徳」を対比して、国家が美徳を言うときの危うさを敏感に感じ取り、（これは佐伯のものの中にも潜んでいますが）、「キリストの和解と平和」を生きる「シャローム・モデル」こそ、美徳を声高に語れると考えておきたいのです。(10)

（1）ダニエル・ベル『資本主義の文化的矛盾』上林雄二郎訳、講談社、一九七六年。
（2）アラスデア・マッキンタイア『美徳なき時代』篠崎栄訳、みすず書房、一九九三年、vii頁。
（3）ロバート・ベラ他『心の習慣――アメリカ個人主義のゆくえ』島薗進・中村圭志訳、みすず書房、一九八五年。
（4）同書、一〇頁。
（5）同書、一二頁。
（6）竹内靖雄『経済倫理のすすめ――「感情」から「勘定」へ』中公新書、一九八九年、四頁。
（7）同。
（8）佐伯啓思『読売』一九九七年一〇月号。同『「市民」とは誰か』ＰＨＰ研究所、一九九七年参照。
（9）西岡三夫「『見えざる手』再考」朝日新聞、一九九八年九月二三日。
（10）Ｓ・ハワーワス『平和を可能にする神の国』（現代キリスト教倫理双書）東方敬信訳、新教出版社、一九九二年参照。

第8章　「顔の共同体」としての教会

本章では、キリスト教倫理を主張しますが、礼拝共同体である教会を「顔の共同体」として、いかに人間形成をするかを考えます。キリスト教倫理とは、幅広い意味で、「われわれ人間はいかに生きるべきか」という問題に答えることをテーマにしています。また別の言い方をすると、個々の行為ではなく、その行為によって形成された人柄や性格、つまり人間の存在の人格を中心に考えます。これがポスト・モダンの倫理学です。つまり、近代の倫理学は、一回一回の行為、つまり臓器移植は今この人がすべきであるかどうか、妊娠中絶は、今この状況にあるこの人に許されるかどうかといったことを主題にしますが、もっと幅広い仕方で人間としての私たちはどうあるべきかを問うのです。

教　会――市場社会における価値転換共同体

二一世紀の神学を考えるに当たって、神学者ダグラス・ミークスは、大学と教会が徹底的に市場社会に脅やかされていることを自覚しなければならないと言い、ドイツの神学者ユルゲン・モルトマンが二一世紀に向かって「教会の再概念化」を可能にしてくれた、と主張します。さらに教会が市場社会においてもその固有性をもって存続できる道を開いてくれたと言います。(1) アダム・スミスが経済学を自律させた一八世紀は、理神論の時代であり、その文化的頂点から神概念を切り取った時代です。こういったトランケーション（頂点切断）の時代にあって、同時に私たち人間は、「顔の共同体」のリアリティーを喪失したのです。しかし、最近の「経済の神学」は、教会の空間と時間の議論を可能にしました。それをダグラス・ミークスは、自分なりに「商品の取引」に代わる「贈与関係（gifting relationship）における愛」という神学の概念によって考えました。神学と教会は、この「贈与」という行為により、また「贈与共同体」によって新しい使命を果たすというのです。

先に述べたように、多くの社会学者は、新しい地球規模の経済の中で、「共同体の力」が衰えていると指摘し始めました。市場は、封建社会を変革し、個人の選択の自由を確保する民主化を果たしてくれましたが、世界を救う役割まで持っていません。市場は、世界中に広がり、効率を上げてくれましたが、人間の罪や社会の悪さに死の問題を解決する力はありません。むしろ、市場はさまざまな共同体を崩壊させる力を持っているのです。経済史家ロバート・ハイルブローナーによると、私たちの社会の本質は、「力としての富」(2) を蓄積することであり、私たちの社会の論理は、「商品の交換」にあるのです。私たちの社会は、このような論理によって貫徹されています。この論理が貫徹されればされるほど、市場は、市民社会への参加や具体的な人間関係へのアクセスを確保する「公共精神」をその民主的な所有や労働から奪ったのではないでしょうか。これは、市場の問題であるより、カール・ポランニーのいう「市場社会」の問題です。つまり、あらゆる社会的財が市場の論理ではかられる問題です。人間の交流、交換の手段が商品であって、その逆ではないのです。

すべてのものを商品として生産し配分する社会に見えなくなってしまったのが、「神の自己贈与の愛」であり、社会を「顔の共同体」と考える共助のあり方です。つまり、「恵みという論理」です。聖書の物語に溢れているような贈与、互いに与え合うこと、仕え合うこととなります。さらに恵みを預かっている「スチュワードシップ」は、商品の交換によって成立する市場社会をも包み込む受託責任の世界です。しかし、富を力として蓄積する市場社会には究極的場所を与えられていないのです。「恵みという論理」とは、神が愛を示すときの基本的な方法です。それでは、このような神の愛を反映する教会の本質は、市場社会でどのように具体化されなければならないのでしょうか。

一九八九年以来の世界は、ベルリンの壁の崩壊と社会主義経済の破綻が象徴しているのですが、私たちの時代は一見すると市場経済が勝利をした時代です。しかし、市場経済が万能ではないので、これからはむしろ人類将来のために「市場を人間化する」必要があるでしょう。人間の本性を配慮しながら、さらに自然をも含んだ地球環境をも配慮できる本来の経済の実現を模索していく必要があります。このように考えると、次の問いが浮かんできます。すなわち、市場を人間化するためには、国家以外に何が必要であろうかと。市場を人間化するためには、自助と公助だけではなく、共助の共同体がなければならないのです。古代の経済文明には、市場だけでなく「共同体の維持」と「各個人の交流」が視野にありました。ところが、近代的な市場社会は、市場原理によって各種の文化的共同体を破壊しているのではないか。ここに、改めて「教会における共同体形成力」が求められています。

グローバリゼーションと共同体

最近の経済構造が世界的に変化していることは、誰の目にも明らかです。つまり、「産業社会の時代」から「情報社会の時代」への変化です。経済も政治も、ハイテクの発達と世界的金融システムの形成さらに電子情報の普及などによって多大な影響を受けています。このことによって、組織化された資本主義は、情報化によって流動化しています。組織化された資本主義は、北大西洋の周りにいくつかのグループを作ってきましたが、資本と技術の多くがいたるところに流動化しはじめ、文化をグローバル化し、壊しはじめているのです。そして、個としての経済人や旅行者、さらに移民や難民も移動を盛んにしているのです。先ほど指摘したハイテクの発達や金融システムの世界化などによって、金融市場はいまや世界的な同時性を持ちはじめています。このような国際化は、ますます情報産業の個人主義の活性化につながっていかざるを得ません。そうなると、国際的な知識を習得する人が、共助文化と切り離された意味での、「コスモポリタン文化」の傾向をもってくるでしょう。たとえば、芸術の世界、ファッション業界、金融の世界、広告の世界、さらに学問の世界も、コスモポリタン的傾向をもった個人に担われるようになっていくでしょう。それは、国民国家の枠組みさえ崩壊させかねない力をもっています。あるアジアの国家のように、どんなにインターネット上の情報を制限しようとしても、国家権力が規制するには限界があります。これが情報化のもたらす個人のグローバリゼーションでしょう。つまり、国民国家は、こういった市場に流れていく情報や知識を止める力をもたないのです。こういったことも、グローバリゼーションによる「逆ユートピア」の可能性を秘めています。共助をうながす共同体の確保に課題があることを考えても、さらに問題をはらんだ時代なのです。

先程も触れたように、多くの社会学者は、新しい地球規模の経済の中で、「共同体の力」が衰えていると指摘し始めました。最近の情報社会で、人は、商品やイメージまた金銭やアイディアなどのめまぐるしい変化に立ち向かわなければなりません。共同体の実践によって共有されていた意味と価値など、失ってしまった根無し草のような「私」は、共同体から、個人主義やアトミゼーション（個人的分裂）に向かって流されて行っています。そもそも、共同体は、人々の背景にあって、その人に共有できる意味と価値を提供し、その実践によって伝統を引き継いでいくものでしたが、最近は、広範囲な市場原理の広がりによって、その人間形成力も見られなくなり、人の心がただ都会の流行の中を漂流しているだけの姿が目立ってきています。それに対して、グローバリゼーションに積極的な意見は、「記号と空間」の経済が、地球規模の形成に向かっており、新しいネットワークを形成する柔軟性を強化すると主張しています。

キリスト教社会思想家スコット・ラッシュとジョン・ウリーは、地球社会について、二つのモデルを分析しました。最初は、マルキストの世界体系や教区的機能主義に代表される普遍的世界であり、第二は、ヘーゲル哲学の共同性という習慣の倫理に代表される特殊性を保った共同体です(3)。

第一に「普遍的アプローチ」は、抽象的な社会関係を強調し、さらに進化論的歴史理解やリベラルな解放理解を強めています。それは、社会的な出来事や関係が起こる抽象的な時空の中の共同体をイメージしています。これは、むしろ啓蒙主義的な個人主義とともに考えられている共同体概念であり、具体的な人間の限界や悲劇性を知ることのできる共同体の本来的歴史的感覚を提供することに欠けています。もともとリベラルな神学の伝統は、個人が全体に向かう力とか社会における正義の捉え方に、具体的な歴史の担い手があることを無視しがちです。その結果として、教会が果たすべきパブリックな影響力を考慮しなくなっています。したがって、多くの神学的議論は、大きな組織を変化させることについての諦めにつながってしまっています。

それに対して、第二の共同体への「特殊性のアプローチ」は、共有される価値のまとまりに参加することを強調します。それはマッキンタイアの『美徳なき時代』という書物に現われています。

共有された意味と背後の実践による言語化されない世界は、人種差別や階級的嫌悪を容認する世界かもしれない。どんなにラッシュやウリーが普遍的共同体を地域的な文化を容認しながら提案しても、つまり「グローカリゼーション」と言われるようになりましたが、そこでも、「徹底的な他者（the radically other）」や「異質な存在（a stranger）」を歓迎する共同体に変革されることはないのです。たとえば、「異質な存在への愛」は、単なる隣人愛ではなく、敵対していたサマリア人がユダヤ人を助けたというルカによる福音書一〇章に記された物語に示されています。それは「絶対他者」である神が異質な存在である罪人を赦し作り変えるために救い主イエス・キリストを歴史的世界に贈った、その愛の反映として生まれる「赦し合う共同体」です。

「顔の共同体」における神の経済

それでは、市場社会の中に埋もれている教会は、具体的に神が存在していることをどう証しできるのでしょうか。これまでの歴史の歩みを新たにできるのでしょうか。市場社会の独占的拡大を防ぐことができるのでしょうか。異質な存在を歓迎する共同体である教会を抜きにして、グローバルコミュニティーを難民や飢餓という悲劇的なもので埋めている政治経済的現実を転換できるのでしょうか。そのような中で、私たちの注目を引くのがレヴィナスの「顔の共同体」という考え方です。

レヴィナスは旧ソ連領のリトアニアに生まれ、フランスに移住しましたが、そのフランスでナチス時代のドイツ軍の捕虜となった経験を持っています。フランスにいたため、彼自身は、強制収容所に送り込まれずにすみましたが、家族はほとんど処刑され、収容所で死ぬという悲惨な記憶を持っています。その意味で、彼は個的実存の哲学者ではなく、他者と他者のぶつかり合う世界を自分の思索に入れる社会的広がりを考察する哲学者です。彼は、自分の存在の内側にいる他者を大切にして思索します。そして、彼の言う「他者の顔」とは、自分の想像力に取り込んでいる他者のイメージを破壊し、それを越えて現出してくる他者の現われ方を大切にしています。そして、他者の顔は、我々に向かって「なんじ殺すなかれ」と語りかける根源的表現であると言います。この他者とわれわれの関係は、マルティン・ブーバーの「我と汝」という出会いのような均衡のとれた関係ではなく、他者の方がわれわれに責任をとるように問いを投げかけてくる不均衡な関係です。つまり、われわれが支配しようと試みても、その支配を打ち破って現われるのが「他者の顔」であり、そのリアリティーなのです。このような理解のもとで、神学者エドワード・ファーリイは、人間の現実を「行為者の領域」「社会的領域」「相互関係の領域」と分けて論じます。[4] 個人的な行為者の領域では、疎外や怒りや暴虐の温床において悪がはびこり、社会的領域では、ある集団が他の集団を暴力的に利用しようとするような、自己絶対化によって悪がはびこるのです。悪の特異な力は、個人的な行為者の領域と、社会の領域を、人間の相互関係の領域から切り離して、「あらゆる和解のチャンスの芽」を摘み取ってしまいます。市場の関係は、利己心があらゆる関係を規定するようになると、顔の共同体から行為者と共助的実体を分離してしまい、その支配を表面的に覆い隠してしまいます。自己絶対化と偶像化は、人間の顔の共同体の中でだけ克服されるようになります。つまり、人間同士の相互関係また自然との相互関係は、「顔の共同体」において「和解が起こる」はずです。市場文化の沈殿物として形式化された人間行為の規範は、ただ顔の共同体と関連されるなら批判され、変革されます。このようにファーリイと共に考えてくると、新しい価値共同体の探究は、顔の共同体の深みにおける共助という「オルタナティブ経済」においてなされるでしょう。

新しい経済を生み出す聖餐式

キリスト教会の重要な実践の中で「聖餐式」があります。それは、礼拝において、キリストが「最後の晩餐」のときに十字架につく意味を開示した食事を再現する式で、パンを分け、ブドウ酒を分かち合う象徴的行為です。それは、教会（エクレシア）を「顔の共同体」と考える場合の最も重要な礼拝の部分です。なぜなら、教会において、その聖餐式に人々を招いているのは、最後の晩餐の時と同じように「生けるキリスト自身」だと考えるからです。まさに、キリストと顔と顔を合わせて食卓をかこんだ最後の晩餐の再現だからです。神学者ダグラス・ミークスによると、「エクレシアとは、人間の罪と恐れと悪と死の力が神の愛の生命に飲み込まれた顔の共同体であり、神の愛の力は、神の世界の救いと神の栄光の共有のためにその共同体に与えられたのである」ということになります(5)。その神の愛の力が具体的な歴史に現われるのが主イエスの食卓と言われる聖餐式に象徴されたキリストの自己贈与であり、顔の共同体を再現する礼拝共同体です。このキリストの自己贈与の行為を再現する共同体は、全く新しい経済をうみだす力を持っていたのです。この食卓は、歴史的制約の中で、また顔の共同体として、神的な経済的エートスの時間と場所を確保するのです。ここでダグラス・ミークスは、聖餐の意味に触れ、主の食卓が、「新しい共同体を生み出す力」を持っていると言います。それは、神のオルタナティブな経済をもたらします。彼によれば、この世界の歴史的条件においても、顔の共同体の中に与えられた「三位一体の神の経済（オイコノミア）」は、聖餐式という共助的な主の食卓のテーブル・マナーに現われるのです。

文化人類学者によると、「テーブル・マナー」は、人間の社会と同じように古いのです。それなしには、どのような社会もありえません。すべての社会は、食事のルールによって、幅広い社会的同意を象徴し、要約しています。私たちは、食事がなければひとときも生存できない。つまり食べなくては死んでしまうのです。また、どんなに贅沢に、どんなに沢山食べても、後でひもじくなるのです。もし私たちが食事に招待されたいと思うなら、招待する側の主人の考えるテーブル・マナーを調べて、それを守らなければなりません。こうして、両親や共同体は命に関わる基本的ルールとしてテーブル・マナーを子供たちに教えます。また、それを子供たちと食事をするときに注意するのです。さらに、私たちは誕生日に特別な食事をします。また入学祝いや卒業祝いやもちろん結婚式のときに披露宴を催しますが、それはまさに社会的共助性が現われる貴重な時です。すべての食事は、このような仕方で「儀式化され」、そこにある共同体の性格を表現します。

さて、聖餐式のテーブル・マナーは、神がイエス・キリストの生涯においてすべての被造物を生かす愛を注ぎ、しかもそれに与かるものを豊かに養うことをきわめて具体的に示しています。それは、後に触れることとして、そもそも人間にとって食卓の態度とは何であるかを考えて見ます。

聖餐式というテーブル・マナー

文化人類学者によると、テーブル・マナーは、「共有することを保証し、暴力を阻止する」ものです。私たち人間が立って歩くようになったのは、手を延ばして、他の人に食事を与えることができるようになるためでした。私たちは、人間として食事を分け合う決断をしたことになるのです。チンパンジーを除いて、人間だけが、食物を家族のために持って帰っていたのです。これが私たち人間のテーブル・マナーの中心にある「共助」です。またそれは暴力の脅威から守るためです。なぜなら、食卓の周囲には、多くの刃物などの武器があるからです。人類学者は、それを抑えるためにテーブル・マナーが生まれたと主張します。つまり、暴力は、簡単に食事の席を破壊できるのです。ということは、テーブル・マナーは、食卓で暴力を爆発させないための社会的合意という意味があるのです[6]。

それに対して、「主の食卓は」、消極的に暴力を抑えたり、生き延びるために共有したりすることより、さらに豊かであり積極的です。なぜなら、そこには、前述のように、死の恐れと悪と罪を飲み込んでしまった「神の力強い愛」が満ちているからです。つまり、そこには、神の自己贈与の愛、またそれによって生まれる神との友情と人間どうしの新しい友情が生まれるからです。そこには、死と罪と悪に対して生を強める人間の相互関係を生じるからです。豊かな共助の源がそこにあります。神の愛は、新しい共同体を誕生させるのです。

さらに、聖餐式の食卓は、そこに私たちを招いた主人の性格にとりわけ特徴があります。神学的には、聖餐式のときにパンとブドウ酒を分けているのは、イエス・キリストという救い主の「リアル・プレゼンス」だと考えます。その十字架の主イエス・キリストは、偶像化と独裁を克服する「互いに愛し合う共同体」をつくって、弟子たちにその共同体を託したのです。

イエス・キリストは、聖書の表現によると、人間に向けられた絶対他者としての「神の顔」です。その絶対他者を、私たち人間にとって質のちがう存在、異質な存在、「ザ・ストレンジャー」と呼んでおきましょう。このザ・ストレンジャーとの出会いは、人間の自己絶対化を打ち破る機会にもなります。もし、私たちがこのザ・ストレンジャーと食事を共にしないなら、私たちが貧しい人と共に生きるという新しい経済関係は不可能になります。北半球の発達した文化での生活規範は、「自己中心性」ではないか。市場社会の中で機能している生活規範は、「所有的個人主義」つまり自己の生を解釈するのは自己だけだとすること、また他者と比較し他者との関連を断ち切って自己を確立しようとする個人主義ではないか。敢えて言えば、このような「私生活第一主義の文化」において、他者の顔は見えなくなってきたのではないか。そうであるなら、あらゆる公共的責任は、ある種の社会契約による「自己利益」の調整によってのみ支えられていると言えるでしょう。政治哲学者ロールズの正義論は、まさに調整の正義論なのです。キリスト教界においても、もし教会がただ世界に開かれなければならないというだけのキャッチ・フレーズに導かれるなら、そういったエゴイズムの世界に飲み込まれるだけになってしまうでしょう。

むしろ、あの「ザ・ストレンジャーとの出会い」によってのみ、人間の自己絶対化は、打破されるのでしょう。そうだとすると、主の食卓におけるザ・ストレンジャーとの出会いは、異質な存在と共に生きる生活のはじめとなりうるのです。「和解の土台」となりうるのです。徹底的に異なる存在との出会いについて、二つの受け取り方があります。哲学者サルトルは、他者との出会いを「まなざしの地獄」と表現しました。それは、他者によって自己の殻が打ち破られる恐怖を表現したのです。それに対して、「顔の哲学」を展開したレヴィナスは、他者の顔が私たちにショックを与えるが、それは人間が人間となる機会だと考えます。顔は、世界に他の存在があるという徴であり、世界を経験する自分とは違った他者のやり方があることを表現します。大切なことは、しかも、神の顔の前で、和解することです。レヴィナスによれば、私たちの救いは、あのザ・ストレンジャーの顔に向き合い、それによって共に受け入れ合うことです。私たちは、自分自身で自分を発見するのではないのです。個人が実存する自覚によって共に救われるのではないのです。むしろ、私たちの深みを見つめることと共に、そこに自分の存在の中の他者を意識して、さらに他者とりわけあの「ザ・ストレンジャー」の顔に出会って、その顔の前で自己を再発見し、救いにあずかるのです。他者の呼びかけや出現は、共助という新しい生命の初めです。それは、私たちが自由にされて共に生きる機会です。他者の顔は、私たちの自分の行為へ熱中や制度的形式主義への熱中を打ち破るきっかけでもあります。

稀少性、飽和性、贈与性

北半球の先進諸国の文化は、人為的稀少性と飽和性という経験によって無感動、無気力の影を落としているのではないでしょうか。市場論理の前提は、稀少性です。また市場論理の貫徹の実践結果は、有り余る食品を廃棄するような飽和性です。稀少性と飽和性は、生き生きとした共助の力を失わせ、他者の命を妨げます。人為的稀少性は、あたかも、ブランド商品に群がる消費者のように、他者が買えないものを自分が買う競争によって、クジ引き文化をうみだします。飽和性は、物質的に満腹することによって、正しさへの渇きを軽々と癒してしまいます。稀少性も飽和性も、ただ交換の計算によって、生活必需品も贅沢品も同じように扱ってしまい、「本来の人間の顔」を隠してしまいます。それに対して、聖餐という主イエスの食卓は、交換の計算をブロックして、自らの生命を十字架に捧げたキリストの顔を見つめて、互いに与え合う「相互贈与性」をうみだします。主イエスの食卓からの関係は、贈与を起動する力を持っています。神の自己贈与に満ちた主イエスの食卓は、われわれ人間に共助の行為を委託します。

神学の専門家によると、三位一体の神の内部的性格は、父と子と聖霊の相互贈与的関係です。このことは、キリスト教的な愛の豊かさの根底になっています。この互いに自己を与え合う相互贈与的本質が、世界と人間に向かって行動する行為の根拠となります。神が世界を創造したという神話的表現は、この神の自己贈与的愛の委託物語です。神が賜物として世界を創造したという主張は、神の存在の神秘をさしています。神が、自由意志というより、その有り余るほどの祝福の贈与のゆえに世界を創造したというのは、世界の存在と人間の存在の意味を豊かにしています。このように考えると、三位一体の神は、溢れるように自らを注ぎ出す、共助の愛を放射する共同性をその本質としていることが分かります。つまり、神の愛は本質的に他者関連であり、脱自的であり、情熱的です。このような三位一体の神は、われわれ人間に参加を呼びかけ、自発的な相互贈与の喜びに招いているのです。

それでは、この神は、どのような経済を具体化し、励まそうとするのでしょうか。聖書の物語は、溢れるばかりに与える神の贈与を、人間の行為に先立って語っています。もちろん、私たちは、この神の愛をあまりにも理想化し人間の世界と関係のない非現実的なものとしてはなりません。なぜなら、キリストは、神の子として現実の世界に受肉されたからです。はじめに、私たちは、この神の自己贈与の愛に応答して、感謝することになるでしょう。この感謝の中で、私たち人間の貪欲や放縦が癒されてきます。そして、この応答は、感謝する以上のことを生じます。それは、私たち人間の「相互性」を生み出し、「贈与すること（giving）」になるのです。もし、与えることの喜びが共同体に起こるなら、感謝も生み出し、それがさらに与えることとの連鎖になるでしょう。この「贈与の連鎖」こそが、神の愛の意図するところと考えられます。神の溢れるばかりの愛は人間に共助という時間と空間を作り出すのであり、新しい経済を励ますのです。それは共助の喜びを増やしていく贈与の供給です。

赦しは、新しい経済の恵みと言われる配分へのスタートになります。聖餐式で提供されるパンとブドウ酒は、神の赦しの賜物です。それは、人間の罪と死と悪の力を打ち破る力としてイエス・キリストの十字架の救いを示し、現実に主の食卓としてサービスされます。さらに、聖書物語の中には、赦された者が法外な愛を示すことが記された箇所があります。それは、イエス・キリストの頭に「高価なナルドの香油」を注いだ女性として覚えられています。その出来事を記憶しながら、ルカによる福音書は、「少ししか赦されていないものは、少ししか愛さない」（七・四八）という警告をも記しています。私たちは、自分の業績を蓄積し、自分の行為を正当化するのに熱中しています。したがって、私たちは、赦される喜びも経験しないし、愛する能力も与えられない。もし、私たちが、神の自己贈与を象徴するパンとブドウ酒を分かち合うなら、その主の食卓から立ち上がったときには、互いを受け入れ合うだけでなく、また暴力を防ぐだけでなく、喜んで与え合う新しい相互贈与という共助の価値観を与えられるのです。

商品は、それが売買されるときに消費されてしまいます。なぜなら、交換は、合理的取引であって、感謝を生み出さないからです。しかし、自発的贈与は特別な現実であって、喜びと感謝をもたらし、新しい自発的贈与を生み出していき、消費し尽くされることはないのです。自発的な贈与は、溢れるように新しい価値を生み出しますが、それは、数量としての豊かさではなく、連鎖の行為として「質の豊かさ」を生むのです。その意味で、神の愛から出発した自発的贈与は、傲慢な自己満足という「飽和性」に代わって、分け合う喜びを満たして真の価値をもたらします。そのように考えるときに、私たちは非営利的組織（ＮＰＯ）の可能性も生み出されているのです。

聖餐式に現われたものは、私たちにとって大いに喜ばしい共助という価値であるゆえ、それがもたらす賜物に対して、私たちは感謝を表わさざるを得ないのです。また古い経済を裁き、変革せざるを得ないのです。それは、自己満足的な、ナルシシズム的な消費を鎮め、稀少性のある商品への熱狂を醒ましてくれます。そして、その喜びと裁きは、神の尽きない自己贈与を経験した結果であるゆえ、貧困を不適切とし、賜物を自由に与えたり受け取ったりするゆえに、冷淡な個人主義を克服します。「神の経済（oikonomia tou theou）」は溢れるばかりの神の自己贈与を学び、それに教えられることに基づいています。したがって、神の与えた尊厳を共に受け入れる中で、私たちは、互いに自由に与えたり受けたりします。この自発的な感謝と神賛美の言葉の中で、私たちの与えることも受けることも、義理や温情主義を乗り越えます。私たちは神の経済の中で、誰も「義務を感じ」重荷を背負うものではありません。市場経済の中で実施される交換の論理から考えると、このような「相互贈与の出来事」は奇蹟と考えられるにちがいありません。しかし、献血などの交換や商品取引を越えた人間の行為は、この「奇蹟の類比」でなければ説明できないでしょう。教会はこのようなテーブル・マナーの普及につとめている

「顔の共同体」です。徹底的に異質な存在である、民族の差異、豊かな地域と貧しい地域の差異を越えて、さまざまな異質な存在を受け入れる「顔の共同体」として、教会は神の顔であるイエス・キリストによって新しい共助の共同体に招かれているのです。

ポスト・モダンとしての経済倫理

このような仕方で展開した神学は、ただ興味深い論述のためにあるのではなく、世界において実行可能な経済倫理となるべきなのです。神学は、自己贈与の関係や異質な存在を含むような生命的な共同体を「オルタナティブ経済」として実験するものでなければなりません。しかし、それは、あらためて聖餐式を実行し献金をささげるごく普通の教会の自己理解に「新鮮さ」を再発見するところからはじまります。また、この礼拝共同体から生まれる経済倫理を考えると、あらためてポスト・モダンの時代における共助の生活の展開をすることになります。ここに「真の価値共同体」が生まれるのです。

経済倫理の立場を社会システム理論で言うと、文化の立場に立つことになります。そして、経済取引は社会の下位システムの一つにすぎなくなります。人間が生きる意味を考える動物であるなら、ダニエル・ベルは、それを経済と政治と分かれたもう一つのシステムである「文化の形成」とします。共助の倫理は、社会システムを経済、政治、文化と分けた場合の、文化の立場から考えることになります。新しい用語を導入すると、「視座」つまりパースペクティブということです。つまり、同じ現実を見るのに、文化の角度、人間が生きる意味を考える角度から、経済行為を考えることになります。今まで、学問の世界で、人間の社会を理解するのに、経済学が最もその行為を理解しやすいと言われてきましたが、それは、合理的に自分の利益を計算する行為が、すべての行為の中で、最も理解しやすいからです。

ここで、繰り返しますが、文化の視座から考えると、経済活動は、社会の下位システムの一つにすぎません。つまり、共助の倫理は、竹内靖雄のように倫理問題を経済学的発想で検討するのではなくて、人間が生きる意味を考える文化、ダニエル・ベルが経済と政治と別のもう一つのシステムである「文化」と言うことになりますが、その立場から経済活動を見ることになります。つまり、経済倫理は、経済行為を考察の対象にしますが、社会システムを経済、政治、文化と分けた場合の、文化の立場から考えることになります。

他方で、人間の社会を理解するのに、経済学が最もその社会の行為を理解しやすいと主張することは、合理的に自分の利益を計算する行為が、すべての行為の中で、最も理解しやすいとする「経済人仮説」では、人間の行為が文化的な意味を含んでいることを過小評価することになり、ある意味では文化を考慮の外に置く傾向があります。

しかし、私たち人間の経済行為には、文化的な意味が込められています。たとえば、年配者のために（介護用）ベッドを買うのは、年配者を入院させるより自宅で家族が介護する方が本人にとっても家族にとっても「意味のある行為」だからです。それは、ただベッドの生産と消費という商行為ではなく、人生のライフ・サイクルと生きる意味の実現という「文化的な意味」を考える行為ということになります。そうすると、経済的に行動する人間の行為は、文化によって規定され、形作られていると言うことができます。

このように考えると、哲学者ペーター・コスロフスキーが『ポスト・モダンの文化』で言うように、「消費や投資をするときのわれわれの決断なども、つねにまた同時に、文化や宗教によって形作られ、意味を付与されてもいる」(7) ことになります。そうすると、経済学も文化学になります。にもかかわらず、これまでの経済学だけで、人間の経済行為を解釈するのは、あまりにも貧しい発想と言わざるを得ないのです。

驚くべきことに、哲学者インマヌエル・カントは、経済学を「物を扱うから、自然科学に入れていた」という説があります。なぜなら、それは、文化ないし倫理と、経済とが分離されてしまった「機械論的な世界像」が勝利を収め、ホッブズ、マンデヴィル以来、それが経済に適用された結果なのです。それは、ブルジョア経済学にも、マルクス経済学にもあてはまる、「一連の機械化」でした。「まず、経済主体は、飽くことを知らない欲望に、衝き動かされている行為者とみなされる(8)」からです。

このときに、「機械論的な世界像」と言われているのは、三つの構造的特徴を持っています。それは、生産手段も含む私有財産制度のあること、さらに経済的目標としての利潤と効用の極大化、さらに市場と価格システムだけによる調整ということになります。コスロフスキーによれば、これはヨーロッパの文化では一五、六世紀になってはじめて見られる世界像です。ゴリンジによると「だれでもができるだけ多くの利潤をあげることを望んでも、構わなくなったことが資本主義の新しさなのである(9)」ということになります。そして、文化的規範などは隅に追いやられ、経済は個人的利益に忠実であるべきであるとされだしたのです。

たとえば、中世のトマス・アクィナスによれば、生産者と消費者の間の契約は、ただ単に自由に自発的に結ばれたというだけではなく、「正しい共助」でなければならなかった。そうであるなら、契約相手の社会的地位や貧しさの度合も考えなければならなかったのです。貧しい人から高利をとったら「卑しい行為」とされます。これに対して、市場経済に特徴的なのは、契約の正当性や取り決められた価格の正当性は、現実に、取引が自由に行われさえすればよいことになります。契約の自由のこういった考え方は、その行為の「ある道徳的・社会文化的波及効果を度外視する」ことになります。

さて、私たちの時代に「経済倫理」が言われ出したのは、あの機械論的な世界像が問題をはらんでいるということを自覚しはじめたからです。それは、市場が大きくなればなるほど、経済合理性つまり自由に生産者と消費者が契約して、迅速に計算すること、経済合理性が高まり、分業の度合も高まるのですが、貧しい人を配慮しようとか、年配者を配慮しようという文化的意味の共有の度合は、低くなります。

このような問題が見えてきたときに、検討するべきであるのは、文化的意味の共有を広く社会に示してインパクトを与える「オルタナティブ経済」の実践報告であり、その分析です。つまり、アーミッシュやメノナイトの共助生活の分析です。しかし、経済学そのものの見方あるいは前提を考え直す経済学者も現われています。

利己心を超えたところにあるもの――スチュワードシップ

近代経済学では、あらゆる財を、費用を支払う「経済財」と、ただで手に入る「自由財」と分けています。マルクス経済学では、「労働生産物」を経済財と考えます。しかし、これらは、学問的な狭い考え方と言えるでしょう。たとえば、私たちの暮らしの中で、経済学が対象とする交換価値を持つ「経済財」とはならず、また労働を加えたわけではないけれども、きわめて重要な価値をもつ空気や日光や雨があります。これらの自然環境は少なくとも動物や植物の生存と生育には欠かせないものです。青空や広大な原野、野草や野鳥、川のせせらぎ、はるか彼方の雪を頂いた山々、早朝のすがすがしい雰囲気、立ち止まって見とれるほどの美しい夕日、春のうららかさ、夏のそよ風、波打つ海。このような自然物は、私たちに「憩いと安らぎ」をもたらしてくれ、時にはすぐれた音楽や映像作品や詩のように、自らの生の全体を一挙に捉えなおして「感謝の念」や「畏敬の念」をもたらす根拠となる経験でもあります。これらを私たちは、経済学の視点を越えた「暮らしの視点」と言うこともあります。暮らしによって大切な財でも、経済学にとっては始めから問題外とされるものもあります。こう考えてくると、経済学の対象としている財は、きわめて限定された狭い範囲であることが分かります。人間関係のあり方や人生の選択の問題もそうです。敢えて言えば、本来、経済学は、商品経済の発達と共に発展してきた学問で、必ずしも人間の暮らしに責任を持とうとする学問ではありません。この意味では後に触れる「スチュワードシップ」は経済財をこえた幅広い価値の世界を対象にしていると言えましょう。経済学とは、経済学者ロビンスの定義にあるように、あるものを手に入れたいが手に入れる手段が少ない時、つまり商品の希少化による競争関係が成り立つ時どうするかという経済行為に限定して考える学問ということになるでしょう。また、これが経済法則の一貫性を主張する市場社会の特徴になります。このような「経済社会」の一貫性は、人間の暮らしの視点を失うことにもなります。

ところで環境学や芸術論で注目されているジョン・ラスキン（一八一九―一九〇〇）は、一九世紀イギリスで活躍した美術評論家・経済思想家・社会思想家で、同じ年に生まれ彼の翌年に亡くなったヴィクトリア女王の生涯と重なっています。彼は当時イギリスで最も著明な著作家の一人で、その著作は二五〇冊に及んだとされていますが、今日では彼の名前はキリスト教信仰に基づいた経済倫理学者としてはほとんど覚えられていません。

ラスキンによれば、正義に基づいた交換の学が成立するには「神の出現」を待たなければならないのです。彼は、美徳の倫理学の伝統を利用しながら、富とは「勇敢な人による価値あるものの所有」だという定義を用います。ここで勇敢な人とは、「勇気と社会貢献」を熟慮して決断できる人であり、人々の存在の条件を破壊しない人で、逆に言えば、生を破壊する行為を拒否する人です。そして、ラスキンは、生活世界のステークホルダーの代表として、労働者と資本家を経済学者ミルやリカードウを批判しながら丁寧に論じます。そこで彼は、「経済学の究極の目的とは、良い消費の方法と多量の消費を学びとることである」としています。いいかえれば、「あらゆるものを用い、しかもそれを立派にもちいることである」として消費者倫理にまでその経済行為の質を論じます。このような「交換の学」を展開して「わたしはこの一連の序説を終わるにあたって、次の重大な一事をはっきりと述べておきたいと思う。つまり、生なくして富は存在しない」というのです。簡単に言うと、富は生のためにあるというのです。しかし、彼の定義する、その生命は何かが重要です。彼によると、生の中に「愛の力、歓喜の力、讃美の力すべてを包含するものである」といいます。もう少し丁寧に彼の論述を追っておくと「最も富裕な国というのは最大多数の高潔にして幸福な人間を養う国、最も富裕な人というのは自分自身の生の機能を極限まで完成させ、その人格と所有物の両方によって、他者の生の上にも最も広く役立つ影響力をもつ人を言うのである」とします。こうなるとキリスト教的隣人愛をステークホルダー経営に生かすことと言うこともできるでしょう。ここでまさにジョン・ラスキンは『この最後の者にも』において[10]「神の出現」を論じるのです。真の経済学とは、あらゆるものを立派に用いることを教えるものですが、当時のイギリスの現状に対して、彼は嘆きながら批判的に論じます。「ああ、食糧を与えられないのが最も残酷なものでもなく、それを求めるのが、最も正当なものでもない。生命は糧よりまさる。富者はただ貧者に食糧を拒むばかりではない。かれらは知恵を拒み、徳を拒み、救済を拒むのである。なんじ飼う者のない羊よ、なんじに閉ざされていたのは牧草地ではなく、神の出現である」と、もうこれは教会の説教に近い語りかけです。この神の出現と訳されているのは、大文字で記された"the Presence"です。まさにこうなると今日で言う「神学的倫理学」の展開と言えます。そしてラスキンは、労働者が「最も聖なるもの、最も完全、最も純粋なるもの」と当時の状況を批判しながら語るのです。この背後に当時の経済学者たちへの批判があるのは言うまでもありません。そして、この「神の出現」の中で自然環境との共存も語っているのです。「心のねがいはまた目の光である。どんな景色も、常時飽くことなく愛でられるものではないが、喜びに満ちた人間の労働によって豊かにされる。田畑はなだらかに、庭園は美しく、果樹は実り、清楚な心あたたまる家屋敷の点在、生きものの声があざやかに響きわたるのである。音のしない大気にこころはない。それが快いのは、小鳥の高声、昆虫のうなり声や鳴き声、人の太い調子のことば、子供の気ままなかん高い声など――低い流れに満ちているときだけである。……路傍の野草の花も、栽培された穀物と同様、野鳥も森も獣も、飼いならした家畜と同じように必要である。それは人間がただパンだけにたよって生きるものではなく、荒野のマナによっても生き、神のすべての不思議なことば、不可知のわざによっても生きるからである」と彼は言います。このような語りかけは、今日でも十分自然環境についての希望の言葉として聞けるのではないでしょうか。彼の自然環境との共存は、神の現前で貴重な新鮮な空気や清浄な水が存在する世界でもあります。

以上のような叙述の最後のまとめとして、彼はマタイによる福音書二〇章に記されたイエス・キリストの譬え「ぶどう園の労働者と主人の非暴力的友情」を紹介して、希望の言葉をしめくくるのです。「やがて時いたり、王国が開け、キリストのパンと平和の遺産が、『この最後の者にもなんじ同様』与えられるであろうその日まで」と。

このようなキリストの権威を前提にする叙述の仕方から考えると、彼の希望の倫理は、キリスト教的価値観から社会に光をあてた、キリスト教経済倫理の展開といえるでしょう。したがって、ラスキンの『この最後の者にも』は、キリスト教社会主義運動の流れにありしかもその重要な文献ということができるでしょう。

カイザルのものはカイザルに、神のものは神に――国立公園、ナショナル・トラスト

聖書はイエスが人々の悪意の質問に対して言われた言葉を残しています。皇帝に税をおさめるのが正しいかどうかという質問です。それに対して「税に納める貨幣を見せなさい。これは誰の肖像、誰の記号か」。彼らは「カイザルのです」と答えた。するとイエスは言われました。「それでは、カイザルのものはカイザルに、神のものは神に返しなさい」(マタイ二二・一七―二二、口語訳)と。

人が引き受けてなすべき任務が一般的に「責任」だと定義とするなら、私たちは誰でも、当然のこととして、個人あるいは国や社会に対する責任を誠実に果たすでしょう。さらに、宗教の世界では人知を超えた神との委託・受託関係が存在し、神の恵みに応える責任があるとされます。これが「責任」の語源ですが、俗世界の責任より神に果たす責任はずっしりと重いと考えられます。この神に応える責任のあり方については、最近では環境倫理の観点から適応されています。また史跡及び自然景勝地のための「ナショナル・トラスト運動」は一八九五年に牧師、弁護士、婦人運動家の三名による呼びかけでイギリスに始まりました。イングランド北西の湖水地方は、湖と森の実に美しいところで訪れた人は誰でもすぐに好きになるはずです。また、この美しい場所は、本

気で神のものは神に返して、全人類の共通の財産として、民間のチャリティ団体が維持管理するというナショナル・トラストの発祥の地でもあるのです。そして今では海外にも多くの会員を擁する世界的運動にまで発展しています。絵本『ピーターラビット』の生みの親、ビアトリクス・ポターは、この運動に賛同し、湖水地方の美しい風景を守るために自分たちで土地を買い取り、ナショナル・トラストによってその維持管理を委ねました。このナショナル・トラストはスチュワードシップの最も典型的なものです。日本でも、これに感動した人たちの集まり、一九七八（昭和四三）年に財団法人「日本ナショナル・トラスト」が設立されました。神の恵みに応えるという応答責任を正しく理解しているかには少々疑問が残りますが、日本人は、このような運動を取り入れ、さらに発展させる能力を持っているのです。

聖書の創造物語では人間は最後に作られ、被造物のすべての管理を委ねられたと理解されています。「被造物の管理」が神からの信託に応えるという責任で「スチュワードシップ」と呼ばれ、特に自然（生命）、隣人、さらに外国人との共存、正しい付き合い方が示され、それが聖書に示された倫理的基礎となっています。

イエローストーン国立公園成立への努力

米国のイエローストーン国立公園は一八七二年、まだ国立公園という発想のない時代に、世界で最初に指定された国立公園です。モンタナ州・ワイオミング州・アイダホ州にまたがる広大な場所で、有名な間欠泉の他にもグランド・キャニオン、豪快な滝、緩やかな平原、化石の森などの見所が豊富にあり、二二〇万エーカー（八〇八万平方メートル）の広大な敷地には、バファロー、ムース、エルク、ミュールジカ、グリズリーなどの野生動物が生息しており、毎年三〇〇万人を超える観光客が訪れています。

イエローストーンの最初の発見者の一人でキリスト教伝道師トマス・ガルセスは、これは人類への「神からの贈り物」だと直感し、保護を求める運動を展開し、これに賛同した写真家ヘンリー・ジャクソンや、画家トーマス・モランの作品が影響を与え、この運動に多くの文化人、科学者、政治家を巻き込んで一〇〇年をかけて世界で初めての「国立公園」の称号を勝ち取りました。ここにも、神からのものを神に返すという宗教的価値観である「スチュワードシップ」にグローバルな立場からの倫理的規範の基礎を与えたと考えてよいでしょう。以上のナショナル・トラスト制度と国立公園成立の精神的基盤を考えましたが、さらに重要な課題があります。それは職場の安全衛生管理の委託です。

スチュワードシップと安全への責任

労働衛生環境の国際安全規格をグローバルな倫理規定と見て、欧州キリスト教社会における倫理的基盤について考えると、最も印象付けられるのは、マスターシップから「スチュワードシップ」というモットーです。会計学では、スチュワードシップは「受託責任」の意味で使われます。他人から財貨の委託を受けた者が、与えられた裁量権の範囲内で実行する〝業務遂行責任〟のことです。このスチュワードシップには受託条件に基づく業務計画及び業務実施に関する「説明責任」があります。受託した仕事が終了した時、或は委託者から要求された時には、いつでもその成果や業務遂行状況を説明しなければなりません。この説明に伴う責任がアカウンタビリティ（Accountability）です。このように、会計では、財貨が委託されるという狭い意味のスチュワードシップによって果たすべき説明責任のために発達したのが簿記です。

そのスチュワードシップですが、スチュワード（Steward）は執事、家令、管理人、支配人、事務長や旅客機のスチュワーデスなどを意味し、スチュワードシップは、他人から任された仕事を、その人の為にする職又はその資格を総括的に表わす言葉です。会計上の狭義はさておき、スチュワードシップは、公的財貨の管理人として重要な意味を持ちます。家令や執事といえば、せいぜい会社の課長か部長あたりがスチュワードかというとそうではないのです。いわゆる経営に責任を持つ者、つまり社長（事業者）です。経営の委託は、株主だけでなく公的な委託に応える責任（神に応える責任）が必ず含まれているということです。公的機関の長はもちろん、会社を経営する者は、公的責任の取り方として、市民（その代表の陪審員）を相手にスチュワードシップとしての説明責任を果たさねばなりません。株主に対する責任とは別に公的財産の管理者スチュワードとしての責任が必然的についてくるのです。このことに気がつくか否かは実に大きな問題です。このことが、先に述べたように、欧州の倫理的基盤を理解するために、「カイザルに帰すべきものと神に帰すべきものとを混同してはならない」というイエスの言葉に注目した理由です。

一方、アカウンタビリティについて言えば、英語の Account はもともと「会計上のことで、曖昧にせずつまびらかにすること」であり、転じて「説明する」「責任を取る」という意味で使われるようになりました。アカウンタビリティは自分の判断や行動の結果について説明する責任のことです。会計では、アカウンタビリティは文字通り「会計責任」と言われています。会計上の結果に対して説明、報告、言明、申し開きをする責任のことで、アカウンタビリティが一般に業務遂行における「説明責任」と言われるのはこのためです。会計士が説明責任を果たすための規範（倫理規定を含む）を経営者が用意することは、スチュワードシップにおける特に重要な責任となります。経営者がこれを用意しないで説明責任だけを負わせても、業務担当者はどう説明していいのか分からず面食らってしまうでしょう。

委託者（例えば株主）は経営者からの報告を受け、仕事を評価した上で株主としての態度を決定します。このように、受託者（経営者）が委託者（株主）に果たす責任（スチュワードシップ）の下に、業務遂行者が経営者に果たす説明責任（アカウンタビリティ）があるという責任関係で会計が成り立っているのです。

さて、経営者の本来のスチュワードシップとしての責任は、株主に対する責任よりは、経営活動を通して果たすべき公益の委託責任（神に帰す責任）です。税金を使った公的運営だけでなく、企業の経営は社会的責任を伴うものと考えるのが当然です。例えば、環境保全、製品安全、労働安全などに対する責任であり、その他、多くの社会倫理上の責任があるのです。

一人ひとりの命は神の贈物としての全地球的財産です。自殺は許されず、また事故で人の命を奪うことは避けなければならない。国連世界人権宣言で謳われているように、安全は人間の持つ生来の権利（人権）です。経営者は、安全を特別に取り上げて、スチュワードシップの責任として設計者（業務担当者）に対し説明責任を求め、そして、設計者はこれに準拠したことの確認（第三者による認証）によって経営者（製造者或は事業者）の「地上の世話人」としての責任が果たされることになります。

スチュワードシップもアカウンタビリティも共に〝説明責任〟と言われますが、スチュワードシップとアカウンタビリティでは説明の相手がそれぞれ異なります。アカウンタビリティは、業務の遂行者がスチュワード（公益法人の長や企業の経営者）に対して果たす説明責任です。スチュワードシップは、本来、神の倫理規範に従うことで果たす責任ですが、現実の方法として、社会（人々）に対して公正性を公開するという説明責任であり、具体的には、グローバルな合意を得た国際規格に準拠し、第三者の認証を公に示す方法で実施されます。或は、行政や住民と連携したリスクコミュニケーションを通して公的説明責任を果たします。スチュワードシップを「水平型の説明責任（Horizontal accountability）」と呼ぶ場合がありますが、もともとは天上の〝神〟への申し開きという厳格な意味を持つから〝水平型〟は論理的にも、また感覚的にも適切だとは言えません。そのまま、カタカナでスチュワードシップと呼ぶか、または、もし〝説明責任〟の言葉を使うのであれば、言葉の正しい理解が必要です。

労働安全と説明責任

さて、聖書には「安全」についての指摘があります。例えば、「家を新築するならば、屋根に欄干を付けねばならない。そうすれば、人が屋根から落ちても、あなたの家が血を流した罪に問われることはない」（申命二二・

八）とあります。家は人間が作る物です。人工物で起こる事故を防ごうとする中で、共通の標準の方法を求めてゆくのが産業安全だとすれば、聖書に書かれたこの箇所は産業安全を記述した歴史上最初の、いわゆるデジューレスタンダード（公的標準）でしょう。同じく申命記一九章にある斧の喩えも事故の責任を考える上で重要な示唆を与えます。隣人と一緒に森に入り、木を切るために斧を手にして振り上げたところ、その斧の頭が柄から抜けそれが隣人に当たってその人が死んだ場合、その者は〝逃れの町〟で保護されるという記述があります。それは〝事故〟であり、以前から相手を憎んでいたのではないから、その人は誤った復讐心から〝逃れの町〟で守られるのです。働く者の安全確保の課題です。

労働者の安全確保の責任が、労働者を雇用して事業を行う「事業者」にあることは、世界のどの国も共通しています。日本の「労働安全衛生法」の第一章第三条第一項に「事業者の責務」として、事業者は、単にこの法律で定める労働災害の防止のための最低基準を守るだけでなく、快適な職場環境の実現と労働条件の改善を通じて職場における労働者の安全と健康を確保し、また、事業者は、国が実施する労働災害の防止に関する施策に協力するようにしなければならないとあります。

労働者の安全確保が事業者の責任であるなら、それは生命の創造者による委託でしょう。労働災害防止の最低基準については国の定める義務です。国からの受託責任を最低基準にとどめて、その他の責任を超越した存在からの委託としている点と考えると感動させられます。それは、神かもしれないが、そうでなくともグローバルに合意できる何らかの権威からの委託に応える管理責任（受託責任）が、わが国の労働安全にもそのまま適用できるということです。そして、その責任を果たす方法には、スチュワードシップがあることになり、生命の創造者の委託か、その代理としての国際認証機関になるでしょう。

マスターシップ（事業者）には特に説明責任が要求されていない。労働安全が事業者に任されたという場合、強い責任感から事業者は最も効果的な労働災害防止を実行するのがむしろ自然です。〝任された〟という感覚で企業内の徹底した安全管理を実行する。現実にも、災害の半数以上は人間のミスが原因だと考えられ、安全教育・訓練が事故防止に最も効果的だと考えます。しかし、機械の使用者としてのマスターシップは、労働災害の即効性を狙うあまり、技術を用いた抜本的対策を取り難いという現実があります。一方、「スチュワードシップ」は、グローバルな合意に基づく安全の手順に従い、人間のミス、機械の故障や安全装置の故障に対する安全対策を優先して行うべきことを設計者に求め、設計者は説明責任を果たします。事業者は、第三者認証機関による安全認証によって確認し、それを公表してスチュワードシップの責任を果たします。あるいは、すでに安全の正式な認証を受けたものを労働者に提供することで事業者のスチュワードシップとしての責任を果たします。さらに作業にリスクが残る場合は、安全作業手順を作成し、必要に応じた教育訓練を行って、リスク低減の最大の努力を行います。

しかしながら、日本の労働安全は事業者独自の責任で行うマスターシップの考え方で実行されているように思われます。それにもかかわらず、労働安全衛生法の求めているのは必ずしもそうではありません。同じく第三条第二項では、「製造者の責任」について次のように定めています。「機械、器具その他の設備を設計し、製造し、若しくは輸入する者、原材料を製造し、若しくは輸入する者又は建設物を建設し、若しくは設計する者は、これらの物の設計、製造、輸入又は建設に際して、これらの物が使用されることによる労働災害の発生の防止に資するように努めなければならない」とあります。日本の労働安全衛生法は、事業者に対してスチュワードシップの責任の中でさらに具体的安全対策の説明責任を製造者（設計者）に求め、その限界に対して労働者の安全教育に委ねてゆこうとするグローバルな安全の責任体系となんら矛盾していないことが求められます。日本の労働安全衛生法は、昭和四七年に発布されましたが、米国の職業安全衛生管理局（ＯＳＨＡ）を参考にして作られたと言われています。日本の労働安全の考え方が特殊だったわけでなく、労働安全の責任を任され、労働災害防止を強く責任を意識して達成する為に事業者は、他を当てにしないマスターシップの方法をとらざるを得なかったのではないでしょうか。労働安全はグローバルな説明責任を負うもので、そのために事業者は人の命を預かる受託者として「スチュワードシップ」の立場から労働災害防止の責任を果たすものでなければならないのです。

ところで、機械安全に関する国際規格はしっかりした階層構造を準備しています。しかし、この確固とした階層構造は、それ以前に、国際規格を作る立場のあらゆる人が共通にすべき安全の理念をまとめたISO/IEC－Guide51がすでにその礎となっていたということは日本ではあまり知られていません。この国際労働機関のISO/IEC－Guide51こそが、スチュワードシップのあり方を示したもので、機械の安全の全体を管理する事業者や設計者に帰すべき管理・受託責任です。設計者・技術者の説明責任に基づいて、機械の安全を立証して安全保証書を作成して機械にCEマークを貼る。それは、システムの計画者が実行するが、やはり事業者のスチュワードシップに帰する説明責任に基づくものです。国際規格体系の一層の理解を深めて労働安全の国際化を実現すべきであると考えられます。

フランスに〝真理の局〟という意味のビューロー・ベリタス（bureau veritas）という第三者認証機関があります。ここの審査官は、欧州の安全認証制度に伴うCEマーク取得のため、設計者・製造者に対して安全性確保の正当性について説明を求めます。この安全審査の光景は正統を見分ける宗教裁判に通ずるところがあると言われます。審査官は、安全（正統）に認証を与える使命を持つだけでなく、神からの委託を得て誠実にその使命を実行します。けれども、日本の認証団体の審査官は、審査を行う相手から必ず問い詰められる場面があります。品質、環境、安全、いずれのマネージメント規格でも同じですが、認証を与える際に厳しい要求を出すと、審査官に向って「おまえは何様なんだ！」と罵声を浴びせられることもあるそうです。任意規格にすぎず、高額のお金を取って認証作業を進める側も、このような時、日本の認証団体ではどう対応すべきか困っています。認証する側とそれを受ける側にグローバルな共通の責任感がなければ、いつまでもマネージメント規格は任意規格であり続け、安価で早くていいかげんになりかねません。そして製造者優位で、認証機関にとって「認証審査をさせていただきます」という関係が続くのです。すくなくとも、グローバルな立場での信託、それは究極的には創造主が存在し、その「神からの委託という考え方」に通ずる理解が必要なのです。グローバルな規模の責任体系であるスチュワードシップの正しい理解によって、グローバルな認証審査を実現し、安全の責任に対する真の解決を求めるべきでしょう。

（1）M. D. Meeks, The Future of Theology in a Commodity Society, in Miroslav Volf, ed., *The Future of Theology*, Eerdmans, 1996, 253. さらにA. Rasmusson, *The Church as Polis: From Political Theology to Theological Politics as Exemplified by Jurgen Moltmann and Stanley Hauerwas*, University Notre Dame Press, 1995も参照すると、現代社会における教会論の存在意義が今日の神学において検討されていることがよくわかります。

（2）R. Heilbroner, *The Nature and Logic of Capitalism*, W.W. Norton, 1885.

（3）S. Lash and J. Urry, *Economies of Signs and Space*, Sage Publications, 1994, 315ff.

（4）E. Farley, *Good and Evil: Interpreting a Human Condition*, Fortress Press, 1990.

（5）Meeks, op. cit., 261.

（6）M. Visser, *The Rituals of Dinner: The Origins, Evolution, Eccentricities and Meaning of Table Manners*, Grove Weidenfled, 1991, 2-78.

（7）ペーター・コスロフスキー『ポスト・モダンの文化――技術発展の社会と文化のゆくえ』高坂史郎・鈴木伸太郎訳、ミネルヴァ書房、一九九二年、一四八頁。

（8）同書、一四九頁。

（9）T. J. Gorringe, *Capital and the Kingdom*, Orbis Books, 1994, 34-37を要約。

（10）ジョン・ラスキン『この最後の者にも／ごまとゆり』飯塚一郎訳、中高クラシックス、二〇〇八年。

Ⅲ　卓越社会に向かう証し

序　「タイガーマスク現象」からパラリンピックへ

近年日本で起こった不思議な現象と課題に向かいましょう。新聞報道（朝日二〇一一年二月一七日）によりますと、二〇一〇年一二月二五日、群馬県前橋市の児童相談所に、匿名でランドセル一〇個が届けられました。送り主は分からず、ただ、梶原一騎の人気漫画『タイガーマスク』の主人公「伊達直人」を名乗る人物の手紙が添えられていただけでした。マスコミは美談として報じたのですが、事態は興味深い展開をみせました。それはマスメディアが第一報を報じたのちに、年が明けると第二、第三の「伊達直人」が現れたのです。神奈川県小田原市の児童相談所に届けられた「伊達直人」からの手紙には、「タイガーマスク運動が続くとよいですね」と記されていました。明らかに、第一の「伊達直人」とは別の人物が「伊達直人」を名乗ったと思われます。したがって、第一の行為が影響を与えた行為ということができます。「贈与の継続」という同様の動きは、岐阜県、沖縄県、静岡県をはじめ全国に波及しました。二〇一一年一月一五日のNHKニュースによると、一月一五日までに全国で同様の寄付行為が一〇五六件を越え、現金、金券あわせて、三二四〇万円の寄付が集まったのです。また、「伊達直人」のみならず、漫画『あしたのジョー』の主人公「矢吹丈」や、「ムスカを愛するVIPPER」というインターネットの匿名掲示板でアニメの登場人物の名前を借りた寄付も起きました。これが、贈与が贈与を生むという「タイガーマスク現象」と呼ばれる出来事です。考えてみれば、それは利己心だけで経済活動をするという狭い価値観を超えるものでした。児童相談所等に焦点を当てたことは、社会に多様な存在を受容する試みの一つであったとも考えられます。その意味では、パラリンピックなど障がい者の活躍する場所を設定した価値観が反映していることをも思い出します。ここにはジャン・バニエの「ラルシェ共同体[1]」のような障がい者と支援者が共に生きる「新しい社会のあり方」を求めていく方向もあり、これからの社会を暗示する出来事でもあったでしょう。

そして二〇一一年三月一一日には東日本大震災が発生しました。地震と津波と原発事故という三重苦の災害がおこりました。この震災では、当初、被害が軽い地域の市民の間で「自分たちに手助けできることがあまりに限られている」という事実が、私たちの心に自責の念にも似た「もどかしい感情」を引き起こしました。そんな中で節電や買い占めの防止など「市民一人ひとりが実践できる復興支援」という形が出来上がってきました。その身近な支援方法の一つとして「寄付文化」への注目度も高まりました。

ここで日本の寄付文化について改めて考えてみますと、「日本の寄付文化と寄付募集戦略」と題する八木晶代(日本私立学校振興・共済事業団私学経営情報センター経営支援室)の興味深い文章があります。「日本ファンドレイジング協会発行の『寄付白書二〇一一』(経団連出版)によれば、米国の寄付総額対名目GDP比が過去四〇年にわたり二%前後で推移しているのに対し、日本は平成二一〔二〇〇九〕年ですら〇・四%に過ぎず、日本の寄付金市場は極めて小さいといえる。その理由は、これまでに宗教観、価値観、歴史、制度など様々な側面から論じられてきている[2]」。日本とアメリカの寄付市場の大きさはとても違います。日本の寄付市場は約一兆円という規模ですが、アメリカの寄付市場は円高の時でさえ約二三兆円、今のレートだと三〇兆円を超えています。GDPベースで見ても日本はGDP比の〇・二%しか寄付市場はないのですが、アメリカは二%の寄付市場を誇っています。ちなみに日本は先進国の中でも寄付市場がとても小さく、逆にアメリカはとても大きいと言えます。およそ世界では平均的にはGDP比で〇・八〜一・〇%です。このように寄付市場の大きさの要因には様々なことが言われています。

しかし、八木によると、「だからといって『日本人は寄付をしない』『寄付文化がない』といえるのだろうか。日本では以前から神社仏閣への賽銭や赤い羽根共同募金をはじめとする街頭募金など、日常的な寄付行為は存在している。また、昨年〔二〇一一年〕の東日本大震災の際には全国から多くの寄付が集まったことも記憶に新しい」とあります。

さらに、「震災時には著名人の高額寄付が数多くメディアに取り上げられたが、義援金以外でも、昨年〔二〇一一年〕九月に埼玉県の女性が地元の子供たちのためにと市に一億円を寄付したり（読売新聞二三〔二〇一一〕年九月七日）、一一月には、九州大学が元会社役員の男性から新講堂の建設費として数一〇億の寄付を受けたことも報じられる（毎日新聞二三年一一月二九日）など、話題になった高額寄付も少なくない。これらのことから、わが国でも、寄付が日常から遠い存在ではないということ、また、高額寄付を行う篤志家も少なからずいるということがうかがえる。『寄付文化がない』と決めつけてしまうのはあまりに早計ではないだろうか[3]」とあります。

しかし、これらの指摘にもかかわらず、問題は近代化ではなく、その後のグローバリゼーションを迎えた地球共生社会のヴィジョンと具体化です。それに対して、産業革命期のイギリスの宗教的指導者ジョン・ウェスレーは、すべての人を罪から解放するイエス・キリストの十字架と復活の恵みをのべ伝え、しかもすべての人に新しい命に生きる「再生」の機会を提供しました。彼は、明快に救いの段階を明らかにし、まさに「生のドラマ」をすべての人に提供しました。それが「義認・新生・聖化・完全」の救いの段階説でした。この意味で、キリスト教信仰は、愛の完成を目指す「機動力」となりました。そして、この目標を目指して支え合う「クラス・ミーティング」という新しい共同体の訓練にメソジズムは特徴を持つことになりました。有名な経済倫理の言葉も、神の愛の機動力から深くて広い経済倫理に発展しています。彼がこの世の財産の取り扱いについて主張している最も有名なものは「できる限り儲けよ。できる限り節約せよ。できる限り与えよ（Gain all you can, Save all you can, Give all you can!)」です。実際これらのルールは、金銭と他の経済財に関して、ウェスレー自身が実践したことと彼の教会員への教えを適切な仕方で要約しています。現代神学者マックレンドンによると、新生という「完全また完成へのプロセス」は、「社会の完成としての文化（Culture as society's perfection）」を生み出すことになりました。寄付の文化もここに入れられます。ウェスレーは「義認、新生、聖化、完全」と再生のプロセスを語りましたが、彼のオックスフォードの学生時代からの愛の業は、病人を訪問したり、学校に行けない子供たちの勉強を教えたりする「具体的チャリティー」でした。それにキリストの愛を表現しました。彼によると、「できる限り与えよ」がなければ「できるだけ儲けよ。できる限り節約せよ」も地獄の誘いになると警告して、義認、新生、聖化、完全の精神的エネルギーによる寄付文化を称揚しました。このような精神的エネルギーが寄付文化を力強く形成したのでしょう。いずれにしても、利己心を人間像の中心に置く功利主義哲学は、人間の経済活動を読みとく経済学の前提にありましたが、これからは「贈与が贈与を生む」ような心豊かな「成熟した市民社会」を私たちは「卓越社会（エクセレント・ソサエティ）」として考えていきたいと思います。「大いに捧げよう」です。第一章で「第二の自然」という言葉を用いながら聖書的な「忍耐と希望と愛」を身に付ける習慣の大切さを考えましたが、キリスト教信仰を開花させる礼拝共同体の習慣による証しに注目したいと思います。これが聖書の提供する社会的ヴィジョンであり、「卓越社会」です。

教皇フランシスコは、初の南米出身のカトリック教会の責任者となりましたが、二〇一三年一一月に使徒的勧告『福音の喜び』という文書を出して、その基本的姿勢を示しました。印象的な最初の文章は、「福音の喜びは、イエスに出会う人々の心と生活全体を満たします」という言葉です。続いて、「イエスの差し出す救いを受け入れる者は、罪と悲しみ、内面的な虚しさと孤独から解放されるのです。喜びは、つねにイエス・キリストとともに生み出され、新たにされます」と福音の喜びを解き明かし、「この勧告において、わたしは、この喜びを特徴とする福音宣教の新しい旅の段階へとキリスト者を招き、今後数年の教会の歩みの道筋を示したいと思います」(4)

と意欲的な勧めを伝え始めます。それにより、現代社会の心配を分析していることに注目させられます。「多様で圧倒的な消費の提供を伴う現代世界における重大な危機は、個人主義のむなしさです。このむなしさは、楽な方を好む貪欲な心をもったり、薄っぺらな快楽を病的なほど求めたり、自己に閉じこもったりすることから生じます。内的生活が自己の関心のみに閉ざされていると、もはや他者に関心を示したり、貧しい人々のことを考えたり、神の声に耳を傾けたり、神の愛がもたらす甘美な喜びを味わうこともなくなり、ついには、善を行う熱意も失ってしまうのです[5]」とあります。それに対して、「尊厳ある充実した人生」も選択できると勧めます。この勧告は経済における「トリクルダウン理論」に批判的である点も印象的です。

私たちは、薄っぺらな快楽を病的なほど求める個人主義ではなく、「尊厳ある充実した人生」に進んでいきたいと思います。これが礼拝共同体において「神の声に耳を傾け」新しいヴィジョンを与えられて、社会貢献を考え、また「多様な生の形を受容する人々を育成する卓越社会」を創造していく道であると思います。それが「旅する神の民」として旅路を歩む尊厳ある充実した人生だと思います。

ここで「パラリンピック」のことに触れましょう。障がい者を対象にしたスポーツは一九世紀からヨーロッパ各地で小規模ながら開始されていました。しかし、パラリンピックの前身になったのは、ユダヤ人医師のルドヴィッヒ・グッドマンによって始められた患者のリハビリテーションを目的としたスポーツです[6]。グッドマンは、ドイツに生まれ、フライブルグ大学医学部を卒業しさらに勉学を進めていましたが、ナチス台頭の時期に、英国内のユダヤ人を支援する組織の援助のもと妻子と共に、着の身着のままで英国に亡命しました。第二次世界大戦終了間際、英国の首相チャーチルは、戦傷者の治療を提供する方策をたて、社会復帰を可能にする専門病院を作ることにしました。その一つとして一九四四年ロンドン郊外のストークスマンデビル病院に「国立脊髄損傷センター」を設置しました。ドイツ出身のグッドマンがそのセンター長として招聘されました。第二次世界大戦の頃には、脊髄損傷者の生存率はわずか二割でしたが、英国では神経外科、内科、泌尿器科の医師さらに理学療法師などの「包括医療態勢」が推進されるようになり、患者の八割が社会復帰できるようになりました。グッドマンは、脊髄損傷者の残っている機能を強化する目的で、医学的なリハビリテーションとしてスポーツを取り入れました。

一九四八年七月二八日、ロンドンオリンピックの開催日に合わせて、ストークスマンデビル病院において脊髄損傷者のアーチュリー競技が行われ、車椅子を使用する一六人の英国退役軍人の小規模な競技会が行われました。これがパラリンピックの原点と言われています。[7] パラリンピックの「パラ」は、下半身麻痺の「パラプレシア」のパラをオリンピックと結びつけたのですが、今では「もう一つ（パラレル）のオリンピック」として「パラリンピック」と言われています。一九八八年のソウルオリンピックから、公式に国際オリンピック委員会の承認のもとでパラリンピックが開催されています。つまり、リハビリテーションのための競技から始まり、多様な障がい者が社会参加する「社会的包摂（ソーシャル・インクルージョン）」の象徴としてのパラリンピックと考えられるのです。「障がい者などが地域で普通の生活を営むことを当然とする福祉の基本的考え」であるノーマライゼーションに基づくものとされています。今は当たり前となった駅のホームの点字ブロック設置などですが、これは一九六〇年代に北欧から発信されたノーマライゼーションの施策でした。身体的に多様な存在を認めるだけでなくすべての人が社会参加を支援する施策が取られるようになってきたのです。

しかし、グローバリゼーションが語られる今日において、教皇フランシスコは「無関心のグローバル化が発展したのではないか[8]」と心配しています。繁栄の文化が「他者の叫びに対して共感できなくなり、他者の悲劇を前にしてもはや涙を流すこともなく、他者に関心を示すこともなくなっています」と勧告の中で指摘しています。他者の困難に対して、「ただの風景、自分の心を動かすことのないもの」となっているのではないかというのです。地球共生社会とはこの社会包摂の課題も果たすものとなるでしょう。第三部ではこのことを具体的に求めていきたいと考えます。

(1) S. Hauerwas and J.Vanier, *Living Gently in a Violent World: The Prophetic Witness of Weakness*, IVP Books, 2008 参照。

(2) 日本私立大学協会「教育学術オンライン」平成二四年三月第二四七五号（三月一四日）http://www.shidaikyo.or.jp/newspaper/online/2475/5-1.html（二〇一五年四月二八日アクセス）

(3) 同。

(4) 教皇フランシスコ『使徒的勧告　福音の喜び』日本カトリック新福音化委員会訳、カトリック中央協議会、二〇一四年、一〇二頁。

(5) 同書、一〇二頁。

(6) 中村太郎『パラリンピックへの招待——挑戦するアスリートたち』岩波書店、二〇〇二年、一三六頁。

(7) 同書、一四〇頁。

(8) 教皇フランシスコ、前掲書、五七頁。

第9章　贈与の神学――愛と参加の機動力

「贈与の世界」とは

私たちが生きている経済世界は、いまや多くの不祥事に巻き込まれることがありますが、その世界を作り直すための原理をもった「贈与の世界」という問題提起を検討したいと思います。私たちは、日ごろ「交換の世界」に生きており、資本主義社会が円滑に進んでいますが、世の中を変えていくためには、「贈与」つまり勇気をもって与える行為が必要です。聖書の世界は、贈与が起こりうると述べています。私たちがあまりにも「交換の世界」に慣れていると、贈与という行為は、奇跡に近いものとなります。本章では贈与を考えるために「交換の世界」、「贈与の世界」、「純粋贈与の世界」を考察します。

まず「交換の世界」では、貨幣があれば何でも買えます。お金とモノとは交換の関係にあり、商品は売り手の手を離れて買い手に移ると、すぐにその代価が支払われなければなりません。それは「等価交換」としてすべてを計算可能とする世界です。その交換の世界について、宗教学者の中沢新一は次のように説明しています。[1]

一　商品はモノである。そこでは作った人や所有している人の人格や感情は含まれずに計算されることが原則。

二　ほぼ同じ価値をもつとみなされるモノ同士が交換される。等価のモノ同士が交換できるという原則。

三　モノの価値は確定的であろうとする。その価値は計算可能なものに設定されている。

このような世界で有効なものは、技術知でしょう。しかし、この社会は、技術知だけで、分析できるものでもなく、ましてや教育のすべてを含めるものでもありません。

第二の世界は、「贈与の世界」です。日本の社会・文化でも贈り物をおくる（gift, gibt, don）世界があります。親しい人に贈るときに、人は注意深く値札をはずし、包装しなおし、商品の痕跡をできるだけ消して相手に贈ります。贈り物をもらったときには、必ず返礼をします。即座の返礼は失礼であり、同じ価値のものの返礼もいけない。交換を超えた贈与のやり取りが友情の証しになります。しかしこの贈与の原理にはまだ「操作可能性」があります。相互関係の中で見返りを求める贈与です。

一　贈り物はモノではない。人と人との間に人格的な何かが移動している。

二　相互信頼の気持ちを表現するかのようにお返しは適当な間隔をおいて行われる。

三　モノを媒介にして不確定で計算不能な価値が動いている。

しかし、この贈与の世界は、人間の相互関係が働いているので、操作可能があり、また計算する可能性もあります。したがって、さらに「純粋贈与の世界」も考察しなければなりません。

私たちの世界にはこれらを越えた第三の世界、「純粋贈与の世界」があります。純粋贈与は、この世界の外部からやってくる原理です。それは共同体の中を支配している相互性の原理ではなく、過剰に与える「無償の愛」

という原理です。教育学者矢野知司によると教育の状況において、夏目漱石の『こころ』の先生はまさに自己贈与の業をなすのです。

矢野は『贈与と交換の教育学』において、教育の場から神話や聖性や超越といった言葉を追放した世俗教育の源泉は、十七、十八世紀におけるロックなどに代表される経験論の認識理論とヘーゲル哲学、さらにルソーの教育思想という啓蒙思想家の理論を土台にして「交換の世界」を生み出したといいます。それに対して、「純粋贈与という出来事は……これまで教育学で問われることのなかった」[2]として、「生成の教育」を主張し、生の変容についての理論を平板化してしまった戦後教育を克服するものとして、古い自己が「溶解体験」をへて新しい自己になる「覚醒経験以上」の教育学を提案しています。「『出来事としての贈与』は、溶解体験・非―知の体験をもたらし、共同体の有用な掟を侵犯し、共同体の秩序を揺さぶる」[3]のです。矢野は、このような生成の教育を「宮沢賢治の文学世界」と夏目漱石の『こころ』を見事に分析して現前させました。教育学としては、マナー教育、ボランティア教育を溶解体験の場として想定していますが、それだけでなく「個人の誕生が『超越的存在との交わり』による『人格の尊厳』を取り入れることと結びついていたとするならば、日本の学校空間が個人を生みだすことは困難というしかない」[4]とします。この問題意識から考えると、この生成変容の教育は、キリスト教育にまさに触れ合うのです。それは、世俗外的存在のイエス・キリストと出会うことによって自己溶解を体験し、再生されて「弟子性に参与」する出来事がまさに教育学と触れ合う形で展開できます。ルカによる福音書五章に現れているイエス・キリストと弟子のペトロの出会いは、「人間をとる漁師となる」という自己変容が教育学的に叙述可能になるということでしょう。

贈与と赦し

ここではルカによる福音書一〇章三〇―三七節の「よきサマリア人の譬え」を純粋贈与の出来事として取りあ

げてみます。さらに赦しの出来事に触れることもできます。
「よきサマリア人の譬え」は、あるユダヤ人がエルサレムからエリコに下っていく途中に強盗に襲われ、瀕死の状態になるところから始まります。そこに当時、地位の高かった祭司とレビ人が通りかかりますが、通り過ぎてしまいました。しかし当時ユダヤ人から相手にされていなかったサマリア人がこの瀕死のユダヤ人を助け、宿屋に連れて行き、そこの主人にお金を渡し、介抱してもらうのです。ここでは、ユダヤ人と敵対関係にあり、ユダヤ人から蔑まれたサマリア人がこの瀕死のユダヤ人を助けようとしています。ここには、異質な他者への配慮という特徴があり、過剰に与えること、何の見返りも考えない「過剰な行為」が示されています。この譬えには、さらに重要なことがあります。つまり、ただ身体上の傷を癒したということだけでなく、ユダヤ人とサマリア人の壁を越えて、ふだんは立場の弱い方のサマリア人が立場の高い方のユダヤ人の存在を赦しているという驚きです。

最大の純粋贈与（無償の愛）は、この赦しにあります。英語の赦し forgiveness には、give「与える」という言葉が入っています。フランス語の pardonner は donner「与える」から成り立っています。またドイツ語の Vergebung にも geben「与える」が含まれています。したがって、赦しは、与えること、贈与です。しかも見返りを求めていては、赦すということはできません。被害にあった方が赦すことは、純粋な贈与、純粋に与えることだけを意味しています。純粋贈与の世界は、その過剰さによって被害・加害の枠組みさえ克服し共生への道を備えるのです。

それは、救い主イエス・キリストご自身が、他の人々のために受難の道を歩み、最後には十字架にかかって生命を捧げるという救済の出来事に現れています。彼には何の落ち度もなかった。しかし、この世で一番低いどん底に降り、そこで人々に赦しを与えられました。それを聖書は「屠られた小羊」の愛の支配の開始として信じている（黙示録五章など）。まさにそれゆえ、過剰に赦された私たちは、自発的な応答を促され、愛せる人になりたいと決意させられるのです。他者に対して存在の肯定を与えられる人、その人の存在を祝福してあげられる人になりたいと決意します。これは、まさにキリストによる「愛と参加の機動力」ですが新約聖書の「家族倫理」における初代教会の反抗の誘惑を克服する「自発的な従属の呼びかけ」(ヨーダー)にまでなるのです[5]。

そのためには、私たちは、既にキリストが十字架にかかり一切の私たちの存在を赦して復活されたという事実があることを確認します。それは、神が私たちにくださった最大の贈り物だといえます。「神はそのひとり子を与えたほど、世を愛された」ことこそ過剰に与える最大の純粋な贈り物、「純粋贈与」つまり無償の愛です。そこで起こる反応は、純粋贈与として赦しの愛を与えられた者の溶解体験・非―知の体験ということになります。聖霊による愛の機動力です。

私たちには、人間だけの世界を超えた聖なる世界があること、神が私たちの存在を赦しているという「純粋贈与」があること、それによって私たちはただ交換の原理に基づいた生活だけなく、それを越えた世界があることを直観し、世俗世界を変えていくことができるようになります。「できるだけ捧げる」のです。この赦しの出来事という純粋贈与をぬきにしては、私たちは本当の平和教育もできないのではないでしょうか。

フランスの文化人類学者マルセル・モースは、『贈与論』(一九二五)を展開して、近代の交換経済を転換するような贈与という全体的奉仕の現象について発見させました。彼は、贈与の実践が争いを「平和」にみちびき、相互関心が共通の基礎を発見させると考えました。しかし、哲学者デリダは、モースが無理をして贈与を語っていると批判し、贈与は交換経済の中断にすぎないと考えました。しかし、神学者たちは、さらに積極的にモースを評価して、マルキシズムではない代替システムとして贈与による可能性を見出しています。そこで、この贈与の経済的意味と新しい神学の展開を考察します。

一六世紀の英国教会では分餐されたパンは、配分の順序によってその共同体の日常生活の社会システムを方向付けていました。聖餐式はまさに神の贈与を表わす物素(主にパン)の配分の仕方が、その共同体の人的関係のありかたと権力配分を決定していました。しかし、便利な近代社会において私たちは、その日常生活の方向付けをほとんど市場原理によって計算されているのではないでしょうか。パスモやスイカといった非接触式ＩＣカードにチャージして公共の交通機関で運ばれ、一日の労働力を提供し、生活のための対価を期待して働き、また交通機関を使って帰宅します。これは「経済的約束事（A economic contract）」を前提にした「計算社会」です。ところが、上記の一六世紀の聖餐式によってパンを分け合う教会生活は、人間の精神性に贈与の方向性を与えるだけでなく、具体的な社会システムの方向付けを変革します。この社会システムとの関連で神学的倫理学を展開しましょう。

リベラリズムによる救済

便利な近代社会の個人の自由選択による交換経済（B）は、金銭を媒介にして機械的に計算して取り引きするので、感謝と義務に束縛されたギフト・エコノミー（A）の息苦しさから私たち人間を救い出しました。それは、「限界効用説」に基づいた価値を合理的に判断して対価を支払えば、なんの義務感もなく自由に行動できる便利な交換関係を結べる社会システム（J・S・ミル）だからです。この社会システムは、一切の強制力のない自由を確保してくれます。このシステムの経済交換は需要側と供給側に自由な合意さえあれば実行できるだけでなく、お互いを金銭感覚で計算し、義務を感じたり恩を売ったりすることがないので、お互いの人柄を忘却しても何の問題もないのです。私たちは相手がどんなに親切にパスモの機能について説明してくれても、対価さえ払えば相手の親切など忘却してもかまわないのです。つまり、このようなリベラルな計算システムによって、私たちは人間関係を息苦しくする贈与経済（A）から解放されます。便利な合意契約（contract）による交換によって成立した計算社会は、「忘却社会」ともいえるのではないでしょうか。

この自由で便利な社会システムの論理は、不思議な仕方で、思想界さらに神学世界にまで影響を及ぼし、その論理を滑り込ませています。たとえば、A・ニーグレンによる「神の愛は『見返りを求めない愛』である」という定義は、相手に義務感や返礼を求めない一方的な愛です。それは、自分の利益を求めない愛として、キルケゴールの極端な言い方によると返礼できない「死者への愛」が理想ということになります。この精神は、無私の愛という仕方でカントに影響を受けた神学者たち例えばラインホールド・ニーバーの倫理学にも継承されています。まさに十字架の愛は、自分の利益とは一切関係のない、その意味での自己犠牲的愛です。しかし、今日キリスト教経済倫理学を展開している神学者ステファン・ロングによるなら、この論理は「十字架のあとの復活の出来事を無視している」となります。[6] 無私の愛は、十字架の愛を示しており見返りを求めない、しかし新しい関係を生み出さない非政治的愛です。それが、復活や聖霊を無視する神学的欠陥だとしているのです。このような参加を促す贈与の起動力を避ける傾向は、ポスト・モダンのデリダにも継承され、主張されています。

いずれにしても、義務感をもたらす贈与より合意契約の方が気楽になる、という「自律的生の確保」がリベラリズムの救済になります。しかし、このリベラルな合意契約は、本来的自由をもたらすと言えるのでしょうか。それは、近代経済学が分析するように、個人を選択の自由によって欲望を満足させる「消費者」として理解させることになります。それはすべての人間関係また社会システムにふさわしい理念なのでしょうか。合理的な合意契約は、それ自体で問題があるわけではないが、それ以上の「社会的連帯の麗しさ」また真実の積極的交流という政治的友情を放棄することになるのではないでしょうか。

贈与の神学――ミルバンクとカルヴァン

現代神学者ジョン・ミルバンクは、先の文化人類学者モースの議論を取り上げて、キリスト教がその「純粋贈与」によって「新たな贈与経済」をもたらすと考えました。彼によると、「純粋贈与」は、感謝と参加によって持続し繰り返される「贈与の連鎖」となりうるのです。贈与の経験は、時間の延長と同一物にはならない贈与の繰り返しという不思議な現象になります。つまり、ミルバンクは、キリスト教神学が「純粋贈与」の方法を示すことによりキリスト教価値観を表現できると考えました。それは彼がアウグスティヌス神学を研究することによって発見し、また提案できた観点です。ミルバンクは幸運にも、アウグスティヌスの『三位一体』に、聖霊が「贈与」という名前であることを見つけ出しました。そこから、彼は神学的論理で、贈与のコンセプトを用いて「愛の倫理的継続性」を展開することになりました。[7] つまり、聖霊によって各位格（父と子）は自発的贈与を実践すると考えました。彼は、さらに創造の教理も「贈与の論理」で展開しました。つまり、創造者は、被造物に対して、「非対称な贈与」をもたらしました。まさに、すべての存在を創造する行為は、対等の取引行為と比較するなら「過剰な業」としか考えようがないのです。なぜなら、被造物は、存在を受け取る以外ないからです。しかし、三一の神は、まさに聖霊によって「神と人間の自発的交流関係」をも促しています。それゆえに、創造者は、被造物の参与を引き出す者であり、その意味で、存在を与えるという「過剰な贈与」により、自由な「相互贈与」への道を切り開くのです。つまり、この「神的贈与」によって、人間は、神との生命的関係に参加して生きることになります。それがミルバンクによるなら、「能動的受領（active reception）」です。さらに、これは、神から愛をうけて、人間が相互に愛するように促される機動力です。つまり、純粋贈与が孤立して先行するより、むしろ垂直の関係と水平の関係の同時性というように、彼は、贈与と能動的受領が同時に考えられなければならないとしました。[8] ところで、ミルバンクは、自らの立場を二つの立場と区別しました。第一に、カントからはじまりその後のデリダやレヴィナスまでふくめた「カント後の倫理学者たち」は、倫理の最高地点に、「無私の愛」を置きました。つまり、見返りを求めない自己犠牲を理想とし、無私とは、贈り物であることさえ認識しない無意識の行為です。たしかに、少なくとも『道徳的形而上学の基礎』から、カントは傾向性をもった義務と「究極の義務」とを分けます。つまり、カントは、感情的な好みがあるなら不純な動機に基づく行為であって、道徳に値せず、義務は成立しないとします。つまり、一方的な自己犠牲こそ倫理に値するのです。しかし、ミルバンクは、デリダの贈与についての理解を次のような仕方で問題点を指摘します。デリダの贈与概念は、構造的に言って、相互性が出現することによって破壊されると。デリダによれば、好みに誘われないで果すような義務を壊す贈与は、「自由に与える」贈与ではなくなる。つまり、デリダの考える贈与は、返礼を拒否する極端に一方的に与える性格をもつのです[9]。

他方、ミルバンクは、ジャン・R・マリオンを第二の立場とします。マリオンは、イエス・キリストにおける啓示を「溢れる現象」と考えます。つまり、贈与とは、受け手を圧倒し、認識論的にも眩しくて認識を超えるほど豊かに満たしてしまいます。マリオンは、神の啓示を認識の限界を越えるほど、あるいは認識できないほど「過剰なもの」と考えます。つまり、贈与者と受領者の認識論的距離を考えさせるのです。それは、あまりにも豊かに与えられるので、その意味から考えて「否定神学」になるといいます。それはちょうど太陽を見上げると人間の眼にはあまりにもまばゆくて見えなくなるようなものでしょう。しかし、その光線の輝きがあまりにも強烈だからといって、人間の眼に認識できなくても、太陽がないというわけではないのです。私たちはその明るさやその暖かさの恩恵にあずかっています。しかし、ミルバンクによると、これは、神の贈与の半分の真理しか指摘していない。ミルバンクは、受領者の意欲がどのように啓示に反映するか、あるいは参与するかを探求していきます。ミルバンクによると、マリオンの意志論は、結局、無制約的な能力への無関心となってしまいます。それに対して、ミルバンク自身は、意志を三一の神における交流、さらに人間共同体における交流にいたる脱自的（エクスタティック）な「能動的受領（active reception）」[10]と考えます。しかし、マリオンの贈与の性格付けには、デリダのような一方的な性格だけでなく、認識不可能であるが受領者に交流の応答もあると考えます。ミルバンクは、贈与の神学における贈与と受け取り手の能動的受領を積極的に語りたかったのだといえます。この「能動的受領」を、宗教改革者カルヴァンは、さらに深く論じています。歴史神学者ブライアン・ゲリッシュは、カルヴァン神学の中心に「贈与の言語」があるとその『恵みと感謝』[11]において記し、さらに一六世紀のフランスにおいて社会実践として贈与があったとモース流の贈与の方法論にならって分析し、その関連を示しました。ここでは、要約的に示しておきます。

第一に、ミルバンクの「能動的受領」という考え方をジャン・カルヴァンはすでに深く論じており、キリストと結びつくときに、義認と聖化を区別しても、それはキリストにおける「二重の恵み」として統一し、片方だけでは成立しないほど密接に関連づけています。カルヴァンによれば、義認と聖化において、キリストは二分されません。一方において、信仰者は恵みを完全に満たされた神の恵みとして受領します。しかし、他方この受領の過程において、彼／彼女は聖霊によって愛と敬虔の生活を活性化されます。この活性化された愛の生活が律法の第三用法によって導かれるのです。つまり「聖霊による再生」を恵みの受領と分離しない神学は、「能動的受領」というより、むしろ、活性化させられる受領ないしは行動を促される「起動的力」としての恵みというべきでしょう。神の恵みは、神の存在の内部における愛に基礎づけられたものであり、それ自身が贈与を促すものです。神の子の位格であるキリストの受領は、マリアの信仰を活性化するものでした。このようにカルヴァンの二重の恵みは、救いの出来事を明瞭に赦しという第一の恵みを示し、さらに聖霊によって「新生させられた参与」という第二の恵みも語ります。その意味で、ミルバンクの人類学的言語よりも、カルヴァンの二重の恵みの方が救いの出来事として正確に叙述しているかもしれません。「これら両者、すなわち『義』と『聖』も、われわれが彼（キリスト、論者）において、同時に・また結び合ったものとして、体得したものであるから、分割することができない。そういうわけで、神が恵みのうちに受けいれたもうたものはみな、子とする御霊を同時に与えられ、その力によって、神の形に似るように変革されたのである」[12]と表現します。

第二に、カルヴァンの恵みの神学は、聖書にちりばめられている救いの言葉の豊かさをもっています。カルヴァンは、選びにおいて一元的な恵みを語りますが、その神学は、複雑でニュアンスに富んでいます。一方で、彼は、契約において神の一元的恵みを語りますが、他方において、人間の継続的な責任に言及しています。信仰者は神と交流する契約を結ぶための誠実な意志がなければならない。しかし、契約のための誠実な意志は、聖霊において可能なのです。それは、聖霊に支えられた非対称の契約というべきでしょう。カルヴァンは、人間の責任も語りたいのですが、しかも神の行為は人間の行為の機動力であるのです。

ミルバンクは、一方的な神の恵みの教えと人間の受動性を認めますが、カルヴァンは、義認と聖化を分離せずに、一方的な神の恵みを語ると同時に聖霊によって可能にされた再生という能動的になるための起動力を与える働きも強調するのです。

教育学的考察へ

ところで、このような贈与の神学を「贈与の教育学」に投げ返すなら、どのようになるでしょうか。社会学者作田啓一は、人は超越的存在との交わりを経験して「人格の尊厳」を得るとしましたが、矢野智司は宮澤賢治風に「つまり、宇宙との境界が溶解する体験（溶解体験）をもつことによって個人は誕生したのである」と言います。別の言葉で言えば、発達の論理では、人間中心主義・合理主義・民主主義にしたがう仕方で、個人の形成を目的としますが、そこには個人の核となる「人格の尊厳」を生み出す「生成変容の出来事を組み込むことができず」限界をむかえるとします[13]。それはまさに、啓蒙主義の限界、教室という空間の限界とも言えます。ここに神学的教育論が必要とされるでしょう。といっても、キリスト教学校には教室空間以外に礼拝堂があるとしても、礼拝での生成変容の経験にどのように機動力をもたせるのでしょうか。風の又三郎が予想外の存在として教室に入り込んでいたときの驚きと同じ「異化効果」を礼拝が持っているかどうか。そのような仕方で、礼拝堂やキリスト教学校の礼拝は、イエス・キリストの十字架と復活を語り続ける力がなければなりません。いつでも礼拝を神の贈与として存在していることを表現していなければならないのです。あえて言えば、この礼拝における「自己溶解」と「人格の尊厳」の誕生の機動力が、社会での証しや、教室の日常性にも影響を与えずにはおかない事実を現出させなければならないのです。なぜなら、先生が先生であるのは、漱石の『こころ』のように生徒に対して何らかの自己贈与を提供しているからです。贈与の神学は、イエス・キリストの自己贈与という「過剰な贈与」によって新しい自発的感謝をもたらし、献金に表現される喜びの「社会貢献」という流れを生み出しているはずです。神学者ステファン・ロングによると、キャサリン・ターナーの「無私の恵み」というコンセプトは、贈与の理解に合わずに、むしろ合理的な合意契約にちかいと批判し、だから近代社会に飲み込まれて「弟子性の出発」を無視させているのではないかと論じるのです[14]。ここで、たんなる成長ではない、神の過剰な贈与による自己溶解と悔い改めを経過して生まれる「新しい人間性の誕生」が同時に語られなければならないのがキリスト教教育となります。

ここで十字架のアガペーを大学一年生に講義したときの感想を紹介します。

「愛によって、人が変われることが本当にすばらしいと思いました。私は、劣等感のかたまりで、どちらかというと神に対して憧れるというエロースのような感情を抱いていることに気づき、自分が現実逃避的になっている理由がようやく分かりました。しかし、そんな私でも神は愛してくださると思うと、感謝の気持がわいてきました。今日は、授業のスライドと共にリアルタイムで新たな自分になれたことが本当に嬉しかったです。価値創造的愛とありましたが、自分自身の価値というものを見出すことが出来ました」。

これは、過剰な「純粋贈与」であるアガペーに対する「贈与の連鎖」の例になるかもしれません。いずれにしても単純な成長概念ではなく、「生成変容の教育学」に貢献できる新たなキリスト教教育を実験しなければならないでしょう。さらに圧倒的な経済的グローバリゼーションの展開する中で、神学的倫理学が新しい交流を起動する社会システムを提案できなければならないでしょう。

(1) 中沢新一『愛と経済のロゴス——カイエ・ソバージュ〈3〉』講談社、二〇〇三年。
(2) 矢野智司『贈与と交換の教育学』東京大学出版会、二〇〇八年、二二八頁。
(3) 同書、二八四頁。
(4) 同書、二二八頁。
(5) J・H・ヨーダー『イエスの政治——聖書的リアリズムと現代社会倫理』佐伯晴郎・矢口洋生訳、新教出版社、一九九二年、二三〇頁。
(6) D. S. Long and N. R. Fox, *Calculated Futures: Theology, Ethics, and Economics*, Baylor University Press, 2007, 195.
(7) J. Milbank, *Being Reconciled: Ontology and Pardon*, Routledge, 2003, 9.
(8) Ibid., 160.
(9) Ibid., 156.
(10) J. Milbank, Can a Gift Be Given? Prolegomena to a Future Trinitarian Metaphysic, in *Modern Theology*, Vol. 11, 1995, 119f.
(11) B. Gerrish, *Grace and Gratitude: The Eucharistic Theology of John Calvin*, Wipf & Stock Publishers, 2002 参照。
(12) J・カルヴィン『キリスト教綱要』渡辺信夫訳、新教出版社、一九六七年、三・一一・六。
(13) 矢野智司、前掲書、二二一頁。
(14) Long and Fox, op. cit., 9.

第10章　神のドラマに参加する

本章では、「教会が価値（worth）共同体であることが世界の救いになる」という「ドラマの神学」の神学的真理を認識し、それに生きるとはどのようなことかを考えます。

礼拝というドラマ

私の友人のスタンリー・ハワーワス（一九四〇―）は、二〇〇一年に米国の「タイム」誌でベスト・セオロージャンに選ばれましたが、彼は「教会の神学」を土台にしてキリスト教倫理を展開します。彼は教会が礼拝共同体として聖書を物語る使命を与えられていると考えます。私はこの主張に賛同し、更に発展させて、教会が礼拝共同体として世界で「聖書を演じる」ように招かれていると考えます。それが「ドラマの神学」です。なぜなら、礼拝は、礼拝招詞からはじまり祝禱による派遣にいたる人間変革のドラマだからです。戯曲「夕鶴」の作者として有名な劇作家木下順二は、「無限の時間、無限の空間が凝縮され引き撓《たわ》められて形成される小宇宙、しかも自転する小宇宙、それがドラマなのだと私は考える」[1]と劇（ドラマ）を定義します。

礼拝は、宇宙を引き撓めて提示し、私たちに出演することを促すドラマです。「物語の神学」を展開したG・ローリンは、聖書の物語がただ客観的に描かれるだけでなく、私たちに出演するように招くと主張するのです。

「ある人が聖書物語に参加するとき、その人は、教会によるその物語のパフォーマンスに参加します。彼女あるいは彼は、洗礼によって聖書的・教会的ドラマに参加します。それは、記された書物にしたがって演じるだけでなく、自発的に隙間（ニッチ）を見つけて即興的に演じることにもなります。カンタベリー大主教であったローワン・ウィリアムズが述べたように、人々は『このドラマに自分の居場所を造るように招かれている――劇場のリハーサルにおける即興劇のように、しかもその人の自己同一性と未来を与えられるような包括的真理を得るものとして招かれる』[2]」とします。ここに聖書の真理をドラマとして演じる仕方で表現することが考えられています。あのC・S・ルイスが「物理的世界の法則と同様に」「編み上げられた織物のように交錯し合う道徳律」の存在を「宇宙の道」と考えたように（本書六五頁）、神学者フォン・バルタザール（一九〇六―一九八八）は、その神学を「テオ・ドラマ（神のドラマ）」として展開しました。彼の神学的意図は、神がこの世界という舞台を創造し、そこで救いを展開する歴史を導きまた演出し、同時にイエス・キリストにおいて神こそがそのドラマの主役を演じることを示そうとしました。しかも、そこで救いの歴史の主役たる神は、イエス・キリストの救いと希望を提供して、それを記憶させその実践を継続する教会の道を備えたと考えます。聖書（scripture）は、いわばその弟子たちの歩みを実践するための台本（script）です。なぜなら、キリスト教信仰の歴史理解にある終末論的構造において世界の歴史というドラマは大団円にまでいたるからです。その大団円は、「屠られたと見られる小羊を賛美する」平和（シャローム）の完成です。キリスト教神学による神のドラマは、「天地創造」、「契約の民の歴史」、「イエス・キリストの生涯」、「教会の時」、「終末の大団円」の五場から成り立っています。

私たちは「教会の時」つまり宣教と証しの時に生きており「平和を証しする神の民」としてドラマを演じるように招かれているのです。これはこれまでの叙述から考えると「シャローム・モデル」への参加です。それはさらにエレミヤ書に「わたしが、あなたたちを捕囚として送った町の平安を求め、その町のために主に祈りなさい。その町の平安があってこそ、あなたたちにも平安があるのだから」（二九・七）という言葉に示された「旅する神の民」としての生き方です。またフィリピの信徒への手紙に記される「わたしたちの本国は天にあります」（三・二〇）という新しい存在の希望であり、「キリストは、万物を支配下に置くことさえできる力によって、私たちの卑しい体を、御自分の栄光ある体と同じ形に変えてくださるのです」（三・二一）という希望の宣教論的使命を示しているのです。アウグスティヌスも『神の国』において「神の民は、信仰によってバビロンから自由にされているけれども、しばらくのあいだ、バビロンのもとで遍歴の旅をつづける」と言っています。それは、究極の平和（シャローム）に向かって証しの生活をするからです。私たちは、礼拝に押し出されて世界で平和を証しする「途上にある神の民」です。礼拝（worship）こそ新しい旅立ちへの招きなのです。

A・リャードソンは「英語のworshipは名誉を意味するアングロサクソン語に由来する。……神の言葉によってだけでなく、生活においても礼拝されるべきである」(3)と言います。生活における礼拝とは、神の恵みの業を、讃美歌だけでなく個人や共同体での倫理的行為によって賛美し、それに応答して神のドラマに参加することです。共同体が名誉とする価値（worth）によって生活は支えられるのです。それが「証しとしてのキリスト教倫理」です。「私たちの挑戦とは、神と神の教会によって与えられているみ言葉と聖礼典のおそるべき力を、道徳的に刺激する力として保持する者になること」（ハワーワス／ウィリモン『旅する神の民』）なのです。いまこの世界は、「み言葉と聖礼典のおそるべき力」によるシャローム・モデルを新しい解放のヴィジョンとして期待しているのです。

「ザ・マーケット」という無意識のドラマからの解放——ひとつの神学的文化批評

今日、人類史上はじめて「グローバル市場」が誕生し、成長戦略が合言葉になりました。このグローバル市場を選択した私たちは、生活の中で賞賛すべきものとして無意識に「市場という神（ザ・マーケット the Market）」を選択して少しも検討していないとコックスは言います[4]。それは、まさに「事柄のあり方」そのものを規定する無意識のドラマだからです。このグローバル市場という文化の誕生は、「擬似宗教的世界観」のヘゲモニー誕生です。したがって、「真に批判的な神学」はこの擬似宗教的世界観について検討しなければなりません。

グローバルな市場文化は、伝統的な信条体系も道徳的規範もくつがえす暴走です。それは、伝統主義や指令経済を崩壊させ、政治を民主化すると擁護されていますが、その民主政治さえ歪めていきます。なぜなら民主政治は一人一票ですが、株式の市場文化では一株一票で、株を多く所有した富者が優先されるからです。

市場文化の宗教性は、「選択の自由」が人類史の頂点に達したことです。他者に喜んで仕える「福音的自由」ではなく、その選択の自由は、商品を自由に消費する自由です。「買い物するゆえにわれあり（I shop therefore I am）」という象徴言語が生活に意味を付与しています。いまや「市場という神」は、まさに市場の偶像化であり、神の属性を詐称します。「市場という神」は他の諸制度の中で突出した存在となり、他の存在を許さない「ねたむ神」となっています。市場が全知・全能・偏在となるのが偶像化です。

（一）市場は全能である——「市場の神が全能になる」ことは、すべてが商品として売買されることを指します。土地が売買されるように、あらゆる存在が商品になります。人類史において土地はすべてを育む土壌であり、先祖たちの休息地であり、聖地にもなり、魔法の森となり、美的ヒントを与え、神聖な保護区でもありました。しかし、市場は、このような多様な存在を価格というひとつの意味に還元してしまいました。このプロセスは、空気も水も変えました。神学用語をつかうと、この変化は「化体説」です。ついに、最後に商品化されるのは、人間の身体です。すでに身体の中でも、血液、腎臓、皮膚、骨髄、眼球なども商品の領域に入れられました。さらに卵子も精子も商品化されはじめています。キリスト者は、「神のかたち」を人間の尊厳と理解して、このような商品化の傾向にブレーキをかけなければなりません。

（二）市場は全知である――グローバルな自由市場は、包括的ドラマとなり、商品を売るだけでなく、本人より本能的欲求を深く認識し、それを予想して商品生産を計算し労働賃金まで決定します。古代社会において、預言者や先見者が砂漠に祈りに行き、都市にもどって「神の慈しみや裁き」を語ったように、現代の市場調査員は、市場という偶像的意思を予測し、好況や不況、さらに株価の変動を読みとり経済行動に影響を与えます。ザ・マーケットは、人々の欲望を暴露し、心の深みにある願望を開示します。それは、市場調査員という祭司によって、専門的な心理学などで人々の要求や流行の行方を分析し、大衆を誘導します。広告術は、「市場という宗教の信仰問答書」です。人々の間にある挫折や不安は、広告された洋服や宝石や香水などを購入して安直に癒されます。皮肉に言えば、「不条理なるゆえに信じる」という古代の思想家テルトゥリアヌスの言葉、つまり「知性の犠牲」は、いまや消費市場に当てはまることになります。

（三）市場は偏在である――すべてに経済原理を適用する試みは、最後に結婚、育児など家庭にも向けられます。このような傾向を「トータル・マーケット」といいます。使徒言行録において、アテネの詩人が「我らは神の中に生き、動き、存在する」と言っているのを使徒パウロが引用しましたが（一七・二八）、結婚に関して夫婦が愛より経済的理由を優先するなら、市場原理が貫徹されます。本来なら、相互に貢献する友情の共同体が目指されるはずであったのにもかかわらず。以前は経済価値に分類されなかった精神的成長や冒険心や平静さでさえ自己啓発という「商品カタログ」に書き込まれます。神学者たちは、この広告術のメッセージを分析すべきです。なぜなら、そこには看過できない価値観や世界観が潜んでいるからです。

このようなザ・マーケットの「擬似宗教化」は、今や神学者だけでなく、経済学者までも警告する現象です。グローバル時代の道徳的危機であると。『貧困の終焉』で有名なマクロ経済学者ジェフリー・サックスは、途上国の国家経済が正しく機能するように処方箋を書いてきましたが、二〇一一年に『世界を救う処方箋』で、アメリカに戻って極度に発展した消費社会を分析し、「政治と文化の根腐れが恐ろしい程進行していること」[5]に気がついたと記します。それはちょうど、宣教師としてインドにいたレスリー・ニュービギンが母国イギリスに戻って欧米こそ伝道しなければならない領域だと訴えたケースと同じです。ジェフリー・サックスは、「集団中毒」に罹った「超消費主義」に対して、欲望と幸福を区別しなければならないこと、美徳の倫理学を回復し、神学者ハンス・キュンクのグローバル倫理を参考にし、「人は高潔でなければならない」と主張しました。つまり、人生をあるキャラクターで生きたぬいた満足感を幸福として提案しています。

幸福と友情と平和の共同体

ハワーワスとウィリモンが礼拝共同体への招きについて「み言葉と聖礼典のおそるべき力」と言っているのは、礼拝の習慣から生まれる「友情の共同体」の形成力です。美徳の倫理学は、「多様な人々とともに生きる」共同体のモラルを求め、しかも人間形成を喜ぶ「幸福」な生活と結び付きます。美徳の倫理学は、高潔な人を作ります。美徳とは、「性格」がもっている行動の「性向」としての特性です。その性格特性が勇気、自制、思慮、正義、また愛や希望や信仰という神学的美徳と言われるものです。しかし、この性格特性を生み出すには行動の一貫性がなければなりません。ここで、私たちは、「習慣」が性格特性を形成する積極的なものであることを知ります。ここでいう性格特性は、また友人たちの賞賛の対象となって維持されます。キリスト教会はその共同体にふさわしい賞賛すべきものをもつのです。たとえば、ガラテヤの信徒への手紙には「霊の結ぶ実は愛であり、喜び、平和、寛容、親切、善意、誠実、柔和、節制です」(五・二二―二三)とあります。私たちは、啓蒙主義のもつ「知的行為者」という個人主義的イメージをきわめて抽象的なものと批判し、社会過程における共同体の「性格形成」に注目します。性格形成の具体的指示を聖書に求める前に、この美徳の倫理学を理解するのに、私たちは、二つの行為の種類を分けて考えます。人間の行為を二つの種類に分けると、私たちにも性格形成を理解しやすくなります。

第一は、「遂行的行為」で、自己の信仰を他者に語りかける対話の行為を実行するように、ある行為を外側に向けて行うことです。それに対して、第二は、「形成的行為」です。それは、別の行為ではないのですが、他者に語りかけることによって自分の内側に他者を恐れない勇気が出来る。その意味で、他者に語りかけるのは、ただ単に外側の行為ではなく、性格を形成する行為です。これは、証しだけではなく、自分の意見を人の前で発表する討論でもそうです。そうすると、他人がはたして聞いてくれるか冒険することになります。またその冒険をしつつ、聞いた人が反論をする場合があるので、自分の意見に責任を持つ心も生じます。こういう発表の行為を繰り返して、私たちの存在の中に「勇気」や「責任」という内面的強さが生じます。またギリシア語で時間を表わす言葉に「クロノス」と「カイロス」があります。クロノスは、「機械的に時を刻む」が、カイロスは、現在の時間の中に過去の出来事が記憶として溜まり未来が希望として溜まるような「満ちる時」です。そして、その人の人格を形作っていきます。「たしかに、よい人は、次第に決断を必要としなくなるのです。なぜなら、その人は、良いことを知っており、喜んで実行し、少しも悩まないからです。それは、その人が何も知らないからではなく、時間をかけて学び、すでになすべきことを知る熟慮を重ねていたからです。もうすでにそのことがその人の存在の一部となっているからである(6)」とハワーワスは言います。その意味で、カイロスは人生の旅路を意味します。旅路をたどるものは、ある人間性を経験の中で習得しているのです。この点で礼拝行為が人間形成になることは理解されやすいでしょう。

さらに私たちは、神学者ヨーダーに学んで、教会が誘惑されやすいのは「コンスタンティヌス体制」だと考えます。つまり、教会が世俗的権力に妥協し、強制力を使いたいと考える誘惑です。むしろ、教会は、キリストの和解と平和に導かれた「終末論的共同体」です。福音の物語は、キリストの福音のもたらす非暴力的な愛の使信です。この福音の物語と平和の性格を形成する共同体は、赦しの愛と共に神の国をめざす「希望」や「忍耐」という美徳を大切にします。また福音書に記されたイエスに従う「弟子性」から「服従」の美徳にも注目すべきです。

美徳の共同体への前奏

米国政界のウォーターゲート事件、さらに産業界のフォードのピント事件などが起こった二〇世紀後半に交わされた法律家と神学者の往復書簡があります。そこには社会倫理とキリスト教信仰のきわめて貴重な学際的対話があります。(7) その法律家は、シカゴ大学理事でもあるエルマー・W・ジョンソンであり、神学者はジェイムズ・M・ガスタフソンです。(8)

はじめに、法律家のジョンソンは、過去一〇〇年の間に、圧倒的多数の人々が組織的に発達した会社で働き始めたと指摘しました。なぜなら、その組織的な経営方法が生産性を高め、強力な専門的分業を推し進めたからです。しかし、このような会社組織においても、いまだに「個人主義」の理念が力を振るっています。彼は、そこにある「市場競争」、「私的所有」、「私的独創性」などの「競争的徳目（the competitive virtues）」が中心になっていると批判しました。彼は、この個人主義的伝統に疑問を感じています。ジョンソンは「新しい倫理」が必要であると考えます。彼によるなら、あまりにも利己心に依存した精神風土は、現在の高度に組織化された状況にふさわしくありません。世界は利己心に満ちた強制力を行使していると、視野が狭くなりヴィジョンを描いたりすることもなくなっているといいます。

これに対して、ガスタフソンは「協働的世界における宗教的源泉」によって応答します。彼によれば、教会は、その使命の中で説教、礼拝、教会教育、カウンセリングなどによって無意識に働きかける道徳的プログラムを実行していると言い、教会がリーダーシップを育て、道徳的ディレンマに耐える力を与えることを自覚する必要があるとします。その具体例は、ラインホールド・ニーバーが指摘した「罪のコンセプト」です。このコンセプトは、世界の深いところにある現実を評価します。それは、人々と会社の意図や目的を「なまの利己心」に狭めてしまうことです。それには、他の関心を持っている対抗組織によってチェックされなければならないのです。このように考えてみれば、罪という象徴的なコンセプトは、人間の現実世界を「照らし出す力」を持っていますが、ガスタフソンは、「恵み」という象徴を「創造的行為の可能性」として提出します。恵みは、限界のある世界においても、感謝によって私たちを生き生きとさせてくれる力です。別の言葉でいえば、制度における出来事によって、意味のある道徳的行為を可能にする「開放性」[9]を指摘します。それは、人間性回復への信頼であり、社会的福祉を拡大する隠された力でもあります。このように諸団体のリーダーに深い現実を洞察するように促すのが宗教的源泉です。ガスタフソンによれば、「神学は、すべての人間の活動により大きな目的というヴィジョンを提供する」[10]のです。それは、個別の出来事をより大きなコンテキストで見ることを可能にし、会社のような組織や制度をより大きなコンテキストでその位置づけを考えさせます。会社や組織はそれ自体が目的ではなく、究極的には大きな福祉に仕えるものです。さらにガスタフソンは、社会に対して、より人間的、道徳的、さらに宗教的に有能な人格をその模範として提供するのが神学の貢献であると考えます。それは、教義ではなく、物語の方法において、道徳的ヴィジョンや道徳的忠誠さらに道徳的性格を育むものとしてハワーワスたちの方法に同意するものです。物語やドラマは、私たちの情動にインパクトを与え、教義だけではできない仕方で、詳細な出来事に光を当てます。

教会に支えられた使命共同体のドラマ

ここで、日本の教会という価値共同体にキリスト教を伝えた宣教師たちのドラマを紹介します。明治時代に岡山県のキリスト教は、宣教医つまり宣教師であり医者であるアメリカ人ベリーが伝えました。岡山の当時の県知事は、日本の医術の遅れを取り戻そうとしてベリーを歓迎し、案内役まで買って出ていました。その意味では、岡山県のキリスト教は医者や薬屋などの比較的インテリ層に入っていきました。宣教の方法は、医者であるベリーが診療し、日本人牧師も同行する方法でした。たとえば、のちに早稲田の教授になって学生をアメリカに連れて行き、野球を覚えさせ、日本に初めて野球を導入した安部磯雄は、ベリーと同行して岡山の各地にキリストの福音を伝えました。一八八〇（明治一三）年には、ベリーが一一三人の患者を学校に集めて診察し、その後のキリスト教の集会には五〇人集まったという記録も残っています。そこでの宣教師と日本人牧師の活動は、神の前での人格の尊厳を徹底して教えました。刑務所改革をおこなった留岡幸助の回顧には「士族の魂も、町人の魂も、赤裸々になって神様の前に出る時は同じ値打ちのものである、と申されたことが私の心を捉えました」とあります。この考えが、女性を大切にする山陽女学校の設立や、工員たちの福祉を考える大原孫三郎（一八八〇―一九四三）の経営方法になりました。

ここで、倉敷紡績の共同体作りがどのような基本理念に基づいていたかを紹介しましょう。一八八三（明治二〇）年、倉敷紡績株式会社が創立されたとき、大原の父孝四郎が好んでいた「同心戮力《どうしんりりょく》」を社是としています。この同心戮力は、孔子の史書『春秋佐氏伝』にある言葉ですが、猟犬は山に入るまで互いにけんかしながら猟師について行っても、いったん山に入ると力を合わせて獲物とりに専念することから、互いに協力して心をひとつにすることを意味していました。大原をキリスト教信仰に導いた林源十郎は、この四文字を聖書的に解釈して「さらに私の考えます事は、会社や商店のみでなく、同心戮力の必要なのは神の国拡張事業である教会において、さらに一層切実なものであると考えるのであります。コリント前書一二章に教えられたるように一人ひとり与えられたる立場、才能によりて働きは異に致しましても、一致協力、ご事業に対しては一つになりて努めねばならぬと感じます次第であります」と述べています。「一つの部分が苦しめば、すべての部分が共に苦しみ、一つの部分が尊ばれれば、すべての部分が共に喜ぶ」（一二・二六）という「キリストの体」としての教会の性格から、さらにそれを世界に拡大していく神の国の証しの意欲がここに見られます。このような「証しのドラマ」の理解と社会的適用への情熱が大原を育んでいったと考えられます。

倉敷紡績は父孝四郎によって設立され、大原が近代化し、発展しました。日本の社会科学の歴史に関心のある人なら「大原社会科学研究所」をご存知でしょう。今は法政大学にありますが、日本の社会思想の牙城となった研究所で、大内兵衛、森戸辰男などの学者を育てました。さらに有名なのは大原美術館で、工場を日曜日に休みにし、読書や絵画によって人間教育を心がけた大原が建てた日本初の近代西洋美術館です。一九三二(昭和七)年、満州事変調査のときに来日したリットン調査団の一部がここを訪れ、エル・グレコなどの名画が東洋の地方都市にあるのに驚きました。それゆえ、第二次世界大戦の時にも、世界の名画があるクラシキを連合軍の爆撃目標からはずしたのです。また彼は中国銀行の最初の頭取にもなり、中国電力の創設にも関わりましたが、倉敷労働研究所や大原農業研究所も設立しました。さらに、その時代に注目すべき点は、倉敷紡績の中に「倉紡中央病院」を設立したが、「倉敷中央病院」と改称して、これを広く社会に解放し、平等に誰でも受け容れる総合病院にしました。また大原奨学会は、有為な青年を多数育みました。

益者三友

このように大原は若くして父親の事業を継ぎ、明治、大正、昭和の三代にかけて「キリスト教ヒューマニズム」と「科学的合理主義」をもって企業経営に、社会事業に、あるいは文化事業に多彩な活動を展開しました。ここでは、その全生涯、全事業を追跡することはできませんが、キリスト教信仰とこのスケールの大きな実業家がどのような関係であったかを紹介します。

彼が明確なキリスト教信仰とその使命感を持っていたことは有名です。しかも、そのキリスト教ドラマは、三人の友人を抜きにしては語ることができません。彼は実業家として活躍しますが、三人の友人によって支えられながらキリスト教信仰に生きました。このことは、きわめて重要です。なぜなら、キリスト教ドラマは、個人の悟りの世界ではなく、神と人、人と人の友情の世界だからです。

アリストテレスは友情を三つに分け、「有用のための友人」、「快楽のための友人」、そして人柄や卓越性を認め合う「究極の友人」としました。もちろんポリスを持続させるのは三番目の卓越性を認め合う友人たちでした。この究極の友情において、人間は他者を鏡として自分を認識し、「友は第二の自己である」としています。しかし、現代倫理学者マーサ・ヌスバウムによれば、アリストテレスは友情の島において誰かが逆境に落ち込む脆さを知っていました。もし人が伝染病や破産という不運に遭ったなら、彼はだまって英雄の島、美徳の島から一人離れていかなければなりません。これがアリストテレスの友情論に含まれるヒロイズムです。つまり破れの経験は、友情の限界を示していました。しかし、十字架の苦難を経験したイエス・キリストの救いの愛アガペーを中心にした礼拝共同体は、破れの中でこそ愛を分かち合う友情をもちます。それが高潔な人であり「証しのドラマ」です。

さて、大原は三人の友人たちとの人格的出会いによって育まれ、それを「益者三友」といいました。第一の友人は、キリスト教から出発してキリスト教社会主義さらにマルクス主義になった山川均です。山川は、キリスト教を教育勅語と相容れないものと確信し、一九〇〇年に最初の不敬罪で投獄されました。一九歳の山川が、友人と出した新聞「青年の福音」に大正天皇の結婚を批判的に論じる小文を載せたからです。大原は巣鴨監獄に非国民とされた彼を訪ねました。親戚以外は会えない規則で、実際に面会は出来なかったのですが、この事実を出獄時に聞かされた山川は「当時獄中に私を訪ねることは、好意のほかにそうとうの勇気が必要だった。私は旧友の友情に心から感謝した」と自伝に記しています。これは、彼らが属していたのが「アガペー共同体」であることを証ししています。その後、倉敷に戻った山川は、大原の大英百科全書を借りて勉強するなど親密な関係を保ちました。しかし、山川は、聖書の合理的なところだけを信ずればよいと考え、「地上に正義と愛と道の天国を建設する運動の記録」であると考えたのです。

第二の友人は、教会にしっかりと結び付いたオーソドックスな信仰者林源十郎でした。林家と大原家は、三代にわって密接なつながりがあり、放蕩に明け暮れていた東京専門学校時代の大原を父孝四郎は呼び戻して、この林源十郎に預けました。とりわけ一八八九年に林が洗礼をうけてキリスト者となってから、大原を生涯キリスト教信仰において正統的な方向へと導いて行きました。大原は優秀な人物でしたが、親の事業を引き継ぐことを重荷に感じてかなり荒れた青春時代を送っていましたが、林源十郎にさそわれて、キリスト者で岡山孤児院をつくった石井十次の講演に行き、キリスト教信仰に入る糸口が作られました。林源十郎は、同志社で直接新島襄に学んだのちに岡山薬学校でも学んで、薬問屋を営んでいました。家業に熱心な人格者として周囲の尊敬の的でしたが、キリスト者ではない女性、山川均の姉山川浦子と結婚したときには、教会から叱責され、ある期間、教会出席禁止の処分を受けています。林は大変辛かったと回顧しています。初期の倉敷教会には、それほど厳格な共同体の訓練があったのです。これを神学者竹中正夫は、ピューリタニズムの厳格主義と批判的に考えています。「この世」から一線を画して安息日を守り、禁酒を努め、キリスト者同志の家庭を築き、この世と対決するといった『分派的性格』が強かった」と評しています。もちろん、ピューリタン的厳格主義の課題がありましたが、私は、日本の主流文化に媚びずに「対抗文化」を生きた強さがあったと言いたいのです。

この一五歳上の源十郎に指導された大原は、洗礼を受ける前に次のように決意します。「余がこの資産を与えられたのは余のためにあらず、世界のためである。余に与えられしにはあらず、世界に与えられたのである。余はその世界に与えられた金をもって神の御心により働くものである」。これは、まさしく神の秩序に生きることを自覚した「スチュワードシップ（受託管理）」の決意表明ということができます。一九〇五（明治三八）年に倉敷教会で洗礼を受けた大原は、翌年二六歳で倉敷紡績の社長に就任しました。企業の発展と社会事業と信仰の業とが一つとなって、彼は、「倉敷を東洋のエルサレム」にしたいという聖なる使命を「希望」に胸を膨らませました。

第三の友人である森三郎は、東京大学の農学部で学んでいましたが、足尾銅山に大原を連れて行って、公害汚染の恐るべき現状を教えました。大原より一一歳年上であった森三郎は、大原の生涯の友となりました。

ちなみに、彼に影響を与えた石井十次（一八六五―一九一四）は医学生でしたが、あるとき貧しい子供をあずかって育てはじめたのがきっかけで、孤児院を作りました。岡山孤児院はまさに「キリストの体」という教会といと小さき者を配慮する「アガペー共同体」を社会的に証ししたのでした。

アガペー共同体――対抗文化のドラマとして

そのアガペー的真理に生きる価値共同体、倉敷教会が大原を支えることになりました。私は彼の労働者への態度として事実を指摘したいのです。一九一八、一九年は、第一次世界大戦の刺激による異常な好景気を紡績業も迎え、当時高利潤をあげた他の紡績業は株主配当率一〇割を実施しましたが、倉紡は、あえて六割をもって最高とし、事業収益を従業員の生活環境の改善、衛生設備の充実、さらに労働者の株式取得を推進することにしました。さらに一九二一年には、それをもって労働条件の改善のための科学的基礎を整えるために「倉敷労働科学研究所」を設立しました。

早稲田大学の兼田麗子によると、紡績業において人道主義を示したのは大原孫三郎だけでなく、鐘紡の武藤山治という経営者がいましたが、後者は、本来の人格の尊重ではなく、温情主義的な態度が見られたといいます。しかし、「孫三郎は武藤が労働者に対して持っていた温情主義とは異なるキリスト教的ヒューマニズムや人格的平等観に基づいて労働者の待遇を人間として改革しようとしたのであった」[11]とします。それは、何よりもキリスト教的人間観に基づいた、資本と労働の共同作業の意識があったということになります。大原はあるとき「生産会社にあっては従業員をただ生産の手段として酷使することは間違っています。労働を商品すなわち生産の手段としてではなく、その人格を尊び幸福の増進を図ることが肝要である。そして働く人にも資本家にも、双方共に偏らない利益をもって経営を行なう労資協調は可能ではないか。労働と資本の完全な一致点を見出すため、具体的方策の樹立に努めなければならない。この理念が実現するときは、倉敷紡績の工場が労働と資本との共同作業となったときに他ならぬ[12]」と言います。大津寄勝典は、この大原の「共同作業」を独特の労務管理つまりなるべく地域社会の通勤者を雇用すること、さらに飯場をやめて家族単位の寄宿舎にすること、また市民に開放する倉敷中央病院などの福利厚生施設のあり方、そして率先して従業員の病気などの不便を克服するための「共済組合」の設置、さらに労働組合の発想のない時代に職工組合を設置して、彼の労働理想主義を貫いたと評価します[13]。

ステークホルダー――経営から証しのドラマへ

大原孫三郎の「スチュワードシップ」をどう継続すれば良いのでしょうか。最近は、企業不祥事の連続から企業の社会的責任（ＣＳＲ Cooperate Social Responsibility）が論じ始められ、具体的にＣＳＲ部などの責任部署が設けられるようになりました。いまや、投資家だけでなく消費者などが企業の社会的責任に注目し、アメリカでは資産運用会社の運用資産の一二％が社会的評価を経たものとなり、企業を取り巻く「ステークホルダー（利害関係者）」の価値観が変化し、社会全体と調和するあらたな経営が求められています。それは、「善い社会（Good Society）」を目指していく経営戦略でしょう。ステークホルダーは「ストックホルダー（株主）」を意識して使われるようになったのですが、企業は利益誘導型の経営ではなく、会社の存続に不可欠なグループとして所有者、従業員、顧客、供給者、地域共同体、環境などの立場を尊重しなければならなくなりました。なぜなら、各ステークホルダーは企業に対して受身ではなく、それぞれの立場から積極的に「当事者意識」をもって関わるからです。

ステークホルダーたち

少し具体的にステークホルダー経営について考えましょう。二一世紀になってエンロンやワールドコムの経営破綻が問題となりましたが、そのとき企業に責任を負っているのは誰かという、いわゆるコーポレート・ガバナンスの議論がなされました。経営者は、株主あるいは投資家に受託義務を負っています。

ステークホルダーとしての従業員については、日本で二〇〇一年にある電器会社の労働組合が早期退職制度を中心にした「雇用構造改革プログラム」を受け入れて、象徴的な言い方ですが、日本の終身雇用制度が終わったと言われます。フリーター現象とか、ニート現象とか言われる社会現象は、日本社会のあり方と雇用破壊の出発点だったのではないでしょうか。

ステークホルダーとしての消費者については、「消費者権利の章典」がありますが、食品・医薬品の安全性を課題にしていた。この章典の掲げる項目にあるのは、①安全の権利、②選択の権利、③知らされる権利、④意見が反映される権利、⑤償還請求と救済要求の権利などである。このような消費者の権利の中に自動車のリコール制度も位置付けられる。各企業が、消費者の評価に影響を受けるのは当然です。このステークホルダー経営もシャローム・モデルに入れることができるでしょう。

さらに、重要なものは、ステークホルダーとしての自然環境です。一九八九年にエクソン社の大型タンカーのバルディーズ号がアラスカ沖で座礁し、原油を流出させる事故が起こりました。この環境破壊事故を教訓にして、同年アメリカの環境保護グループ「セリーズ（CERES）」が発表した「セリーズ原則」と言われるものがあります。この事故を契機として、一九九〇年の油による汚染に係る準備、対応及び協力に関する国際条約（OPRC条約）が締結されました。この環境倫理は、すべての存在基盤である地球環境を保全し、さらに未来世代の権利を確保するものです。ここでの当事者というのは、自然環境そのものであることになりますが、物言わぬ自然が当事者になるかどうかという課題が生じます。キリスト教神学からいえば、まさに人間が神に託された自然の保護という受託責任（スチュワードシップ）ということになるでしょう。
ところで、様々なステークホルダーの利益を調整することは、経営者が自己の利益追求より「調整能力」を高めることになりますが、その結果として社会全体としての益を高めることになります。ステークホルダー経営の「善い社会」への好循環ということになります。

このような企業倫理の動きを歴史的にどう理解すればよいのでしょうか。私たちは、個人主義と利己心優先の功利主義思想を問うことになります。それをある企業倫理学者は、「誤解を恐れずにあえて一言で言えば、黄金律〔「人からしてもらいたいと思うことは何でも、あなたがたも人にしなさい」（マタイ七・一二）〕である」と言っています。

しかし、これはアウグスティヌスの「地上の平和を用いる神の国の平和」についての証しと考えられるでしょう。これもまた「シャローム・モデル」と言わざるを得ません。つまり、自己利益より調整能力を試されるステークホルダー経営は、神の前での良心的決断に支えられなければならないのです。ある経営学者によれば、「したがって、神を措定するのは、独善によらず、唯我独尊とならず、それをわれわれの行動基準のための恒星ないし鏡とするためなのである」[14]。しかし、大原孫三郎の高度な社会貢献を考えると、礼拝でイエス・キリストの救いを賛美する者に課せられる使命とは、各関係者を配慮するステークホルダー経営より、さらに神の平和を希望する旅路と考えるべきだと思います。つまり、その関係者全体を和解と積極的平和（シャローム）に促す証しとなると思うのです。

（1）　木下順二『〝劇的〟とは』岩波新書、一九九五年、七頁。
（2）　G. Loughlin, *Telling God's Story: Bible, Church and Narrative Theology*, Cambridge University Press, 1996, 20.

（3）　A・リチャードソン／J・ボウデン編『キリスト教神学事典』佐柳文男訳、教文館、一九九五年、「礼拝」の項目。
（4）　H. Cox, The Market, in R. Madsen and others, *Meaning and Modernity: Religion, Politym and Self*, University of California Press, 2002, 124-135.
（5）　ジェフリー・サックス『世界を救う処方箋』野中邦子・高橋早苗訳、早川書房、二〇一二年、一二頁。
（6）　S・ハワーワス／C・ピンチス『美徳の中のキリスト者――美徳の倫理学との神学的対話』東方敬信訳、教文館、一九九七年、四七頁。
（7）　O. Williams and J. Houck, eds., *The Judeo-Christian Vision and the Modern Corporation*, University of Notre Dame Press, 1982, 306-329.
（8）　その法律家は、エルマー・W・ジョンソンといい、イェール大学を卒業した後、シカゴ大学で法律の学位を得た人物です。彼は、コロラド大学の客員教授、イェール大学の非常勤ならびにシカゴ大学の法学部と神学部の非常勤講師などを歴任しており、しかもシカゴ大学の理事をつとめていました。さらに神学者は、ジェイムズ・M・ガスタフソンというシカゴ大学の神学的倫理学の教授です。彼はイェール大学で博士号取得しましたが、H・リチャード・ニーバーの後継者としてしばらくイェールで教鞭をとった後に、シカゴ大学に移りました。彼は、『キリスト教倫理は可能か』（東方敬信訳、ヨルダン社、一九八七年）などによって日本でも知られています。
（9）　Williams and Houck, op. cit., 319.
（10）　Ibid., 320.
（11）　兼田麗子『福祉実践にかけた先駆者たち――留岡幸助と大原孫三郎』藤原書店、二〇〇三年、二五八頁。
（12）　大津寄勝典『大原孫三郎の経営展開と社会貢献』日本図書センター、二〇〇四年、六九頁。
（13）　同。
（14）　田代義範『企業と経営倫理』（Minerva 現代経営学叢書７）ミネルヴァ書房、二〇〇〇年、二一四頁。

第11章　社会的証しのシャローム・モデル

私は最初大学の経済学部で奉職していましたが、一九九七年に米国での在外研究から帰ってくると、学部が「キリスト教経済倫理」という科目を起こすから、それを担当するようにと勧められました。専門科目の一つとして担当するようになりましたが、幾つかの企業不祥事や経済事件が起こっていた時期でもあったので、大勢の学部生が集まり、三〇〇人近くが履修しました。数年教えた中で海外に留学するので推薦状を書いて欲しいという女子学生がいました。そして、つい最近のことですが、二〇〇〇年に卒業したその学生が米国に留学した後、フランスにある「経済協力開発機構（ＯＥＣＤ）」の本部で途上国の医療制度改革を担当していることが紹介されました。[1]二〇一四年六月にはテレビ番組にも登場していました。前者をみると、なんと大学で「背中を押してくれた教員」二人の中に私の名前があって驚きました。彼女は、小学生の頃から海外で働きたいという夢があったそうですが、大学在学中は、華やかな世界で雑誌のモデルをして資金を貯めたそうです。その記事には「また、東方敬信教授の講義では、人としての豊かさを中心に考える厚生経済学と出合う。この学問は今でも、途上国を支援する際の礎となっている。『海外では専門性を持つことが非常に大事。私の場合は、厚生経済学が武器になりました』」という。彼女はハーバード大学院を卒業後世界銀行で働き、いまＯＥＣＤで活躍中です。その記事は、「これからも他者への優しさを胸に、世界の人々に手を差し伸べ続ける」と結んでいます。まさに積極的に他者と交流する「シャローム・モデル」です。今の時代を認識する手立てとして、少し社会起業家の存在を考えましょう。

社会起業家の誕生

「シャローム・モデル」は、キリストの福音あるいは価値観の顕在化または開花を目指します。つまり、聖書の生き方のシャロームを開花させて世界に明らかにすることです。

最近では環境保全や社会正義を自覚して「社会起業家（ソーシャル・アントレプレナー）」にフォーカスをあて、現在の社会問題に対する良いアプローチと考える人たちがいます。いわばグッドワーク（良い仕事）の牽引者である「社会起業家」は、働くことを単に収入を得る手段ではなく、人間の尊厳に仕える社会貢献の場、また自己実現の場として考えます。これは、地球規模の課題や地域社会の課題に対して強い使命感を持った事業のあり方や価値観について改めて考えさせてくれます。たとえば、写真家の渡辺奈々さんは、「チェンジメーカー」という名前で、社会起業家の写真集を出して、フェアトレード団体のマックスハベラーの活動を紹介したりしています。

この「社会起業家」について、デューク大学神学部のグレゴリー・ジョーンズ教授は、ある神学雑誌で「社会起業家の働きは、キリスト教の伝統を想起させる」と解釈しています。そして、その働きを要約して「①社会的価値の創出と継続というミッション、②そのミッションを果たす新しい機会の探求、③イノベーションと適応・学習の継続、④手持ちの資源をこえる大胆な行動、④利害関係者に十分な説明責任を果たすこと」としています。

このチェンジメーカーの出発点は、キリスト教史では紀元四世紀のカッパドキア三聖人と言われるバシレイオス、ナジアンゾスのグレゴリオス、ニュッサのグレゴリオスがコンスタンティノポリスに建設した救護所あるいはホスピスに見ることができるでしょう。例えば、彼らの説教は、なぜ病者や貧者を支援するかをキリストの「共感的愛」から説き起こして、救護所の神学的必然性を示して、④の説明責任も果たすことになっています。ナジアンゾスのグレゴリオスの説教を点検してみますと、彼は「富んでいることも貧しいことも偶然であって、時代の風向きが変わればどうなることか分からない」と主張します。したがって、繁栄は永遠ではなく、歴史的偶然だと言いたいのです。このことによって、貧しい人の立場と富んだ人の立場の交換が可能になります。たまたま貧しい人が他人であっても、もしかしたら別の時は自分かもしれないという立場を交換して考えることができます。近代社会の道徳哲学者アダム・スミスが「共感」と言ったのは、人間の精神はこのような立場の交換が可能なので、共感が働くということです。

しかし、グレゴリオスの説教はそれだけでは終わりません。グレゴリオスは、聴衆に向かって最後に「私たちの兄弟たちであり同じ相続人たちよ、キリストのもとを訪れようではないか、キリストを癒し、キリストに食べさせ、キリストに着せ、キリストを歓待し、キリストに栄誉を与えようではないか。それも、ある人々のように、ただ食物によってではなく、マリアのように、香水によってではなく、アリマタヤのヨセフのように、墓によってではなく、半分しかキリストを愛さないニコデモのように、葬儀によってではなく、これらの人々より前に捧げた博士たちのように、黄金と乳香と没薬によってではなく。むしろ、万物の主が欲せられるのは『憐れみであり、犠牲ではない』（マタイ九・一三）のだから、そして寛大な心は何万もの『肥えた羊』よりも価値があるのだから、これを私たちは今日虐げられている貧しい人々を通して、主に捧げようではないか。私たちがこの世を離れるとき、彼らはキリスト御自身にあって、私たちを永遠の住まいに迎え入れてくれるであろう[2]」というのです。これは、キリストのされたことに倣って生きることを勧める言葉です。あえていえば、「キリスト論的共感」であって、啓蒙思想家のアダム・スミスの言う立場の交換以上です。量的にも質的にも。つまり、新しい共同体、あるいは新しく連帯する愛を支えるのは、イエス・キリストに出会い、赦しの愛を受け入れて、平和をつくる者に変えられたからなのです。アダム・スミスの共感が「薄い共感」だとすれば、キリスト論的共感は、「濃い共感」と言えるでしょう。

この意味で、起業家が匿名的な仕方で「キリスト教的職業観」を実行しているとも言えるでしょう。社会起業家といえば、ハーバード大学で博士号をとり、オックスフォード大学でも、イェール大学でも学位を得たビル・ドレイトンは、営利企業に勤務する陳腐さを嫌って、社会起業家の道を歩み、教育支援や貧困克服の使命に生きる社会的事業を支える財団を設立して新しい事業のあり方を支援しています。端的に言うと、公共的福祉を担う「社会的企業（ソーシャルベンチャー）」です。韓国では、二〇〇六年に国会で「社会的企業育成法」が定められました。日本では、阪神淡路大震災の三年後、一九九八年に「特定非営利活動法人（ＮＰＯ法）」が定められました。これは一歩前進ですが、課題も多いと思います。

世界で最も有名な社会起業家は貧困層のためのマイクロファイナンス事業、グラミン銀行を設立したムハンマド・ユヌスでしょう。しかし、現在、彼は、現地の銀行業の定年の法律によって引退を余儀なくされました。しかし、社会起業家の象徴的存在であることには変わりはないでしょう。

二一世紀に社会起業家の生まれた理由

こうした社会起業家が生まれる歴史的理由を考える時に、まず産業革命を起こしたイギリスを参考にしますが、二〇世紀に入って長期にわたる低迷を続けたイギリス経済は特に一九七〇年代のオイルショック以降、深刻な経済危機に遭遇しました。「イギリス病」と世界から揶揄されるほど経済は悪化し、財政赤字が累積していったのです。「ゆりかごから墓場まで」という世界があこがれたイギリス型の福祉国家政策をこれ以上続けていくことができなくなったのです。労働党から保守党に政権交代した一九七九年以降、社会経済システムは、大きく転換しました。サッチャー政権の誕生により、大きな政府から小さな政府への方向転換が進められ、福祉政策をスリム化し、国有企業を民営化、国民保健サービスなどの社会サービス分野も民営化が推し進められ、徹底した規制緩和が行われました。このようにして古いルールを破壊し、その後の新たな価値の創造を民間の起業家に任せました。

アメリカでも一九七〇年代に、レーガン大統領が規制緩和を行って、徹底的に小さな政府を目指しました。アメリカはもともと福祉国家ではないので、イギリス型の社会起業家の代わりに、「草の根のリーダー」が登場しました。一つの都市が古い産業とともに衰退し、極端な場合、市の財政自体が破綻してしまうことになります。そうならないために産業の衰退に歯止めをかけ、新しい産業への転換を図って都市を生き返らせるために、草の根のリーダーが立ち上がりました。この草の根のリーダーには、市の経済開発局の幹部や地元商工会議所の幹部、大学の関係者、地元企業の経営者など企業家的センスを持った人々が集まり、一団となって問題解決に取り組みました。草の根のリーダーは地域の産業構造を変えていったのです。この働きは社会起業家と同じです。アメリカは、医療、教育、環境、麻薬、犯罪などの社会問題解決へ向かいました。IT（情報技術）産業で圧勝したアメリカが、今度は新しい社会システムを創造しようとするのです。その核心は起業家精神や起業家の方法論を社会問題解決にも当てはめ、ここでイギリスと同じく起業家精神の働きに大きな期待がかかっています。二一世紀の社会サービスの担い手を、イギリスは、公共機関と民間機関をうまく合致させることを、アメリカは、より民間サイドを前面に出すことを考えているのです。

日本では、公共サービスの破綻が起こる兆しがあっても、あまり大きく取り上げられませんでした。しかし近年は、公共サービスの多くの問題が浮き彫りになってきており、不安を抱く人は多くなっています。その中で、日本版の社会起業家がどのように台頭してくるでしょうか。

政府の失敗

社会起業家が活躍する領域は、かつては官庁の公共サービスの専管領域でした。医療、福祉、教育などをすべて公共サービスとして提供するのが福祉国家でした。実際、かつては公共サービスとして行うメリットがありました。例えば、日本では、退職した役人が恩給をもらいながら従事したので、人件費が半分で済み、民間で行うよりコストが安くつきました。また仕事に習熟したベテランが多かったので効率もよかったかもしれません。

しかし、アメリカやイギリスだけでなく、日本においても、福祉国家は立ち行かなくなりつつあります。マクロ的視点で見ると、公共投資や福祉政策の肥大化に伴って財政赤字が拡大するという、ケインズ型の「大きな政府」の限界と言われる問題です。さらにそこから派生して、「公共サービスの供給効率の悪さ」「公的機関や天下り非営利組織の腐敗」「税金を自分のカネだと錯覚し、利用者に耳を傾けない役人たち」といった問題も生じてきました。彼らの倫理観は特権意識的だったかもしれません。公平な価値観から、福祉社会のあり方を考えていたのでしょうか。公共サービスの役割が小さくなる方向に向かうことは、財政赤字の流れで必然的です。この現状は、「政府の失敗」と言われます。そうなると、古い公共サービスの「創造的破壊」を行う「起業家精神」が必要になります。つまり、政府が失敗したので、社会起業家の必要性が生まれたのです。

市場の失敗

加えて「市場の失敗」の代表的な事例は、ゴミ問題でした。役所が無料でゴミを収集してくれるので、ゴミは増える一方でした。ゴミの収集は税金でまかなう公共サービスであるため、民間の側にゴミを少なくしようとする動機付けが働きません。利益がないと動こうとしないのです。こうした現象を「市場の失敗」と呼んでいます。今では環境問題です。エコ減税がないと市民は購買意欲を感じなくなります。現在、地球の温暖化が大きな問題になっていますが、生産活動に伴って炭酸ガスが排出されるなら罰則が必要になります。これも「市場の失敗」

です。そこで炭酸ガスを減らすよう国際的に規制する炭酸ガスの排出規制を設けたり、また、排出した炭酸ガスに税金を課す炭素税をかけたりと、あらかじめメーカーに負担を負わせたりするような動きが始まっています。

しかし競争に敗れて破綻する「市場の敗者」や、「貧困」の問題は、もう市場経済の枠組みでは解決できなくなり、さらには、市場経済の一代目においては自由競争によって勝者・敗者が決まるとしても、勝者の富はその子供に相続され、三代目ぐらいになると社会が流動性を失って、市場経済が成立しなくなると指摘する社会学者もいます。

医療、福祉、教育、環境への配慮などについては、こうした社会的課題は、すべて市場化すればよいというわけではありません。利益だけを追求し、倫理観に乏しい企業活動に、こうした分野を任せておくわけにはいかないでしょう。かといって昔の福祉国家に戻ることもできません。そこで、倫理観のある社会起業家に委ねてもらって、消費社会の供給革命を起こそうというのが社会起業家のアイディアです。しかし、私は、長期的には「キリスト論的共感」によって支えなければならないと思います。

社会起業家による新しいビジネス・モデル

社会起業家とは何か

社会起業家たちは、自分の信じる使命に沿って行動を起こし、社会を改革しようとする起業家です。もちろんボランティアではなく、また営利だけを追求するわけでもありません。彼らの行動の基本は、「地域住民と地球市民」を考慮しながら、同時に自立できるだけの経済的基盤をきちんと築いて社会貢献をするという発想です。

後述するフェアトレードで言えば、アメリカのメノナイトの教会員エドナー・ブライトがプエルトリコで作られた刺繡製品を購入し、ペンシルベニア州の教会で販売し始めたのが最初と言われています。

この社会起業家の仕事は、主に福祉、教育、医療、環境などの社会的領域においていわば公共善あるいは「共通善」に貢献する使命を持ちます。しかし、その仕事は、慈善事業やボランティアではなく、むしろ自立した経済単位をもったビジネスモデルであり、幅広く社会的影響力をもちます。社会起業家の特徴は次のようにまとめられます。

①地域コミュニティーや世界の多様なニーズに応える社会的な使命感を根底に抱きながら、事業を実践する過程では、巧みにビジネス・テクニックを応用していく。
②資本力は弱いながらも、時代を鋭くとらえたアイディアや創造性にあふれた組織をつくる。
③パートナーシップを重視する。縦割り型組織の弊害に悩まされる大企業や政府とは異なり、同じ価値観を共有する組織と有機的に結びつき、相乗効果を考えながら、目的を達成するためのネットワークを実現する。
④労働を収入の手段としてだけではなく、自己実現の手段でもあると考える。
⑤事業の所在地の地域住民から、遠く離れた発展途上国の国民までを、利害関係者（ステークホルダー）と見なし、彼らの価値観に根ざした商品やサービスを提供する。
⑥長期的な効果を重要視する。たとえ短期的な利益を犠牲にすることがあっても、長期的な恩恵を選ぶことで、最終的にはステークホルダーの満足が得られると確信している。

フェアトレードの始まり

先程のプエルトリコの製品を輸入するペンシルベニアの教会の運動は、いまや「テン・サウザンド・ビレッジ」という大きな団体になっています。ヨーロッパでは、一九八〇年オランダの教会が公正に取引されて作られた商品であることを示すフェアトレード・ラベルを考案して、商品に貼り始めました。一九八九年、国際フェアトレード連盟（IFAT）を設立して七〇か国以上の団体が参加し、一九九四年にはフェアトレードのショップの連合体であるヨーロッパ・ワールドショップ・ネットワークも設立され、一九九七年に国際フェアトレード認証機関（FLO）が設立されました。このようにして世界的なネットワークが信頼され始めました。そして、二〇〇一年にFINE（FLO、IFAT、NEWS、EFTA）がフェアトレードの統一的定義に合意して、国際的な信任を得ています。

いずれにしても、社会起業家とは、いま解決が求められている福祉、教育、環境などの社会的課題に取り組み、新しいビジネスモデルを提案し実行する社会改革の担い手のことです。彼らは社会的課題をわかりやすい形で明らかにし、その事業や提供する商品やサービスを通して社会に社会的メッセージや新しい価値を伝えています。繰り返しますが、私は、その時、大切にすべきなのは長期的には「キリスト論的共感」によって支えることだと思います。日本で起こった市民を含んだキリスト教医科連盟の活動もあります。それはまさにキリスト論的共感を証しする団体です(3)。

ところで、私は一九九八年から「キリスト教経済倫理」という科目を学部生に教えていた経験から、「暴走する資本主義経済」に対して別の方向から経済活動を行う「オルタナティブ経済」として「フェアトレード」に触れるようになりました。二〇〇八年から、実際に学生たちと毎年フェアトレード（公平貿易、あるいは貿易の公平化運動）に携わるようになりました。

フェアトレードは、前述のように英米では教会の経済倫理活動でした。トレード・クラフトやテン・サウザンド・ビレッジなどのキリスト教団体から始まりました。私は学生たちに"Eating is politics" すなわち「日常茶飯事（日常の食事をすること）が社会を変える行為になる」と言ってきました。逆に言えば、不注意な飲食が生産地に苦しみを与えるとも言ってきました。そして、日本で最初にフェアトレード運動を始めた日本ルーテル福音教会聖パウロ教会の松木傑牧師と連携して、大学でフェアトレード・ウィークを実施したり、シンポジウムをしたり、学園祭での出店をしたりしてきました。最近では、これを「政治的消費運動」と名づけています。とかく消費生活は、ポストモダン思想などで「見せびらかし」の消費であると批判的に分析されてきました。いや私も批判してきました。しかし、フェアトレードという社会変革運動は、政治家によるものでもなく、政党政治でもなく、一部過激な活動家のものでもなく、一般市民の自発的な活動です。起源から考えてみると、自覚的キリスト者の「ブリコラージュ」でした。ブリコラージュとは文化人類学などで用いられている概念ですが、手近にある材料で即興的に開始する実験的な行動です。それが、世界的な規範的経済行為としてフェアトレード・ラベル活動につながってきました。つまり、暴力革命ではなく、システムの中でシステムを変革するような「喜ばしい対抗文化」の運動です。「わたしが愛したように互いに愛し合いなさい」と言われたイエス・キリストに従って行動するキリスト論的共感が支える活動です。イギリスでは、「トレード・クラフト」という団体が『市場・フェアトレード・神の国（*Market, Fair Trade and the Kingdom of God*）』という書物まで出しています。ここで私なりの幾つかのフェアトレードの要点を記します。

①トレード・クラフトやテン・サウザンド・ビレッジなどのキリスト教団体から始まる。
②一九九〇年代から有名になった一般市民の正義と友情による社会変革運動。
③市場の失敗や政府の失敗に対して市民社会が経済構造や価値序列や組織を変革する運動。
④生産物を正しいまた環境に優しい方法で配分する日常的行動。

⑤生産者と消費者を対等に結びつける社会的行動。
⑥個人の行為と組織的相互作用と政治的キャンペーンを結びつける。
⑦人間尊重や人権問題や児童労働禁止などの幅広い国際行動になる。

先程からキリスト論的共感という神学的言語を使用してきましたが、それは、⑤の対等な社会的行動を重んじたり、⑥の組織において個人の行為が有効に社会変革に結びつけたり、さらに⑦などで、まさに国際的な感覚と判断力を鋭くする人格教育をすることになります。キリストの愛に刺激を受けた者は、このような社会的起業によってじわじわと世界の歴史を変革し、地上の平和を用いながら神の平和・シャロームを待ち望むことになるのです。

フェアトレードの現実

すでに何度か述べましたが、フェアトレードの源流とされるものは（諸説ありますが）、第二次世界大戦後一九四〇年代後半にアメリカの「セルフ・ヘルプ・クラフト」、後の「テン・サウザンド・ビレッジ」がプエルトリコの貧しい女性たちへの支援のため、彼女たちの刺繍したリネンの手ぬぐいを、教会を通じて販売したのが最初とされています。(4) この試みから始まったフェアトレードは少しずつ形を変えながら世界に拡がって行きました。

欧州では、イギリスで一九六四年に「オックスファム」が中国人難民の生産したクラフトの販売を開始しました。また同じころ、オランダでサトウキビから生産した砂糖に「この砂糖を買うことによって、太陽の恵みの下にある貧しい国の人々を支援しよう」という商品にラベルを貼って消費者にアピールする活動が始まったのです。

このようなメッセージからフェアトレードの根本にある理念が垣間見えます。この活動ではさらにクラフト類の販売も加わり規模が拡大したことによって、一九六七年にフェアトレード・オリジナルという最初の団体が設立されました。その二年後には、オランダでワールドショップが開店し、貧困にあえぐ人々の救済を目的とした商品を扱う店を「ワールドショップ」と呼ぶようになりました。「フェアトレード」という言葉は一九八五年、英国生協主催の国際会議の時に、マイケル・バラット・ブラウンによって初めて用いられたとされています。途上国からの参加も得て開催されたこの会議で、ブラウンは「私たちの世界はアンフェアな貿易に満ちており、フェアな貿易を求める時が来た」と発言をしました。この時から、「オルタナティブ・トレード」を求める動きが本格的に始まったと言えます。

今、フェアトレードが必要な理由

はじめは小さな試みの一つに過ぎないフェアトレードでしたが、活動が始まって六〇年以上が経ち、今やグローバルな活動としてすっかり定着するに至っています。[5] フェアトレードすなわち「公正な取引」がこれほどまで重要視されるようになったのは、途上国の生産者の悲惨な状況がその背景にあります。

一九八〇年代後半、西アフリカのカカオ豆市場では規制緩和により自由化が進みました。この規制緩和では、あまりに急激な自由化であったため西アフリカの多くの国々の零細農家に大きな損失を与えました。コードジボアールでは、規制緩和に先立っての準備や対策が全くと言っていいほど取られなかったため、市場は大混乱に陥ったのです。以前はマーケティング機構が買い取り量を一年通じて均一に設定し、農家が生産したカカオ豆を最大三分の二まで先買いするシステムがありました。このシステムが解体された後、生産農家はカカオ豆を一度に売りに出し、市場を氾濫させました。その結果、カカオ豆の国際価格は暴落し、国内価格もわずか一年間で、四〇%も下落しました。あまりに無謀な自由化を行った政府に農家は怒り、社会混乱も起きました。

自由化は、品質や生産の低下も招きました。国際市場でプレミア（割増し金）付きで取引されていた、ナイジェリア、エクアドル、ガーナ産の高級化したカカオ豆は自由化により、そのプレミアを失いました。ナイジェリア産カカオ豆は一トン当たり二〇〇円程度のプレミアが付いていたのに規制緩和後の九〇年代にはゼロになってしまいました。これも市場の自由化によりマーケティング機構の品質管理機能が停止したためです。

カカオ豆など第一産品の生産者たちに生じたこのような問題を解消すべく推進されたのがフェアトレードでした。ガーナの中心部に位置するアシャンテ州クマシでは、第一次産品貿易システムに挑戦する取り組みがありました。それは、一六〇の地域組織と三万人ものメンバーから構成された「クアパ・ココー（カカオ豆共同組合）」です。[6] クアパ・ココーはイギリスのフェアトレード団体の仲介も得ながら、カカオ豆の買い取り、メンバーのために資産運用、マーケティングを行うことでガーナの生産農家と先進国消費者を結びつけます。クアパ・ココーがフェアトレードにカカオ豆を売るときには最低価格が保証され、国際市場での価格が下がれば下がるほどプレミアは大きくなります。一九九九年の例では、フェアトレード価格は国際市場価格より七五％も高かった。国際市場価格がフェアトレード価格を上回った時は先進国のパートナー団体が「社会的プレミア（割増し金）」を上乗せしました。割増し金は、学校建設や保健医療サービス、衛生事業といった共同体の開発事業に投資されました。クアパ・ココーはフェアトレードへの参加によって、ココア生産者を苦しめてきた「低価格」、「価格の不安定性」、「低付加価値」という三つの課題の解決に取り組む市場を育てることができたのでした。[7] 今も多くの途上国の生産者がこのような問題に苦しみ、劣悪な環境の中での生活を強いられています。この状況を改善するためには、貿易システムを見直し、彼らの生産物が適正な価格で取引されなくてはなりません。そのために不可欠なのがフェアトレードの考え方なのです。

フェアトレードの定義

そもそもフェアトレードの定義とはどのようなものでしょうか。この問いに関する答えは立場によって異なります。まず日米をはじめとする先進国政府やネオリベラリズム経済学者たちの立場からすると、関税や輸入割当などの「貿易障壁」によって国際的な取引が歪められることなく自由にできることをフェアと考えます。彼らが追及するのは「自由かつ公正」な貿易で、これを最重要な要件とみなします。これに対して、多くの途上国政府や市場万能主義に懐疑的な経済学者は、発展段階などが異なる国々に対して一律に自由な貿易を押し付けることに反対します。経済力に大きな差のある先進国と途上国を同じ土俵で戦わせることはアンフェアであり、途上国には「特別かつ差異のある待遇」を認めることこそがフェアであり、正義に適うという立場をとります。彼らが求めるのは「公正かつ正義」の貿易で、その点で先進国政府の持つ考えとは大きく異なります（ここに植民地時代の歴史的反省の意味が出てくるでしょう）。

以上の二つは世界貿易機構（ＷＴＯ）などの場で常にぶつかりあう対照的な考え方ですが、それらとは違うもう一つのフェアトレードの類型があります。それは途上国の零細な生産者や労働者が「人間らしい生活」を送れるように、ＮＧＯなどが公正な対価を約束し、従来とは違う「公正かつオルタナティブ」な貿易を実現しようとするものです。それはまた、従来の貿易のあり方全般を問い直し、根本から変革しようとするものです。

しかし、「公正かつオルタナティブ」な貿易という意味でのフェアトレードに対象を絞ったところで、その定義にはさまざまなものがあります。そこで二〇〇一年に四つの国際的フェアトレード連合体（四連合体の頭文字をとってＦＩＮＥ）が協議の上、共通の定義を打ち出しました。以下はフェアトレードの定義です[8]。

・フェアトレードとは、より公正な国際貿易の実現を目指す、対話・透明性・敬意の精神に根ざした貿易パートナーシップのことです。フェアトレードは、とりわけ南の疎外された生産者や労働者の権利を保障し、彼らにより良い交易条件を提供することによって、持続的な発展に寄与します。

・フェアトレード団体は、消費者の支持のもとに、生産者への支援、人々の意識の向上、そして従来からの国際貿易のルールや慣行を変革するキャンペーンを積極的に推し進める団体です。

・フェアトレードの戦略的意図は次の三つです。

①疎外された生産者・労働者が、脆弱な状態から安全が保障され経済的に自立した状態へと移行できるよう、意図的に彼らと協働すること。

②生産者と労働者が自らの組織において有意なステークホルダー（利害関係者）となれるよう、エンパワー（力をつける）すること。

③より公正な国際貿易を実現するため、国際的な場でより広範な役割を積極的に果たすこと。

またＦＩＮＥでは共通定義に加え、基本原則も取り決めました。

●フェアトレード団体について……フェアトレード団体はフェアトレードに明確にコミットし、それを使命の中心に据える。具体的には、

・生産者に対して財政的・技術的・組織的支援を行う

・南北双方で啓蒙活動を行う

・従来からの国際貿易ルールおよび慣行を変革するためのキャンペーンを行う

●貿易パートナーシップについて……貿易を対話・透明性・敬意に根ざした互恵的なパートナーシップと見なす。具体的には、

・互いに敬意をもって接し、異なる文化や役割に配慮する

・法やフェアトレード協約の求めに応じて、自らの組織・財政・機構を透明かつアカウンタブル（関係者の負託に応えられる存在）にする
・市場アクセスを交易にすべく情報を提供する
・開かれた建設的なコミュニケーションを維持する
・問題が起きた時は対話と調停によって解決する
●より良い交易条件について……交易条件を改善する。具体的には、
・その地域ないし地方における公正な価格を支払う（公正価格とは、生活コストだけでなく、社会正義に適い、環境に健全な生産を可能にする価格を言う）
・生産者が債務に陥らないよう、（前払いなどよって）収穫前ないし生産前の資金獲得を手助けする
・交易条件は、ビジネスとしての継続性と長期的なコミットメントに資するものとする
●生産者／労働者の権利の保障について……生産者／労働者の権利の保障と改善にコミットする。具体的には、
・公正な報酬を支払う（法的な最低賃金に限らず、生活できる賃金を支払う）
・社会的な責任を有した、安全かつ健康的な職場を提供する
・国内法を遵守するとともに、国連が規定する生産者／労働者の人権を守れるだけの条件を維持する
・ＩＬＯが規定する基本的な労働基準を保証する（特にＩＬＯ二九、八七、九八、一〇〇、一〇五、一一一、一三八号条約）
●持続可能な発展のプロセスについて……小規模生産者・労働者の経済的・社会的機会の長期的改善と環境改善を支援する。具体的には、
・小規模生産者の組織を強化する

・生産者・労働者の所有権と意思決定への参加を強化する
・研修・能力強化・人的資源開発を支援する（とりわけ女性に対して）
・環境に良い行動及び責任ある生産手段の採用を積極的に推奨する

以上がＦＩＮＥの定める共通定義・基本原則です。ただし、今言ったＦＩＮＥ以外にもフェアトレード団体は多く存在するため、すべての団体が以上の全項目を定義・原則にしているわけではなく、他の項目を挙げている場合もあります。ＦＩＮＥの共通定義・基本原則を見ると、フェアトレードが最終的に目指すのは疎外された生産者・労働者の労働環境とより公正な国際貿易の「持続的な発展」だということが分かります。つまりこの二つがフェアトレードの二大目的であり、当初のように「オルタナティブ」な貿易を目指すだけでなく、従来からの貿易を公正かつ「正義」に基づいたものへと変革することを目指しています。とかくフェアトレードは、途上国の貧しい生産者の生活を良くするための活動とだけ見られがちですが、既存の貿易を公正なものに変革するという、大きな目的を有していることを覚えておく必要があります。

フェアトレードの仕組み

従来の貿易とフェアトレードとはどのように仕組みが異なるかを説明します。フェアトレード商品は多種多様で、商品ごとに生産・加工・製造・流通のプロセスには違いがあるため、ここでは代表的な自営生産者のケースを取り上げます。

まず従来の貿易では生産者が個々に取引（生産物の販売）をすることが基本なのに対して、フェアトレードの場合は組合などを組織して集団で取引するのが一般的です。立場の弱い生産者が一人で買い手と交渉するのと、生産者同士が結束し交渉するのとでは、価格交渉力に大きな差が生じます。次に、従来は生産物を売る相手が仲買人であることが多かったので、貧しい生産者では市場まで持ち込むまでにかかるコスト（貯蔵施設の建設費用、輸送費用）を負担できませんでした。そのため買い手を選べない彼らにとって仲買人は絶対的な存在で、弱みに付け込んだ仲買人が徹底的に買い叩く危険がありました。生産物が輸出業者に渡るまでに、仲買人が一回だけでなく二回、三回と入ることもあります（村レベル／地域・地方レベル／国レベルなど）。フェアトレードの場合、生産者組合は仲買人を通さずに生産物を売ることができる。力をつけた組合の中には、自らが公正な仲買人の役割を果したり、輸出業務まで行ったりします。従来の貿易では、仲買人に買い取られた生産物は輸出業者、輸入業者の手を経て先進国内へ入っていく。それに対してフェアトレードの場合、生産者組合が輸出業者を通さずに輸入業者へ売ったり、フェアトレード団体に直接売ったりすることが多い。これは生産者組合が自ら輸出業務を行ったり、フェアトレード団体が輸出入業務を行ったりするからです。

加工製造を必要とする商品の場合、フェアトレードであっても製造業者はたいてい関わってきます。しかし、例えばコーヒーの場合のように、フェアトレード団体や時には生産者組合自身が加工製造（焙煎）を行うケースもあります。先進国内では、加工製造された商品が小売店に並ぶまでに、通常は卸業者（問屋）が介在します。それも、二次問屋、三次問屋といったように数回にわたり問屋の手を経ることもあります。それに対して、フェアトレードの場合は、問屋が介在することはほとんどないのです。かつては小売業者も素通りして、フェアトレード団体が自らの店やカタログ、インターネットなどで直接消費者に販売するのが普通にありましたが、最近はフェアトレード商品などに特化したフェアトレードショップ（フェアトレードに関連する小売店や健康・エコ商品ショップ、スーパー）に卸すことも珍しくなくなりました。

以上のように、フェアトレード団体は貿易（途上国からの輸入）を行うだけでなく、生産者の組織化や生産能力の向上に携わったり、さらには製造、卸し、小売などに関わったりと、幅広い活動をするようになっています。かつては、生産者は生産し、フェアトレード団体はそれを買って消費者に売るという簡単な図式でしたが、今日

は複雑化してきています。(9)

いずれにしても、フェアトレードが従来の貿易と大きく違う点は、商品が生産者から消費者に届くまでの介在者を極力減らすことで中間マージンを最小限にし、生産者の取り分を多くするとともに、生産者と消費者の間に密な関係を築くことです。このような仕方で世界に公正なグローバル社会を構築しようとしています。日本の社会にこれがさらに認知される必要があるでしょう。このことを通して、経済大国である日本が世界の中で「卓越社会」になる機会を迎えているとも言えるでしょう。文化的にまた人間教育において「高潔な社会」になる機会でしょう。その意味でも高等教育がお互いの潜在能力を認め合い、シャロームを開花させる必要があるでしょう。

(1) dot.(ドット)朝日新聞「建学の精神」企画特別編集「村上友紀さん」http://dot.asahi.com/ad/140725/aoyama.html(二〇一一年一月アクセス)
(2) スタンリー・ハワーワス『大学のあり方──諸学の知と神の知』(青山学院大学総合研究所叢書)東方敬信監訳、ヨベル、二〇一四年、三三三─三三四頁。
(3) 東方敬信『文明の衝突とキリスト教』教文館、二〇〇一年、一四七─一六三頁参照。
(4) IFATホームページ Sixty Years of Fair Trade (http://www.ifat.de/en 二〇一一年一月アクセス)。
(5) 長坂寿久編著『日本のフェアトレード──世界を変える希望の貿易』明石書店、二〇〇八年、六六─六七頁。
(6) デイヴィッド・ランサム『フェアトレードとは何か』市橋秀夫訳、青土社、二〇〇四年、九六頁。
(7) オックスファム・インターナショナル『貧富・公正貿易・NGO──WTOに挑む国際NGOオックスファムの挑戦』渡辺龍也訳、新評論、二〇〇六年、二二二─二二四頁。
(8) 渡辺龍也『フェアトレード学──私たちが創る新経済秩序』新評論、二〇一〇年、一一─一四頁。
(9) 同書、六─八頁。

第12章　アマルティア・センの人間観

温かい心の学問――センの厚生経済学をめぐって

経済学者マーシャルの言葉に「クールヘッド・アンド・ウォームハート」つまり「冷静な頭脳と温かい心」という有名な言葉があります。マーシャルは経済学を学ぶ学生を、最初にロンドンの貧困地域に連れて行きました。すなわち、経済学を学ぶ学生にきちんとした動機付けを与えたのです。それと同じように、あるいはそれ以上にアマルティア・セン（一九三三―）の経済学者としての活動の背後には、子供の頃のインドにおける経験がありました。それは、彼の内面が覚醒されるような経験でした。それは、彼の経験したインドを襲った飢饉の中での出来事でした。それを彼は次のように報告しています。

十歳かそこらのころだったが、ある日の午後、私は現在のバングラデシュの首都ダッカ市にある自分の家の庭で遊んでいた。そると、一人の男が悲鳴を上げ、大量の血を流しながら門から入ってきた。背中をナイフで刺されていた。当時はインドとパキスタンの分離独立の前で、各地域に暴動が起こっていた（ヒンズー教徒とイスラム教徒が互いに殺し合っていた）時代だった。刺されたカデール・ミアと呼ばれるその男は、イスラム教徒の日雇い労働者で、わずかばかりの賃金で近くの家に来ていたのである。そして、ヒンズー教徒の多い私たちの地域で地元のならず者たちに路上で刺されたのだ。私は大声で家の中にいる大人たちの助けを求め、水を与えた。しばらくして私の父がカデール・ミアを病院に急いでつれていったのだが、その間彼は、このような危険な時に敵の多い地区には行くなと妻に言われていたと語りつづけた。しかし彼は仕事と少しの稼ぎを求めて来なければならなかったのだ。家族には食べるものがなかったからである。結局彼はその後病院で死んだ。経済的不自由のために死という罰を受けることになったのだ。(1)

このようにセンは「この出来事は私を打ちのめす経験だった」と回顧しています。その意味では、彼は単純な「経済人仮説」による経済学の言語使用に満足するはずはありませんでした。あえて言えば機械論的世界観をイメージさせるような言語選択をせずに、苦しみもあれば痛みもある人間社会の人格的用語を用いるのです。いや用いざるを得ないのです。それがセンの学問の温かさです。

彼は、一九九八年のノーベル経済学賞を得た経済学者で、インド出身でハーバード大学からケンブリッジ大学に移ってイギリスで活躍しています。彼は一九八七年の著作において、「公平に言えば、純粋な利己心に満ちた行動という主張は、経済学における基準であるとされ続け、標準的な経済理論や政治分析の行動を探究する基礎を提供しつづけている」と言っていますが、センは、アダム・スミスについては、『道徳感情論』という初期の作品によって理解しようとしています。その初期の作品は、他者のために私たちの利益を犠牲にする覚悟をして「共通善」をもたらすという見解を人は持っていたと前提しています。しかし、利己心を動機とする「経済人」という表現は、一八二九年のジョン・スチュワート・ミル（一八〇六―一八七三）の『政治経済学』に現われましたが、その経済人は、多くの書物の中に「今だに現われ続けている亡霊であるだろう」とセンはいうのです。こういった人間本性についての「利己心の還元主義」は、ジェレミー・ベンサム（一七四八―一八三二）の哲学的人間観の「功利主義」と固く結び付いていました。ベンサムは、ホッブズが市場を価値の基準にする議論をはじめたのに対応しています。一八世紀の合理主義的哲学者は、神性に訴えることは怪しむべきであり、別の所に価値の基準を置くべきだと考えました。そうなると価値の基準はどこにいくのか。ベンサムは、中世の伝統的思考習慣である自然法の議論より、むしろ「経験科学と考えられた心理学」から道徳性を引き出そうとしました。

つまり超自然や神の祝福などというキリスト教的価値観を前提にしない倫理を考えることになったのが一八世紀であると考えられます。それがある種の心理学を前提にした倫理です。近代社会では、フランス啓蒙主義のジェレミー・ベンサムの先駆者と言われるエルヴェシウス（一七一五―七一年）が、経験科学に学び、科学的心理学を土台にした倫理学を確立しようとしました。[2] 彼によると、道徳の根拠あるいは土壌の形成は、神の摂理への参加ではなく、現実の人間を行動へと駆り立てる心理的動機でした。それは、人間に快適さをもたらすはずである自己利益でした。道徳とは、この自己利益と全体的利益を調和することとなったのです。ベンサムは、人間の二つの感覚つまり快楽と不快によるドライブを考えました。道徳的に行動することは、快や幸福を増大するようにつとめることとなったのです。応用経済学的にいうと、「財の生産の極大化」という需要になりました。しかし、このような提案には、深いインスピレーションがあって道徳を心理学から導き出そうとする試みでした。しかし、社会秩序の形成には、各人の欲望を土台にするだけで充分だというきわめて危うい主張となりました。なぜなら、それは、社会全体で考えると、たとえ少数者の苦悩があったとしても、財の生産の極大化が社会全体の富を増大することにより肯定されることになるからです。このような論理からすれば、少数者の苦悩は、より大きな善の費用として受け取られることになります。それは、有名な「パレート原理」にも見られます。それは、厚生経済学の基礎となっていますが、功利主義の純粋な理論でもあります。具体的に言えば、それは、他の個人の厚生（生活を豊かにし、体を健やかに保つこと）を減ずることなく、ある人の厚生が増えるなら、社会全体の厚生が増加していると計算するのです。このように、ある人の厚生が他人に迷惑を掛けなければ、社会全体の厚生を増加することになるという論理は、センが気付いたように、他者を顧みない個人主義的な傾向を温存してしまうことになります。そういった意味では、パレート最適条件は、地獄から来る場合もありうるのです。なぜなら、ある状態は、金持ちの贅沢を削減しないで、ある人の悲惨な状態を、極端な悲惨にくらべるならまだましなものと理解するという最適条件もありうるからです。つまり、貧困を肯定する厚生観を持つ危うさがあるからです。

道徳哲学の中で、功利主義は多くの批判の対象になってきており、決して現代の道徳哲学の主流になっているわけではありません。それは、遠い昔の素朴な心理学を土台としており、快・不快を計量化出来ないことは分かっているはずです。この個人主義的な功利主義の立場から言えば、幸福は、ワインを飲むことか、歌うことか、カントの『純粋理性批判』を読むことなのか。それは、分からないのです。幸福追求は、単純に欲望の追求であるなら、欲望の様々な対象を見分けることはなくてもよいのではないか。ある人は、サッカーを見ることによって、快楽を与えられ、ある人は、野球を見ることによって快楽を与えられるというのはまだ分かりやすいのですが、ある人は修道院に入ることが幸福だと考え、ある人は軍隊に入ることが幸福だと考えることもあるでしょう。それはかなりの開きが出てくるはずです。そこには「非暴力的生活様式という方向への評価」がありうるでしょうし、どちらが「共通善に貢献できるか」という判断もできるでしょう。しかし、ミルは、「効用の概念」を導入しても、ある行為の結果が効用を生み出すなら善とするのです。そこには選択の矛盾すらありうるのです。ベンサムとミルは、一八世紀の上品な態度という非功利主義的な基準を土台とした社会を前提にして、その上で経済活動を認めるという立場でした。しかし、今日は、そういった非功利主義的な前提を失っています。ナチズムの倫理を研究すると、そういった前提は全く見あたらなくなってしまったのです。功利主義は、その行為の結果が快をもたらすか不快をもたらすかで判断する方法です。そうすると、行為そのものが善であるか悪であるかは判断しないで、そのもたらす結果だけで判断することになります。しかも、あらゆる行為がそれ自身ではなく、その結果が快をもたらすか不快をもたらすかで判断されます。それなら極端な話が、結果において快をもたらすなら、危険ドラッグも快をもたらすと言えるかもしれません。ある社会の社会的効用をたとえるなら、ナチズムにとって社会的な効用は、ユダヤ人の大量虐殺であったのではないかということになります。これでは支離滅裂になるでしょう。

人間観の貧困

センによると、経済学者によって功利主義が支持される理由は、経済学者たちが倫理学の複雑な理論に無関心であり、関心の欠如による、ということになります。功利主義の理論が去ってしまうと、人間行動の利己心の優先を語る前提も去ってしまいますが、その後の経済理論では、社会的ダーウィニズムがそれにとって代わっているとセンは言います。つまり「適者生存の理論」です。功利主義と人間が利己心によって動機付けられるという理論は、アダム・スミス以来の経済理論の展開に基準を提供してきたのです。しかし、今日の経済学の多数の理論は混乱し、バベルの塔の様相を呈しているのではないでしょうか。その根本的原因は、単純な功利主義と利己心優先の動機付けという人間観にあるといってよいでしょう。それに対するセンの批評を論じてみましょう。

第一に、その人間観の欠陥は、「方法論的個人主義」であり、たとえばパレート原理にも現われていました。アリストテレスにとって、人間は基本的に社会的動物であるので、「共通善」を考えなければ生きていけない存在ですので、経済学と倫理学は必然的に結合しています。しかし、現代の経済学は、孤島におけるロビンソン・クルーソーを当然のように考えます。このような個人主義は、空しい抽象だけでなく、強者優先になる合理的イデオロギーになっているのではないでしょうか。それは、人間の相互依存性を無視し、障がいのある人や老人など社会における「競争弱者を配慮する方法」を発見することを困難にします。

第二に、それは、「人間の動機について貧弱な立場」です。人間観として本当に貧しいまた不寛容な理論を展開していると言わざるを得ないのです。センは、人間の意思決定において、「自己犠牲（コミットメント）」の役割を無視していると言います。このコミットメントは、電車の中で痴漢行為に遭いそうなとき、自分にとって目立つという不快な経験をしても、側にいる人が声を出したり、止めに入ったりする犠牲的精神をさしています。ここにはあのセンの少年の時のカデール・ミアの思い出が働いているのではないでしょうか。単に利己心を中心にした動機付けだけではなく、人間は、正義や愛や憎悪や信条や確信をもって決断することをセンは見抜いていました。科学史家レトゥインは、経済学は価値判断をしない学問だという考えを引き合いに出していますが、それにもかかわらず実際に経済学は、人間は合理的であり効用を極大にしたがる存在あるいは個人的な幸福を追求するものという人間行動に対する理解を主張していることになるのです。「経済学者の極大行動を主張することは、物理学者にとって引力の法則を主張するものになっています。そうしながら、物理学者は、引力を賞賛したり呪ったりしていないし、引力がある運動の主要な原因だからといって、すべての運動の唯一の原因でなければならないと主張するのは愚かな物言い[3]」であると言うのです。人間の行動は、引力の法則のようには扱えないと同時に、きわめて合理的な経済行動と価値判断的行為とに明瞭に分けられるはずがないのです。あらためて、経済学の前提となっている人間観を問題にして、アリストテレスの社会的動物としての人間を思い起こしておきましょう。道徳哲学者マッキンタイアは、一七世紀と一八世紀においてのみ、道徳はエゴイズムによって引き起こされた問題の解決として理解されたと指摘しています。もし、私たちが美徳において形成されるとするなら、「人間にとっての私の善は、同時わたしが関わらざるをえない人間共同体の他者の善と同じものでなければならない」のです。この点から離れて、市場的資本主義が貪欲を正当化しないなどとは言えないのです。贅沢や欲望さらに金持ちになりたいというのが、支配的情動となっていないか。儲けよう、儲けよう、金を溜めよう、金を溜めよう、というのが合理的な経済行動のキャッチフレーズになっているのではないか。そこに人格的生を認める「潜在能力（ケイパビリティ）」は見られないのではないでしょうか。

センの功利主義批判

最近の選択理論について、センは次のように考察します。「幸福も欲望も測定するのが容易でないため、近代の経済分析では、福利はある人の観察可能な選択の数量的表現と定義されることが多い」[4]と。しかし、この考えは、結果的に選択されたものを数量化しているだけで、個々人の間の幸福を比較することは不可能であり、さらに喜んで選んだり、次善の策として選んだりするプロセスを無視して、結果だけで数量化する「結果主義という限界」があるのです。たとえば、財産権をめぐって、次のような結果論があります。私的所有権を全面的に認める立場は、財産権は個人にとって本質的であるなら、所得や不動産についても課税をするべきではないという主張もありうるのです。なぜなら、私的所有権を全面的に認めるなら、全体としての社会に経済成長と繁栄の可能性が広がり、社会全体が豊かになるとするからです。ところが、このような結果を生み出すかもしれなくとも、その反面、私的所有権による競争社会では、自分の力ではどうしようもない障害があったり、また年齢制限に出会ったり、病気や社会的不運で落後する人々に対して援助する方法がなくなり、貧困の問題を解決できない結果となります。さらに、制約のない私的所有権の使用は、環境保護や社会的インフラストラクチャー（インフラ）の欠陥になります。

センはこのように功利主義の限界を三つ挙げています。

第一は、「分配に関する無関心」です。この立場にたつと、社会全体に対する一般的な幸福には関心を持つが、幸福の分配における不平等には関心を払わなくなるでしょう。アメリカは豊かな社会ですが、都市に住むアフリカ系アメリカ人の平均寿命は、インドの貧しい地域よりも低い。そういった豊かさの分配に関心を払わない欠陥が功利主義にはあります。

第二に、「権利、自由、そのほか非功利的な関心事の無視」を上げています。どんなに物質的に豊かであっても、奴隷状態の人は、ある程度貧しくても自由な状態として自分の人生を選択できる人よりは、不幸と言わざるを得ません。

第三に、「適応と精神的な条件付け」があります。つまり、人間には生きている状況に妥協的に順応してしまうという欠点があります。これは次のことを意味しています。恒常的に欠乏状態にある人々は、自分たちの声を押さえてしまい、沈黙してしまうことが多い。だから、表面的には満足しているように見えても、実は大変抑圧されている場合があります。人間とは自分の人生をはっきりと選択する自由がなければならない存在です。同じ絶食状態でも、食べるものがあるにもかかわらずダイエットするのと、食べたいのに食べるものがないのとは全く異なります。だから、次のように言えます。人は自分で送りたいと思うような暮らしを自分で判断し、その暮らしを意欲的に求める機会を与えられなければならない自由な存在であると。

さらにセンは、一回限りの商行為を考えるのではなく、肉屋が正しい金額でよい肉を提供することを「持続の力」と考えます。これは、人間の習慣的行為には「信頼感が必要だ」ということを指摘するためです。経済学者ハイエク（一八九九―一九九二）は、互いに利己心で行動して、社会全体が利益を増やすという分析が「深い洞察」であると評価しますが、センは、それはすこしも深くないとします。したがって、ハイエクの「意図しない結果」という説をそのまま経済学の人間観、社会観に受け入れることを深くない洞察だと皮肉まじりに言うのです。私たちも交換の行為が持続可能になるのは、「信頼感が必要だ」と日常生活の経験から判断できます。たとえば、同じ値段の野菜を買っても、いつも新鮮な野菜を間違いなく売っている店と、いつも腐っていないにしても新鮮でない商品を売る店また時々腐ったものを売る店を比較すると、私たちは、いつも新鮮な野菜を売っている店に行くようになるでしょう。これは、長い目で見ると、私たちの経済行為の中に信頼感が働いている証拠になるでしょう。

そのように、人間の倫理観を含んでいるのが経済行為だと考えるなら、センの言う「正義感」、「信頼感」、また「共感」と「献身」があることも分かってきます。基本的には、自由を中心に据えるセンの人間観には正義感も含んだ潜在能力を発揮できる幸福論があるからです。

彼の文章を引用すると、「しかし、正義に関する基本的考えは、社会的存在としての人間にとって無縁なものではない。社会的存在である人間は自己利益について心を砕くだけでなく、家族の成員、隣人、仲間の市民、世界の他の人々について考えることもできる[5]」のです。そもそも、アダム・スミスのいう「見えざる手」の働く市場は、もともと利己心だけではなく、「公平な観察者」を心の中に抱いている人々の集まりでした。センは、このような正義感の存在を認めようとするのが「潜在的能力」を発達させようという理論です。しかし、彼が、人間の心の中に「正義や公正の思想のための特別の空間」があることを自然的なものだと論じる点は、私には少し楽観的に思えます。なぜなら、私たちは、アダム・スミスの「公平な観察者」という心の中の存在は、キリスト教の歴史の中で、信仰者を指導する「アドバイザー」のことを指していたことを知っているからです。そのように考えるなら、自己愛を超えた幸福論や祝福論があるはずだからです[6]。

さらに、市場メカニズムが機能するためには、暗黙の信頼関係がなければなりません。センの言い方によれば、「絶えず訴訟を起こす必要なしに、交渉された契約を有効にするような」しっかりとした信頼の土台が必要です。「互いの言葉と約束にある信頼の発達と活用は市場の成功にとって非常に重要な構成要素である[7]」とセンは言います。日本の成功の陰には、儒教倫理のもたらす「非利潤動機」があると考えました。もし、そうであるなら、私たちは、この儒教的遺産の非利潤動機を大切にしなければなりません。あるいは、そうでないなら、人々と社会の間に信頼感を保証する教育や宗教の役割を強化することも考えなければならないでしょう。

人格的言語の使用

このように考えるセンは、当然のことですが、個人の利益だけを求める人間観を土台にしてできた「合理的選択」の理論を批判します。そして、この狭い利己心による行動理解から離れるにしたがって、「信頼」と「正義」

と「共感」と「献身」という人格的言語を経済行為の中に含むことを理解しなければならなくなると言います。はじめに「共感」ですが、それは、私たちが自分の利益を求めるという行動を考えるときに、その思いの中に他人もそう考えていることを想定できるということです。つまり、ある人の幸福追求という観念の中に他人も幸福を求めているという共感があります。さらに、共感は次の状況にも進んでいきます。他人の貧困に対して痛みや良心の呵責を感じるなら、その他人の貧困を助けることができるなら私たちも幸福感に満たされることができるでしょう。

次に、「献身」というのは、自己犠牲を伴う行為をさすのです。センは、このコミットメントを共感に基づいて苦しみを和らげてあげたいという願望ではなく、「不正義の認識(8)」からくるものだと考えます。これも、人間は社会的存在だから、社会の正義を望むようになるからだとします。ここで、キリスト教を考えるならば、イエス・キリストの十字架の自己犠牲的愛を反映するものとして「献身」を考えるでしょう。このようにセンは、正義感、信頼感、共感、献身という「人格的言語」を経済行為にもあると考えるのです。

「人間の責任と自由」

さらにセンの『自由と経済開発』の一二章「社会的目標としての人間の自由」という結論の章は、キリスト教に僅かながら触れ、アリストテレスの倫理学を土台にしていることを垣間見せているので、非常に興味深いものです。

彼は、断固として無神論者であったバートランド・ラッセルのユーモアを引用してキリスト教に触れています。ラッセルは、死後、神に出会ったらどうするかと尋ねられたとき、次のように答えたと言われています。「全能の神よ、あなたの存在の証拠をなぜあれほど少ししか与えなかったのですか、と聞くだろう」と。これは、神がおられるのに、執拗な飢えとか悲惨な出来事がなぜあるのかという神義論からの問いです。それに対して、センは、神学者たちの議論を少しく紹介して、「神は人間が自分で問題に対処することを望んでいるのだ」という主張に共感しています。自分は宗教を持たない人間であるので、そういった神学議論を評価する立場にはないと言いますが、次の議論には、賛意を表わしています。「人間には生きる世界を自分たちで発展させ、変える責任があるのだという主張の持つ力を認めることはできる[9]」と。これは、キリスト教の立場で言えば、「スチュワードシップ」を意味します。つまり、神が人間に地上を治めることを課題として与えたという考えです。彼の言葉には、「内省的な被造物として、われわれには他者の生活に思いを致す能力がある」という表現までありま す。それは、自分の行動が影響を与えたことに対する責任という意味ではなく、「もっと一般的に、周囲を」気にして行動することです。つまり迷惑をかけたことには責任をとるのではなく、人間は、本来的に責任をとる存在だとするのです。そして、彼は、責任を果すために必要なものとして、自由を考えるのです。その自由とは「潜在能力」を発揮することですが、初等教育を受けることや、病気を治す保健システムを支えることになります。彼の表現によると「責任は自由を要求する[10]」という言い方です。ともすると、私たちの議論は、自由な行動には責任が要求されるというものです。たとえば、自由な行動として広場で野球をして、その結果近くの家の窓ガラスを割った場合には、それを弁償する責任があるということになります。しかし、センの場合は、そういった順序ではなく、人間は社会的責任的存在であり、それを果すためには自由が必要だと言うのです。「潜在能力」を発達させるのには自由が必要だと言うのです。

従って、彼の「潜在能力」は、人間の積極的な行動をさすもので、次の定義を与えられています。「自分で生きたいと思うだけの理由のある生活を送ることのできる潜在能力なのである[11]」と彼は言います。そして、この自由には、「機会の側面」と「過程の側面」があるとします。つまり、最初はだれにでも自分の生きるチャンスを与えるべきであるという考え方で、次に情報を共有しながら政策決定ができることです。さらに、第三には、「公開の討議」が保証される必要があるとします。ここには、政治的自由や市民的自由の向上があります。そして最後の第四に、個人を受身の人間と考えるのではなく、また恩恵を受けるだけでなく、「責任ある大人」として自分の「潜在能力」をどう用いるかを決めなければならないというものです。

そして、センは、アリストテレスの人間観を用いて、人的資本と言うこれまでの経済学の人間観ではなく、さらに「尊厳を持った人間観」を展開しようと提案します。アリストテレスの人間観の、勇気とか正義という徳目をもつ存在として「高潔な人間」を考えているのです。そうなると、人間を、商品を生産する労働力としてだけ見る見方を変えなければなりません。もちろん、経済学である以上、生産性を高める人的資本という考え方を否定するわけではないのです。しかし、彼は、「人間の潜在能力の考え方は、人々が生きたいと考える理由のある生き方をし、持っている真の選択を向上させる能力――本質的自由――に焦点を当てる」と言うのです。考えてみれば、アダム・スミスは、人的資本という考え方を越える人間観を持っていました。それは、人間には美徳を称賛することがなければならないという事実です。彼は、次のように言いました。「徳を称賛することが、便利な、あるいは良く設計された建物を称賛するのと同じようなことであったり、ある人を称賛する理由が一棹の箪笥を褒めることと変わらないというのはあってならないことのように思える[13]」と言うのです。お互いの潜在能力を認め合い、向上させ合う社会もシャローム・モデルでしょう。

このようなスチュワードシップと美徳の人間観は、これからキリスト教の人間観と生き方を考える上で重要な言語となります。このような言語使用によってキリスト教神学から経済学に対話を挑んでいくことができるでしょう。最後に、彼の主張する潜在能力（ケイパビリティ capability）の内容を紹介しましょう。これはハーバード大学でセンのもとで学び、また倫理学者マーサ・ヌスバウムにも学んだのち牧師・神学者となったダグラス・ヒックスがセンの厚生経済学の土台においた人間観と言われる潜在能力をまとめたものです[12]。

栄養が十分であること

健康であること
品のある住まいがあること
文字が読めること
よい教育が与えられること
意味ある仕事があること
自然と親しみ休みが与えられること
支持的な関係があること
公共空間に恥じなく出られること
政治的、文化的、経済的生活に参加すること
家庭、共同体、社会集団に属していること
家族、集団、社会に貢献していること
宗教的信仰を表現し、神を礼拝すること

（神学者ダクラス・ヒックスによる要約[13]）

私は、フェアトレードではこの潜在能力を取り入れていると考えています。またロンドン郊外にあったストークス・マンデビル病院内ではじまったパラリンピックが障がいのある人々の競技を受容する試みであったことも理解して、この地球に住む人々がこれらを分かち合う共助が「シャローム」に近づくということになることも考えましょう。

（1） アマルティア・セン『自由と経済開発』石塚雅彦訳、日本経済新聞社、二〇〇〇年参照。

（2）森村敏己『名誉と快楽――エルヴェシウスの功利主義』法政大学出版局、一九九三年。
（3）T. J. Gorringe, *Capital and the Kingdom: Theological Ethics and Economic Order*, Orbis Book, 1994, 35.
（4）セン、前掲書、六六頁。
（5）同書、三〇〇頁
（6）梅津順一『近代経済人の宗教的根源――ヴェーバー、バクスター、スミス』みすず書房、一九八九年参照。
（7）OECDなどで毎年、各国の幸福指数を発表しています。イギリスの社会心理学者エイドリアン・ホワイト教授の世界満足度指数によると、二〇〇六年はデンマークが一位、ブータンが八位で、日本は九〇位となっています。
（8）セン、前掲書、三〇一頁。
（9）同書、三一〇頁。
（10）同書、三二五頁。
（11）同書、三二七頁。
（12）同書、三二九頁。
（13）D. A. Hicks, *Money Enough: Everyday Practices for Living Faithfully in the Global Economy*, San Francisco: PB Printing, 2009, 27-8.

おわりに——一粒の麦としての教会

米国の神学者スタンリー・ハワーワスは、二〇〇一年の世界的に有名なギフォード・レクチャーで「宇宙の筋道に沿って（With the Grain of the Universe）」というタイトルをつけました。この宇宙というのは一八世紀の宗教学者シュライエルマハー以来の宗教的世界観を示していますが、平和主義教会の神学者J・H・ヨーダーの言葉の引用で、イエス・キリストの存在が十字架と復活を通して世界に新しい価値を与え、和解と平和の希望をもたらすという「種蒔き」のメッセージでした。その背後にはヨハネ福音書一二章一四節のイエス・キリストの言葉もありました。それは教会が礼拝において新しい価値観を提供して世界を平和にする希望を示しています。本書はそのように教会から教育界、社会福祉の領域を通して新しい価値観を示すことを目的としています。その前にこの世界への種蒔きによるイノヴェーション（革新）を示唆したいと思います。

『私を変えた聖書の言葉』（日本キリスト教団出版局、二〇〇二年）という書物で、聖路加国際病院医師日野原重明氏はヨハネ福音書一二章二四節をあげています。一九七〇年に福岡での学会に出席のため羽田を飛び立った時のことです。「よど号」は、赤軍の九人の若者によるハイジャックに遭遇したのです。そのときに彼らは乗客に読み物のリストを挙げて読みたい人を募りました。日野原氏は、周囲を見渡しても誰も手を上げないので、勇気を出して『カラマーゾフの兄弟』を貸してほしいと言ったので、膝の上に文庫本四冊が置かれました。第一冊目の扉にはヨハネによる福音書第一二章二四節の聖句「よくよくあなたがたに言っておく。一粒の麦が地に落ちて死ななければ、それはただ一粒のままである。しかし、もし死んだなら、豊かに実を結ぶようになる」がありました。彼はこの聖句がこの小説の主題だと思い、時々窓の外の青空を見上げながら、ゆっくりゆっくりとこの小説を読み出したということです。このあとハイジャック四日目に代議士が乗り込むのと引き換えに、約一〇〇名の乗客は無事金浦空港に降りることになりました。この経験を日野原氏は「聖句を読んだ時の私の内的ならびに外的環境の中で、この言葉は私に新しい人生観なり価値観を与えてくれたように思う」と記しています。

さらに同じ聖路加国際病院に関連した思い出を報告します。一九九五年三月二〇日午前八時半ごろに、最初の地下鉄サリン事件の犠牲者が聖路加国際病院の救急センターに運ばれてきました。最初は自家用車で一人が運ばれてきましたが、大型の救急車などで、次々と心肺停止の患者が運び込まれ、はじめの二、三〇分で大変な騒動になり、一日で五〇〇人以上が運ばれてきました。当時を振り返っている医師の言葉によると、「たったの三〇分がまるで二年ぐらいの歳月に感じた」という状況になりました。救急センターだけではなく、礼拝堂や廊下にも患者を収容して、陣頭指揮に当たって事務的にてきぱきと医師や看護師や事務職をまとめていったのが青山学院大学を卒業して二〇年ほどキャリアを積んだ玉木真一君でした。

私が青山学院大学に奉職した最初の年一九八三年の夏に大学聖歌隊と共にアメリカ演奏旅行に行きましたが、そのときの聖歌隊の隊長が玉木真一君でした。最初にアメリカの文化に触れるということでハリウッド・ボールという野外ステージの演奏会に音楽を聞きに行きました。クラシックの曲をピアニストがジャズ風に演奏する、いかにもアメリカ風の演奏会でしたが一〇〇〇人ほどの野外音楽堂で、二〇人の日本からの学生たちは、アメリカの人々に囲まれて座席を取って緊張していました。その時、忘れられない出来事が起こりました。それは、満員の野外音楽堂の片隅から玉木真一君が立ち上がり日本語で「格好いいぜーっ」と大声を張り上げて曲と曲の間に叫んだのです。私たちのグループは思わず笑い出し、周りの人たちが何事かと振り返りました。それから、みんなはリラックスし始めて、大学や教会を訪問する楽しい演奏旅行という雰囲気になりました。玉木君はそのように活発な学生でした。

地下鉄サリン事件に話を戻します。聖路加国際病院の救急センターでは患者を受け入れ、目に痛みを訴えていたので眼科の医師などに協力を依頼するところから始め、重度の患者を集中治療室に受け入れ、中度の患者を病棟に、さらに軽度の患者は外来スペースや廊下などに受け入れ、事件発生後三時間で、救急車で到着した患者は九九名、徒歩でたどりついた患者は三〇〇人以上という驚くべき状況でした。その年は阪神淡路大震災が直前にあり、緊急事態に対する心構えができていたとはいえ、現場で早期に体制を整え、冷静に受け入れることはきわめて困難なことであったことは容易に想像できます。そのとき陣頭指揮にあたったのが事務体制の中心にいた玉木真一君でした。残念ながら彼は二〇〇六年、四〇代の若さで天に召されました[2]。

玉木君の勤務していた聖路加国際病院理事長の日野原重明氏は、次のように彼の遺稿集に記しています。「玉木君といえば、青山学院大学卒業後、当院に就職され、聖路加のミッション精神を最もよく理解され、日常生活も地域のキリスト教会での奉仕に力を入れられていました」と玉木君の活躍を惜しみ、「彼の後継者の出ることを期待してやみません」と結んでいます。

彼が病院の管理を志して聖路加国際病院の就職試験に臨んだときの文章には「私の信念は、『愛がなければ、いっさいは無益である』(一コリント一三・三)とありますが、私が病院管理者の一人になることができたならば、神の愛の担い手の一人として、愛をもってすべてに尽くしていきたいと願っている」と表明していました。

さらに、玉木真一君の仕事の同僚が彼の思い出として記している詩のような言葉も紹介します。

君ほど信頼されている人はいない。
君ほど慕われている人はいない。

君ほど行動力のある人はいない。
君は信念を持ち、常に人を救うことを忘れなかった。
君のような人はいない。
そして、君と共に仕事ができた自分を幸せに思う。

(『ガリラヤの風かおる——玉木真一の足跡』遺稿集発行支援事務局、二〇〇六年)

イノヴェーション(革新)とは、「新しさを中に入れる」という意味です。玉木真一君は彼なりの仕方で職業を選択し、そこに神の愛の担い手という彼の人格と言葉と行動を投入しました。

私たちもそれぞれの自分の世界に新しさを投入する業を行うことができれば幸いです。

英国のボディショップの創業者アニータ・ロディックは、最初は自宅のキッチンで化粧品を作り始めました。環境や動物への配慮に加えて、自分がユーザーとして本当に欲しいと思うものを作りたい、そして社会に伝えたいと考えて起業しました。動物実験をしないこと、再生利用可能なプラスティックボトルを使うこと、女性の体に負担をかけない自然な化粧品を作ることを標榜し起業しましたが、そのメッセージは市場を通じて多くの人が共感するものとなりました。

このように種を蒔くように新しい価値観を世界の各領域に展開するのが本書のねらいでした。本書は、キリスト教の文化的表現(開花)から始めましたが、教会が教会であることは、日本の社会にとって文化的インパクトを与えることを示します。それは、教会が価値共同体だからです。私は大学と兼務して東京世田谷区にある教会に奉仕させていただきました。ある夏(二〇〇二年)に印象深い出来事が起こりました。それは、三〇人ほどの小学生と教会学校の夏期学校に出かけたときのこと。駅で、一人の教会学校の教師が団体券を買うために駅の事務所に入ると、なんと子供たちのために人数分の下敷きとシャープペンシルを駅員の方が用意して渡してくれたのです。私たちは全く予想していなかったことで驚いてしまいました。その理由はこうでした。教会学校では、神の恵みを感謝する礼拝をしていますが、一年に一度特にその恵みを分かち合う「花の日」という行事がありました。どこの教会学校でもしているのですが、自然を通して与えられる神の恵みに感謝して、花を飾って礼拝をし、その恵みを地域に分かち合います。それは、子供たちが日頃お世話になっている小学校の守衛さんや交番、また病院や駅に花束を届けることでした。それを駅員の方々あるいは駅長さんが覚えていたのです。私たちはそういったお礼まで想像していませんでした。ただ礼拝で感謝をして、礼拝の後でそれを分かち合う自発的な行為をしていただけでした。それに対して駅員の方から予想もしていなかった自由な応答があったのです。私は、瞬間的に「これは奇跡だ！」と思いました。夏期学校の目的地に行って下敷きやシャープペンシルを配っときに、子供たちの間に「ワーッ」という大きな歓声が起こりました。それは、言ってみれば、礼拝する生活の喜び、麗しさというものでした。

本書の第一部では、キリスト教精神（福音）のインカルチュレーション（文化内開花）を紹介します。第二部は、キリスト教の実践的活動が、近代社会の軸になっていた啓蒙主義との緊張関係になることを描きました。また第三部は、ポスト・モダンと言われる状況での課題を担うべき歩みを進める方向性として、世界の平和についての先駆的実験を証ししました。インカルチュレーションとは「文化内開花」と訳せる英語です。世界の各文化に福音の種が蒔かれて新しい生き方と希望を生み出すのです。それは池に小石を投げ込むと波紋が広がるように世界に新しい価値観が広がって行く様子を示しています。

二〇一四年五月二四日（土）に日本基督教団西新井教会において、メソジスト・ヘリテージを大切にする更新伝道会の「ウェスレー回心記念礼拝」が行われ、そこで「キャッツとウェスレーの信仰」という題目の講演をさせていただきました。例年より多数の方々にお集まりいただきジョン・ウェスレーの「再生の信仰」とT・S・

エリオットの詩集『キャッツ』の文化的意味を語らせていただきました。その時の「キャッツとキリスト教」を軸にして、日頃の考察を加えて本書は成立しました。その機会を与えられた恵みを心から感謝します。

本書の中にあるカットは、青山学院大学総合文化政策学部の学部生柴崎みなみさんの作品です。彼女は、大学で学ぶ傍ら、私の出席教会に通われ、二〇一四年のイースターに洗礼を受けられ、そのクリスマスには彼女のお母様も洗礼を受けられました。不思議な出会いの恵みを心から感謝します。また教文館の倉澤智子さんには色々とお世話になりました。感謝いたします。

二〇一五年四月二四日

東方　敬信

《著者紹介》

東方敬信 （とうぼう・よしのぶ）

1944年兵庫県生まれ。1966年青山学院大学経済学部卒業、1970年東京神学大学修士課程修了。日本基督教団銀座教会副牧師、経堂緑岡教会牧師、富士見丘教会牧師、青山学院大学宗教主任、経済学部教授、総合文化政策学部教授、米国デューク大学客員教授などを歴任。現在、青山学院大学名誉教授、日本基督教学会理事。

著書 『H.リチャード・ニーバーの神学』（日本基督教団出版局、1980年）、『キリスト教と生命倫理』（日本基督教団出版局、1993年）、『物語とキリスト教倫理』（教文館、1995年）、『神の国と経済倫理』（教文館、2001年）、『生きるための教育』（教文館、2009年）、『思想力』（共著、キリスト新聞社、2009年）、『文明の衝突とキリスト教』（教文館、2011年）ほか。

訳書 H.リチャード・ニーバー『近代文化の崩壊と唯一神信仰』（ヨルダン社、1984年）、J.ガスタフソン『キリスト教倫理は可能か』（ヨルダン社、1987年）、G. D.カウフマン『核時代の神学』（ヨルダン社、1989年）、S.ハワーワス『平和を可能にする神の国』（新教出版社、1992年）、S. W.ジェニングス『神学者の使命』（共訳、ヨルダン社、1994年）、S.ハワーワス＆C.ピンチス『美徳の中のキリスト者』（教文館、1997年）、S.ハワーワス＆W. H.ウィリモン『旅する神の民』（共訳、教文館、1999年）、S.ハワーワス＆W. H.ウィリモン『神の真理』（共訳、新教出版社、2001年）、J.マッコーリー『平和のコンセプト』（新教出版社、2008年）、R.ヘイズ『新約聖書のモラル・ヴィジョン』（共訳、キリスト新聞社、2011年）ほか。

地球共生社会の神学――「シャローム・モデル」の実現をめざして

2015年5月25日 初版発行

著 者 東方敬信
発行者 渡部 満
発行所 株式会社 教文館
〒104-0061 東京都中央区銀座4-5-1
電話 03(3561)5549 FAX 03(3250)5107
URL http://www.kyobunkwan.co.jp/publishing/

印刷所 モリモト印刷株式会社
配給元 日キ販 〒162-0814 東京都新宿区新小川町9-1
電話 03(3260)5670 FAX 03(3260)5637

ISBN 978-4-7642-7391-7 Printed in Japan

教文館の本

東方敬信

神の国と経済倫理

キリスト教の生活世界をめざして

四六判 248 頁 2,800 円

グローバル化した世界経済は多くの問題を抱えている。「平和を可能にする神の国」が目指す労働・所有・消費はどうあるべきか。「戦争」「飢餓」「環境破壊」に極まる現代経済の問題点を探り、新しい経済生活のヴィジョンを追求。

東方敬信

文明の衝突とキリスト教

文化社会倫理学的考察

四六判 236 頁 1,900 円

グローバル化した現代では、「衝突」よりも、対話と協調こそが求められているのではないか。キリスト教人間観に基づいて、経済・倫理・芸術を含めた現代文化の諸相を考察し、新しい時代の文明論的キリスト教倫理学を提示する。

東方敬信

生きるための教育

教育人間学とキリスト教

A 5 判 212 頁 1,800 円

生きる価値をどこに見いだすかという価値意識の育っていないこと、「心の空洞化」が問題とされる昨今、キリスト教学校が果たすべき役割とは何か。人間がより人間らしくあるための「魂の教育」を、キリスト教教育人間学の視点から論じる！

S. ハワーワス／C. ピンチス　東方敬信訳

美徳の中のキリスト者

美徳の倫理学との神学的対話

四六判 334 頁 2,800 円

近代社会の文化的矛盾を見据えながら、新たなキリスト教神学を展開する、現代アメリカの代表的神学者の最新の著。美徳の倫理学と批判的に対話をしながらキリスト教美徳論の新しい可能性を示唆する。

小山英之

教会の社会教説

貧しい人々のための優先的選択

小 B 6 判 190 頁 1,200 円

キリスト教は貧困問題にどう向き合うのか？
　カトリック教会が現代世界に宛てて発表してきた社会教説の諸文書を精読し、経済的・政治的構造がもたらす貧困と不正義に対する教会の理解がどう発展したのかをたどる。

D. ファーガソン　関川泰寛訳

共同体のキリスト教的基礎

四六判 330 頁 2,500 円

多様化・多元化した時代の「道徳」に対し、キリスト教倫理学はどのような貢献ができるのか。スコットランド教会の指導者である著者がバルト、ハワーワス、マッキンタイアらを分析しつつ、倫理と共同体のあり方を模索する。

W. パネンベルク　佐々木勝彦／濱崎雅孝訳

なぜ人間に倫理が必要か

倫理学の根拠をめぐる哲学的・神学的考察

B 6 判 254 頁 2,500 円

世俗化した現代、倫理はどこに拠り所を求めることが出来るのか？　特殊な「キリスト教倫理」は存在するのか？　思想史の中で倫理学がどのように出現し、どのような問題を扱ったかを検証し、今日におけるキリスト教倫理の普遍性を問う。

上記は本体価格（税別）です。